LA VOIE DU CŒUR

DU MÊME AUTEUR

LE MESSAGE DES TIBÉTAINS
ASHRAMS
YOGA ET SPIRITUALITÉ
LES CHEMINS DE LA SAGESSE
(tomes I, II et III)
MONDE MODERNE ET SAGESSE ANCIENNE
A LA RECHERCHE DU SOI
LE VÉDANTA ET L'INCONSCIENT
A la recherche du Soi II
AU-DELÀ DU MOI
A la recherche du Soi III
TU ES CELA
A la recherche du Soi IV
UN GRAIN DE SAGESSE
POUR UNE MORT SANS PEUR
POUR UNE VIE RÉUSSIE
LA VOIE DU CŒUR
APPROCHES DE LA MÉDITATION
L'AUDACE DE VIVRE
EN RELISANT LES ÉVANGILES

Sur le même enseignement

DE NAISSANCE EN NAISSANCE
LA MÉMOIRE DES VIES ANTÉRIEURES
MÈRE, SAINTE ET COURTISANE
par Denise Desjardins
ANTHOLOGIE DE LA NON-DUALITÉ
par Véronique Loiseleur
MÉTAPHYSIQUE POUR UN PASSANT
par Éric Edelmann
ALAN WATTS, TAOÏSTE D'OCCIDENT
par Pierre Lhermite
ARNAUD DESJARDINS
OU L'AVENTURE DE LA SAGESSE
par Gilles Farcet

ARNAUD DESJARDINS

LA VOIE DU CŒUR

LA TABLE RONDE
9, rue Huysmans, Paris 6e

ISBN 2-7103-0493-7

INTRODUCTION

Comme les précédents, ce livre est plus un ouvrage parlé qu'une œuvre écrite. Il est composé de causeries prononcées devant de petits auditoires déjà ouverts aux idées spirituelles, composés d'hommes et de femmes de tous les âges et de toutes les origines sociales, engagés, chacun selon ses possibilités, sur le chemin de la sagesse.

Les idées qui inspirent ces pages sont avant tout celles du védanta hindou, ce qui explique l'usage de quelques termes sanscrits. Mais le lien entre les grandes affirmations des Upanishads et notre réalité bien concrète d'Occidentaux contemporains, c'est mon propre « gourou », Sri Swâmi Prajnanpad, qui m'a permis de le faire.

Il y a certainement dans ce livre de quoi déplaire et aux hindouisants et aux chrétiens. Mais comme l'expérience m'a confirmé la vérité et l'efficacité des conseils que m'a autrefois donnés Swâmiji, je suis heureux que d'autres puissent en profiter.

Conscient de ma dette de gratitude envers Swâmi Prajnanpad, je dois néanmoins préciser que mes paroles, aujourd'hui, n'engagent que moi et ne peuvent en aucun cas être considérées comme un exposé rigoureusement fidèle de l'enseignement de ce maître.

A.D.

1

PLAIDOYER POUR LE CŒUR

Je voudrais vous donner un certain nombre de précisions sur une idée fondamentale qui donne lieu encore à beaucoup de confusion et d'incompréhension, particulièrement, il faut bien le dire, dans notre monde occidental moderne.

C'est la question de ce qu'il est convenu d'appeler « le cœur ». « Cœur » est un mot français auquel on peut faire dire beaucoup de choses et sous lequel on peut mettre bien des idées. Et pourtant, même en ayant beaucoup oublié de l'érudition que j'ai pu approcher autrefois, je me souviens encore aujourd'hui que le cœur se dit *hridaya* en sanscrit, *qalb* en arabe – tant ce terme est important. Et qu'est-ce que, dans les textes auxquels vous pouvez avoir accès, ou même ici, nous appelons « cœur »? En anglais, le mot *heart* revient dans la bouche de tous les maîtres, même de ceux qui enseignent dans la voie du védanta et non celle de la dévotion.

A cet égard, il y a souvent une grave incompréhension : l'idée que le cœur c'est quelque chose pour tout le monde – avoir bon cœur, avoir un cœur généreux – et que ce qui concerne le cœur c'est la religion ordinaire enseignée au catéchisme, tandis que les enseignements spirituels ou ésotériques concernent une intelligence supérieure. Le cœur, c'est « les beaux sentiments »; à la rigueur cela peut concerner le saint; mais le sage doit avoir autre chose à nous proposer.

La vérité c'est que toutes les voies donnent la primaute au cœur, y compris ce qu'il est convenu d'appeler yoga de la connaissance (*jnana yoga* en sanscrit). De cela – je ne le sais que trop parce que je m'y suis trompé moi-même avant de voir d'autres s'y tromper – l'Occidental n'est pas convaincu. Il cherche plutôt des enseignements initiatiques mystérieux, exceptionnels, et passe ainsi à côté de l'essentiel.

La première erreur consiste à ne pas comprendre que le cœur est la seule possibilité d'accéder à ce qu'il est convenu d'appeler « les états supérieurs de conscience ». Mais, vous le savez, ce cœur est encombré de peurs, de désirs, d'émotions Et la purification du cœur, c'est la disparition progressive, par une technique ou par une autre, de ces peurs, et ces désirs. C'est l'essence même du chemin. Ce n'est pas une idée à moi mais l'enseignement de toutes les traditions vivantes et de tous les maîtres.

Seulement, c'est justement le travail le plus ingrat et qui demandera le plus de persévérance; c'est la seule ascèse par laquelle l'ego puisse être réellement mis en cause et c'est le travail qu'on ne tient pas tellement à faire. Trop souvent, l'intérêt est mis sur un aspect intellectuel ou sur des enseignements dits « secrets » mais qui sont transmis sous forme de mots, soit en paroles, soit en livres. Ou bien encore l'intérêt est mis sur des pratiques physiques, sans comprendre le rôle que le cœur peut être amené à jouer dans ces pratiques, que ce soit le tai-chi, le yoga, l'aïki-do ou puisque cela devient à la mode en Occident, les formes plus ou moins dégénérées du *dhikr* soufis. Mais la purification du cœur est une tâche si ardue et si longue à mener qu'on essaie comme on peut de l'esquiver.

Certains considèrent que le cœur est important dans les voies dévotionnelles, les voies dualistes, le chemin de la *bhakti,* bon pour ceux qui sont très émotifs et que ceux qui sont d'un standing au-dessus peuvent progresser par la voie de la discrimination entre le réel et l'irréel. Cette discrimination est décrite dans l'un des textes védantiques les plus connus, *Drik-drishia-viveka,* la distinction entre ce qui voit et ce qui est vu, ou le *Vivekashudamani,* le Joyau de la

Discrimination, de Shankara. Elle ne paraît pas faire appel au cœur mais uniquement à la puissance de la *buddhi*, de l'intellect.

C'est vite fait de croire que le travail sur le cœur, ou le rôle du cœur, ne concerne que certains chemins et pas d'autres. Et là, je veux être affirmatif, sans nuance : il n'y a pas d'ascèse ignorant le cœur. C'est par le cœur que vous pouvez avoir accès aux états supérieurs de conscience, que vous les considériez comme intenses mais momentanés tels les « samadhis » dans lesquels on entre et dont on sort, ou que vous considériez l'état supérieur de conscience comme un état naturel, permanent, établi, *sahaja* en sanscrit.

Notre énergie fondamentale, celle qui anime déjà l'embryon et même l'ovule et le spermatozoïde lors de leur fusion, est perçue pour nous, êtres humains, comme différenciée en énergies particulières. Cette distinction est clairement expliquée dans les *Fragments d'un Enseignement inconnu*, mais je l'ai retrouvée partout, y compris chez des maîtres qui n'ont jamais lu une ligne de Gurdjieff ou d'Ouspensky. Swâmi Prajnanpad disait couramment : *physical, emotional and mental* (physique, émotionnel et mental).

Il y a donc trois énergies à notre disposition, trois énergies différentes comme le gaz, l'électricité et le fuel pour le chauffage, plus une forme différenciée de l'énergie, l'énergie sexuelle, qui pousse le mâle à la rencontre de la femelle et réciproquement.

Quelle que soit la maîtrise du corps qui existe chez certains ascètes, notamment un hatha yogin avancé, ce n'est pas par la seule maîtrise du corps que vous pouvez progresser sprirituellement ; cela ne peut que contribuer à une démarche d'ensemble. Croyez-vous qu'un acrobate de cirque, capable de lâcher un trapèze, de faire un double saut périlleux et de rattraper l'autre trapèze, est plus avancé spirituellement ? Qu'il soit amené à une maîtrise de lui peu courante, c'est sûr. Je me souviens, à l'époque où je faisais toutes sortes d'émissions comme assistant à la Télévision, avoir été en contact avec le milieu du cirque, et avoir été

frappé de découvrir chez ceux qui sautent d'un trapèze à
l'autre ou rattrapent leur propre épouse lancée dans le vide
en étant suspendus eux-mêmes par les pieds, un type de
qualité d'être qu'on ne retrouve pas chez les acteurs et les
chanteurs. Par exemple, une capacité à rester immobile sur
une chaise, sans parler, dans un coin du plateau ou à se
recueillir dans leur loge. Une maîtrise de soi se gagne à
travers le corps, et se répercute sur les autres aspects de
l'existence. Je parle avec respect de ces numéros de cirque
ou de music-hall qui souvent nous étonnent par leur virtuosité. Mais cela ne peut pas conduire à l'Éveil spirituel.

Le quotient intellectuel non plus. Croyez-vous que certains
êtres qui ont obtenu à la fois un doctorat et une agrégation,
ou sont capables de faire l'École Polytechnique et l'ENA, et
dont le quotient intellectuel mesuré est très au-dessus de la
moyenne (nous en avons des exemples parmi les personnages
notoires de la politique française) soient pour cela plus près
de la Sagesse? Non. Vous pouvez envier la puissance
intellectuelle de certains, vous pouvez envier la maîtrise
physique d'un acrobate, mais ni l'une ni l'autre ne font un
Sage.

Il n'y a d'accès à la Sagesse et à la Libération – ou même
à l'ésotérisme qui peut vous intéresser et vous attirer – que
par le cœur. Et en fait, tout homme en a le pressentiment.
On se souvient d'avoir vécu – c'est venu puis c'est parti
comme c'était venu – une minute sublime, une minute
divine, dans l'amour, dans l'art, par le contact avec la nature.
Un moment privilégié. Mais, nous le savons bien, ce que
nous avons ressenti dans le cœur, associé à un certain
bien-être physique, demeure inhabituel.

Quand nous faisons un rêve qui nous paraît d'une qualité
extraordinaire, au réveil nous voudrions demeurer au moins
quelques instants encore dans le climat merveilleux de ce
rêve. Ce climat n'est ni physique ni intellectuel : c'est une
affaire de cœur. Le transcendant, le merveilleux, l'inconnu,
le divin, ce n'est que dans le cœur ou par le cœur qu'ils
peuvent être découverts. Si vous imaginez que le cœur est
réservé uniquement à ceux qui suivent une voie de dévotion

et dont les larmes coulent en se représentant le Christ sur la
Croix ou que le cœur est réservé à certains saints débordants
d'amour du prochain ou même que le cœur c'est pour les
bonnes sœurs ou les boy-scouts, vous êtes complètement dans
l'erreur.

Or cette erreur, je l'ai faite, moi, pendant des années,
regardant ce qui concernait le cœur avec un peu de
condescendance, comme si c'était facile. « Cela, c'est pour
tout le monde ! » Tandis qu'un chemin ésotérique est fondé
sur des connaissances bien prouvées, plus ou moins secrètes
et ne doit se transmettre que dans un contexte initiatique de
maître à disciple. Quand on utilise le mot « ésotérique »,
réalise-t-on tout de suite que c'est du cœur qu'il s'agit ?

**

On peut d'autant plus s'y tromper que des auteurs de
grande valeur ont été sévères, et à juste titre, pour tout ce
qui est sentimentalité. Par exemple, si je cite le plus illustre,
René Guénon, la lecture de son œuvre ne vous conduira pas
immédiatement à la conclusion que je vous présente
aujourd'hui comme une affirmation. Pour beaucoup de
guénoniens le cœur, c'est la sentimentalité, la subjectivité et
seul l'intellect pur peut accéder à la Vérité. Guénon a fait
une très belle distinction entre l'intellectualisme (qui tourne
en rond, coupe les cheveux en quatre, même avec un nom
célèbre de philosophe) et l'intellectualité, la faculté supérieure de l'homme pour accéder à la vérité métaphysique.
Soyez certains qu'il s'agit d'une intellectualité différente de
celle que vous imaginez en lisant ce mot.

Les trois formes différenciées d'énergie, et même la
quatrième, la sexualité, sont des moyens de connaissance, et
d'abord de connaissance relative. Nous connaissons à travers
nos sensations et perceptions qui relèvent du fonctionnement
du corps. Nous connaissons à travers nos idées et conceptions, notre capacité à rapprocher les causes et les effets. Et
nous connaissons aussi à travers notre cœur. La connaissance
la plus haute (*prajna*) est une fonction du cœur. De quel

cœur, justement ? Et l'une des plus grandes causes d'ignorance, de confusion et de malentendu est que ce cœur humain, le lieu même des peurs, des désirs, de l'attachement, le lieu de l'ego, ce cœur tel qu'il est ne peut en aucun cas être un instrument de connaissance. C'est pourquoi l'expression « purification du cœur » est si fondamentale. C'est par un cœur purifié que vous pouvez accéder à une connaissance réelle.

Souvenez-vous de cette expression, « l'intelligence du cœur », qui a le mérite d'être « bien de chez nous » et n'est pas traduite du sanscrit. Mais elle est difficile à comprendre, puisque dans les conditions ordinaires le cœur non seulement n'est pas un instrument de connaissance mais au contraire un instrument d'aveuglement, d'ignorance, de coupure, de séparation.

Même si vous admettez que la Connaissance suprême est la réalisation de la Non-Dualité, elle ne peut se découvrir que dans le cœur et non par l'intellect. Car la conscience de la dualité ou de la séparation se situe d'abord dans le cœur, selon le mécanisme de l'attraction et de la répulsion.

Là apparaît une différence fondamentale que nous n'avons malheureusement pas le moyen d'exprimer en français à moins de nous mettre d'accord sur un choix particulier de mots. Il existe deux fonctionnements complètement différents : l'un qu'on peut appeler la stupidité du cœur et qui est la condition ordinaire de l'être humain, source d'erreur et d'illusion.

Et un autre fonctionnement qui est l'intelligence du cœur. Mais, si l'expression « intelligence du cœur » est connue, l'expression « stupidité du cœur » serait certainement mal reçue. Nous faisons en français – dans le français courant – une confusion entre « émotion » et « sentiment », les deux termes concernant l'un et l'autre le fonctionnement non transformé, non purifié du cœur, le fonctionnement dualiste fait de ce que nous aimons et de ce que nous n'aimons pas, de ce que désirons et ce dont nous avons peur, de ce qui nous rend ordinairement heureux et malheureux.

On parlera couramment d'un sentiment de haine tenace

1/2

11/08/95

Certificat-cadeau
Gift Certificate

Un cadeau pour
A Gift For _Jean Montminy_

Valeur
Worth _Treuzs + 1h Massage_ Dollars

$

De
From

CLAUDE PIGEON RMT
MASSAGE THERAPEUTIQUE
LICENCE ONT. # B396

Expire le
Expires _Dec 95_

Autorisé par
Authorized by

META ESTHÉTIQUE
250-A Lyon Street
OTTAWA, ONTARIO K1R 5W2
(613) 236-7555

ou d'un sentiment de jalousie. Et il n'y a pas de terme autre
que l'expression « intelligence du cœur » pour désigner
l'autre fonctionnement, celui qui n'est pas seulement un
amour que nous prêtons au sage ou au saint mais la
possibilité même de l'Éveil, de la Connaissance ou de la
réalisation de la Non-Dualité. Notre vocabulaire est défail-
lant : un seul mot français, « amour », là où dans la plupart
des autres langues il y en a deux, trois ou quatre. Rien qu'en
grec : éros, agapé et phileo.

C'est pourquoi j'ai donné au mot « sentiment » un sens
particulier, arbitraire peut-être dans la langue française,
pour le distinguer aussi nettement que possible des émotions.
Mais ce terme peut être sujet à caution. Si j'emploie le mot
« sentiment » et que vous entendez « émotion » ou « sentimentalité », nous ne nous comprendrons pas. Comment pouvons-
nous comprendre de quoi il s'agit puisqu'il n'existe même
pas de terme spécifique dans notre langue pour désigner le
fonctionnement du cœur transformé, purifié et, justement,
libéré des émotions? Or le mot « émotion », le plus courant,
nous met tout de suite le nez sur ce dont il s'agit, tandis que
si nous employons les termes sanscrits klesha (souillure) et
moha (attachement) ou même le mot « péché », cela devient
moins clair.

Étudiez n'importe quelle doctrine, qu'elle soit grecque,
hébraïque, sanscrite ou chrétienne, et regardez ce qui est
désigné comme souillure, comme faute ou comme péché,
vous vous rendrez compte qu'il s'agit toujours d'une émotion,
toujours! La gourmandise? La psychologie moderne a abondamment montré que la gourmandise était liée à des
manques affectifs, donc à une forme d'émotion. La grande
affaire, c'est de purifier suffisamment le cœur pour qu'il
devienne non seulement un instrument de connaissance
relative mais l'instrument de la Connaissance Ultime. Mais
d'abord, un instrument de connaissance relative; tant qu'un
soupçon d'émotion intervient dans notre perception et notre
conception, celles-ci sont faussées – toujours.

Quand nous utilisons le mot « mental » pour traduire
manas au moins dans le sens de l'expression manonasha

(destruction du mental), nous concevons immédiatement
« mental » comme une fonction de la tête, une fonction de la
pensée et de l'intellect. Et nous ne comprenons pas tout de
suite que le mental, c'est avant tout une question d'émotion,
donc une question de cœur, ni le lien qu'il peut y avoir entre
la destruction du mental, *manonasha*, et « la purification du
cœur ». Le mental, c'est la perception et la conception
viciées par les impuretés du cœur. Sauf dans un domaine
restreint comme les mathématiques par exemple, la *buddhi*,
l'intelligence supérieure, ne peut s'exercer que si toute trace
d'émotion a disparu. Sinon, on ne peut plus parler de
buddhi : l'émotion vient de nouveau voiler et aveugler
celle-ci.

Même celui qui s'appuie sur sa seule intelligence objective
doit admettre que cette *buddhi* cesse d'être à l'œuvre dès
qu'on sort des questions techniques affectivement, neutres,
comme la solution d'un problème de mathématiques. Sinon,
on est de nouveau aveuglé. Et l'aveuglement fondamental, la
conscience de la dualité, est directement lié à ce fonctionnement vicié et vicieux du cœur.

Quand nous entendons ou lisons « cœur » comme traduction d'un terme ou d'un autre, sanscrit ou arabe ou grec,
qu'entendons-nous par ce mot? *Hridaya* revient abondamment dans les Upanishads, et il est dit que dans la « caverne » du cœur *(hridaya gupha)* se trouve le lieu de l'atmân.
Naturellement, c'est une vérité qui ne peut être considérée
comme une vérité ultime, parce que l'atmân n'est localisé
nulle part; la définition même de l'atmân, c'est d'échapper
complètement à toute donnée de temps, d'espace et de
causalité. Ceci dit, il est exact que, pour l'être humain
incarné, pour le méditant, une certaine révélation se ressent
d'abord comme située dans le cœur. A cet égard, tous ceux
qui sont familiarisés avec les paroles de Ramana Maharshi
savent qu'il insistait sur ce que le cœur spirituel se trouve à
droite de la poitrine. Et les disciples du Maharshi avaient
redécouvert dans l'Ancien Testament la sentence qui déclare : « Les insensés ont le cœur à gauche et les sages ont le
cœur à droite. »

Pourtant on peut remarquer qu'on emploie toujours le mot
« cœur », pas seulement dans les traductions françaises. Il est
parfaitement exact que *qalb* en arabe et *hridaya* en sanscrit
signifient « cœur », de même que *heart* dans la bouche des
sages hindous s'exprimant en anglais. Dès les premières
observations que les hommes ont pu faire sur eux-mêmes, ils
ont reconnu le lien entre le fonctionnement même du muscle
cardiaque et les émotions, lien abondamment prouvé
aujourd'hui par la recherche physiologique. Mais on ne peut
en rester là.

Nous savons bien que si le cœur s'arrête de battre, nous
mourons, que la vie même d'un être humain, c'est le
battement du cœur. C'est dire justement l'importance de ce
mot « cœur », dans toutes les acceptions que ce terme peut
prendre. Cette simple constatation confirme aussi que le plus
important, c'est le cœur. Et pour nous, aujourd'hui, encore
plus que pour les Anciens, le « cœur » est la part la plus
malade, la plus distordue, la plus blessée, la plus contradic-
toire de nous-mêmes. C'est au niveau du cœur que se situe
toute la question de l'ego et de l'effacement de l'ego. On
peut rêver de *egoless state* (l'état sans égo) une vie entière,
même en pratiquant des exercices de *pranayama*, en con-
centrant son attention sur un *chakra* ou en essayant de
discriminer entre le réel et l'irréel, et ne pas progresser vers
cet état sans ego parce qu'on a tenté d'escamoter le plus
important de l'ascèse.

Ceci n'a jamais fait de doute autrefois. Ce qui peut être
aisément prouvé, c'est que le commencement du chemin
concerne le cœur. Autrefois on distinguait dans la Tradition
chrétienne *via purgativa*, *via contemplativa* et *via unitiva* (la
voie « purgative », la voie « contemplative » et la voie « uni-
tive »). Qu'est-ce que cette « voie purgatoire »? La purgation
de quoi? Lisez les vieux textes chrétiens ou lisez Spinoza :
« purgation des passions de l'âme »; si vous traduisez l'expression « passions de l'âme » en termes psychologiques
modernes, vous reviendrez aux émotions. Une peur ou un
désir, tout ce qui nous arrache au silence, à la pureté du
Centre ultime de notre être est une émotion. Lisez avec un

œil ouvert les prescriptions intitulées *yama* et *niyama* dans les yoga-sutras de Patanjali. Il n'y a pas un sutra qui ne concerne le cœur et la disparition des émotions. Quels sont les obstacles à la mise en pratique du *yama* et *niyama* du yoga? Ce sont les émotions. Il est tout à fait inutile de concentrer ses efforts dans la méditation, même avec beaucoup de bonne volonté, en imaginant qu'on peut laisser le cœur aller à la dérive et fonctionner n'importe comment.

Par ailleurs, si le cœur, sous le nom de *via purgativa*, concerne manifestement le début du chemin, on est bien obligé de reconnaître qu'il concerne aussi l'aboutissement du chemin, puisque c'est dans la « caverne du cœur » que se révèle l'atmân, l'absolu en nous. Vous ne pouvez pas imaginer découvrir l'atmân dans la « caverne du cœur » si dans celle-ci vous ne trouvez que des émotions telles que la peur, la jalousie, l'avidité. La liste hélas est longue.

Il est dit du Sage qu'il est « au-delà des opposés ». Dans la Gita, la description est claire pour tout lecteur : « Celui qui est indifférent à la louange et au blâme, à la réussite et à l'échec... » – ce qu'on appelle *sama darshan*, « vision égale », équanimité. Cette égalité d'âme dans la louange et dans la critique – même la critique acerbe et la calomnie, dans la réussite quand tout va bien, et dans l'échec quand tout va mal, dans l'aisance financière et dans le manque d'argent, peut-on se la représenter comme compatible avec la moindre émotion? Les émotions, c'est justement ce qui interdit l'égalité d'âme.

Envisagez n'importe quelle voie sur laquelle vous puissiez avoir des informations exactes – et je dirais même n'importe quelle pratique d'ascèse – et vous verrez le lien avec cette réalité, dont il est partout question, du cœur. Justement, parce que nous n'avons qu'un seul mot en français, nous risquons de ne pas comprendre une vérité toute simple : ce cœur qui est la porte ouverte sur les états supérieurs de conscience, c'est aussi l'ensemble des conditionnements que les psychologues étudient, c'est aussi ce qui fait notre médiocrité, nos souffrances, nos contradictions, nos haines, nos rancunes, nos peurs et nos infantilismes. Ainsi, d'un côté le mot « cœur » a quelque chose d'attirant – même d'attirant pour l'ego – mais, de l'autre, c'est un vaste programme d'ascèse qu'on ne peut pas éluder et auquel on voudrait pourtant bien pouvoir échapper.

*
* *

Alors maintenant, souvenez-vous de ce que j'ai dit tout à l'heure : le quotient intellectuel le plus élevé ne vous donnera pas accès à la sagesse. Il ne vous donnera accès ni à la sagesse en tant qu'état permanent, ni à des états momentanés de supraconscience comme les *samadhis*. Que je sache, les plus grands intellectuels français, les sujets les plus brillants, ne sont pas considérés comme des sages. Disons-le, le comportement d'un être humain dont le quotient intellectuel est exceptionnellement élevé peut même tourner le dos aux critères universels de la sagesse.

Un être qui a conquis une maîtrise du corps exceptionnelle n'atteindra pas la Libération par le fait même d'avoir à ce point perfectionné ses capacités physiques au-delà de la moyenne. Cela doit être suffisamment éloquent pour vous. Alors? On l'atteint avec quoi, la Libération, la Sagesse? On l'atteint avec quoi, le *samadhi*? Avec le cœur.

Naturellement le corps (le domaine de la sensation et du mouvement) et la tête (le domaine de l'intelligence objective et pas seulement du dévergondage du mental) ont leur rôle à jouer. Mais ce n'est pas le rôle essentiel. C'est par le cœur et seulement par le cœur que vous pouvez accéder à toute forme quelle qu'elle soit d'état supérieur de conscience. C'est la fonction qui, chez l'être humain, est susceptible de la plus grande transformation. Il y a une limite à notre capacité de perfectionnement physique, une limite aux capacités d'exercices de l'intellect. La transformation du cœur, elle, n'a pas de limite. La Voie est ouverte, que nous n'entrevoyons même pas clairement. On comprend beaucoup mieux ce que c'est que d'être, selon les termes communs, « très intelligent », pour peu qu'on soit allé en classe et qu'on ait vu ceux qui étaient tout le temps premiers.

Nous avons une idée du perfectionnement physique : si nous savons maintenant marcher sur les mains, nous comprenons nos progrès par rapport à ce que nous étions auparavant ; cela, c'est très visible. Mais en ce qui concerne l'affinement du cœur, ce qui saute le plus aux yeux est pourtant ce que nous voyons le moins bien et ce sur quoi nous nous faisons le plus d'illusions.

Chacun sait à peu près à quoi s'en tenir en ce qui concerne son niveau intellectuel pur, ne serait-ce que par les études qu'il a faites ou n'a pas faites et vous pouvez faire mesurer votre quotient intellectuel par les tests pratiqués aujourd'hui. Chacun voit à peu près où il en est physiquement. Si vous êtes troisième série au tennis, vous ne vous prenez pas pour l'un des dix meilleurs joueurs du monde. Si vous êtes capables de faire un saut périlleux, vous le savez. Et si chaque fois que vous essayez de vous tenir sur la tête pendant un cours de yoga vous perdez l'équilibre, vous le savez aussi.

Mais pour savoir quel niveau vous avez atteint quant au développement du cœur, les critères sont moins évidents ; toutes les illusions sont permises : on peut nier sa violence, nier son agressivité, nier les haines qu'on porte en soi. A cet égard, la psychologie moderne a beaucoup à nous dire parce que ces imperfections qui encombrent le cœur ont leurs racines dans ce que les psychologues appellent « l'inconscient » et les indianistes « le subconscient » ou le « subliminal » pour utiliser un autre terme. La réalité est la même : il s'agit de ce qui n'est pas immédiatement accessible au conscient, ce qui demeure « latent », caché.

Il y a certainement un aspect de la purification du cœur qui est lié à la purification des racines subconscientes ou inconscientes des émotions. C'est pourquoi le célèbre indianiste Mircéa Eliade a écrit : « Deux mille ans avant Freud les yogis connaissaient déjà la psychanalyse. » Ce n'est nullement abusif de s'exprimer ainsi. Les yogis connaissaient déjà la réalité de l'inconscient.

J'ai lu récemment dans un texte en anglais une parole d'un sage hindou à propos du terme citta : « Dans le yoga, *citta* signifie la pensée et, dans le védanta, la mémoire et l'inconscient (*memory and unconscious*). » Dans beaucoup de traductions de textes sanscrits faites en anglais par des Indiens eux-mêmes, traductions d'ouvrages védantiques classiques ou post-classiques dans la ligne Shankaracharya, par exemple, *citta* est régulièrement traduit par *memory* qui signifie mémoire. Et il suffit d'approfondir un peu la question pour comprendre que cette mémoire n'est pas seulement la mémoire à laquelle nous avons immédiatement accès mais aussi tout le poids du passé plus ou moins oublié.

L'origine des tendances qui font l'égo se trouve dans ce passé oublié, éventuellement passé d'existences antérieures. Les *samskaras* et les *vasanas* expriment les impressions qui se sont gravées en nous et les grands dynamismes, les grandes demandes qui vont nous mouvoir ne sont pas tous clairement connus. C'est une donnée psychologique moderne, c'est aussi une donnée de la sagesse ancienne. Nos tendances latentes (*latencies* en anglais) ont des racines profondes. Cette question concerne avant tout le cœur. Bien sûr, ce que nous portons au plus profond de notre être va agir sur notre corps, déterminer des tensions qui finissent par devenir presque permanentes, des contractions qui pratiquement ne lâchent plus et vont amener des déformations de la colonne vertébrale; tout cela, c'est vrai. Et tout ce que nous rangeons sous le vocable « psychosomatique » ne peut pas être nié.

La psychologie moderne peut vous aider à découvrir comment ces dynamismes de l'inconscient agissent sur votre pensée. Les mécanismes de transferts et de projections faussent votre perception et votre conception de la réalité relative – je ne parle même pas de la Réalité absolue – que vous ne pouvez voir telle qu'elle est, mais seulement de manière subjective. Et la puissance de ces dynamismes dans les profondeurs de l'esprit se manifeste avant tout dans le fonctionnement du cœur : j'aime, je n'aime pas. C'est d'abord le cœur qui le dit. Et là, il y a une vérité capitale à comprendre, tout à fait étonnante au premier abord, totalement convaincante quand on a progressé sur le Chemin.

*
* *

De ces trois fonctions ou modes différenciés de l'Énergie, de ces trois possibilités de connaître, le corps, la tête et le cœur, il est normal que le corps dise « non ». NON! Je crois boire un verre de cognac, je me suis trompé de bouteille et j'ai de l'alcool à brûler dans la bouche, le corps dit non et je recrache immédiatement cette boisson dangereuse. C'est tout à fait juste que le corps dise « non ». Que la tête dise « non », ou tantôt « oui » tantôt « non », c'est tout à fait juste aussi. Je suis architecte, j'ai besoin d'un matériau défini, des poutrelles d'acier de telle section, on me propose des poutrelles d'acier d'une section moindre et ma tête dit « non », ça ne conviendra pas pour le type de structure que je désire édifier dans un certain type de bâtiment.

En revanche, entendez une vérité avec laquelle vous ne serez peut-être pas d'accord, avec laquelle même les gens sincères et de bonne volonté sont pendant longtemps en désaccord, il n'est pas normal que le cœur dise « non ». Certes le cœur consacre la plus grande partie de son activité à dire non – plus souvent « non » que « oui » – mais c'est ce « non » même du cœur qui peut être extirpé. Et c'est là l'essentiel du chemin.

Nous pouvons présenter cette vérité, qui est la vérité capitale, centrale, fondamentale, de manière différente. Vous pouvez parler de « soumission absolue à la volonté de Dieu », en termes chrétiens ou musulmans. Alors, bien sûr, le cœur va dire « oui ». Si je vois Dieu, le Bien-Aimé, l'Ami suprême à l'œuvre dans tout ce qui me contrarie, dans tout ce qui m'apparaît d'abord comme une épreuve, je ne vais pas le refuser. La soumission complète à la volonté de Dieu, c'est le « OUI » permanent du cœur, le terme que tous ceux qui ont fréquenté l'Inde ont entendu à longueur de journée : *surrender,* reddition, lâcher-prise.

Mais vous pouvez l'exprimer aussi bien en termes védântiques non dualistes. Le « non » du cœur c'est simplement refuser que ce qui est soit. Et ce thème est universel. C'est le dénominateur commun de toute la spiritualité. Je peux dire une fois de plus l'intérêt que j'ai porté au premier cahier de notes de Véronique Loiseleur, quand elle a commencé à récolter les citations qui vérifiaient ce que j'affirme là et l'importance que je donne à son livre précieux publié à La Table Ronde : « Anthologie de la non-dualité », car il montre comment dans des voies chrétienne, bouddhiste, dualiste, non dualiste, c'est toujours à cette vérité qu'on revient.

Exprimons-le d'une manière plus rigoureuse ou, du moins, d'une manière qui paraisse relever de la rigueur intellectuelle : le cœur est une fonction qui, normalement, dit toujours « oui ». Le refus du cœur nous coupe de la réalité et nous réinsère dans la séparation, dans l'individualisme ou, pour employer le mot le plus couramment utilisé, le sens de l'égo. Et l'effacement de l'égo, c'est le retour du cœur à son fonctionnement normal qui est l'adhésion à ce qui est. C'est seulement par cette adhésion qu'il est possible de connaître. Et aucune réalité relative – ce que les bouddhistes appellent une « production », ce que les hindous appellent *this phenomenal world* – ne peut être connue, au plus grand sens du mot « connaître », si le cœur n'adhère pas. Seul ce « oui » du cœur à la réalité en permet la connaissance. C'est pour ce « oui » du cœur que nous n'avons aucune expression française. Et c'est pour ce « oui » du cœur que j'ai choisi arbitrairement d'utiliser le mot « sentiment » pour le distinguer radicalement de l'émotion.

Il n'y a de connaissance qu'à travers les trois fonctions réunies : le niveau physique, le niveau intellectuel et le niveau du sentiment. Quant à croire que l'émotion peut nous donner la connaissance, c'est le contraire de la vérité, puisque l'émotion n'est que la manifestation de notre monde intérieur subjectif et arbitraire.

Que cela nous plaise ou non, que cela réponde au souhait de notre égo, la purification du cœur est l'essentiel de l'ascèse. Et je vous en prie, ne l'entendez pas avec cette arrière-pensée qui m'a aveuglé un certain temps : « Oh ! Cela, c'est de la morale ordinaire, c'est du catéchisme ordinaire, c'est l'amour du prochain ordinaire ; moi, ce qui m'intéresse, ce sont des connaissances anciennes, l'ésotérisme transmis de maître à disciple dans les conditions bien particulières de l'ermitage, du monastère, de l'ashram. Si c'est simplement pour entendre dire qu'il faut être bon, qu'il ne faut plus se mettre en colère, qu'il faut avoir de l'amour pour le prochain, j'entends dire cela depuis mon enfance. Les moniteurs de l'école du dimanche le disent aux protestants, les spécialistes de la catéchèse le disent aux petits catholiques et la morale laïque le dit à ceux qui ne sont pas élevés religieusement. » Et je me suis trompé. Je me suis même, je peux le dire, pratiquement aveuglé en croyant que je trouverais le salut dans la concentration, l'élimination des pensées parasites, l'éveil de certaines énergies, une maîtrise poussée du corps (nous faisions dans les Groupes Gurdjieff des exercices remarquables dont, bien des années plus tard, je reconnais encore la valeur), des techniques intellectuelles relevant du yoga de la connaissance, mais le travail radical sur le cœur était toujours remis au lendemain. Simplement, quand j'étais malheureux je souffrais et, quand j'étais emporté par une émotion, j'éprouvais un malaise certain parce que je sentais confusément que cela ne pouvait pas être l'état du sage.

Mais comprendre que purifier ce cœur était plus important que tout n'est venu que plus tard. Et je remarque que ce qui a été vrai pour moi est vrai pour de si nombreux Occidentaux.

Le chemin commence avec le cœur et finit avec le cœur. Le chemin, c'est l'aventure du cœur. Ce n'est pas l'intelligence qui va vous faire découvrir Dieu, ce n'est pas la maîtrise du corps qui va vous faire découvrir Dieu. Découvrir Dieu, c'est un éveil du cœur. Mais si vous le comprenez, cela va inévitablement faire lever en vous, en même temps qu'une espérance nouvelle, une souffrance immense, longtemps réprimée. Parce qu'en fait, nous le savons tous, la seule chose qui nous intéresse vraiment concerne le cœur : c'est l'amour : « Ah! Ça y est! Ce n'est pas la peine que Desjardins ait rencontré tant de maîtres védântiques, il revient au christianisme de son enfance! » Je l'ai entendue bien des fois cette remarque... C'est justement parce que j'ai rencontré tant de maîtres védântiques, zen, soufis et tibétains que je peux parler avec certitude et avec l'expérience d'un cheminement personnel.

Le mot « amour » est le plus attirant qui soit et le plus terrifiant, le plus cruel, le plus douloureux. Les êtres humains sont nés pour se sentir aimés et pour aimer. Je pèse mes mots. Les êtres humains existent pour se sentir aimés et pour aimer. Et cela se vit dans le cœur. Quelle est la réalité de l'être humain? C'est la peur de ne pas se sentir aimé, la souffrance de se sentir menacé, frustré, trahi et l'incapacité à aimer vraiment. Qui d'entre vous pourrait me dire que l'amour est une activité intellectuelle, que l'amour est une activité physique ou même que l'amour est l'activité d'une énergie maîtrisée, contrôlée et raffinée? L'amour est la fonction même du cœur.

**<center>* *
*</center>**

Un cœur purifié vous conduit à une expérience vécue totalement inattendue : se sentir intensément aimé alors même qu'il n'y aurait personne pour vous aimer. Naturellement un bébé sur le sein d'une maman émerveillée se sent aimé. Naturellement, si vous êtes dans les bras d'une femme ou d'un homme qui ne vous a jamais déçu et qui vous redit une fois encore : « tu es le grand amour de ma vie », vous vous sentez aimés. Mais l'expérience réelle, dont on ne peut parler, au sujet de laquelle on peut à peine tenter de dire quelque chose, le vrai silence intérieur, la découverte ultime est un état dans lequel on se sent intensément aimé alors même que nous serions entourés de gens qui ne nous aiment pas, qui nous considèrent comme un ennemi, qui essaient de nous critiquer ou de nous faire du tort.

Ce sentiment intense d'être aimé – mais on ne sait pas par qui – cette immensité indicible de plénitude, de joie, il est très compréhensible que certains n'aient pas pu l'exprimer autrement qu'en termes dualistes : « puisque je ne suis pas aimé par un autre au sens physique, un autre homme, une

autre femme, je suis aimé par l'Autre absolu, c'est-à-dire
Dieu ». Mais vous pouvez aussi rejeter cette terminologie et
décrire la même découverte intérieure.

Ce que nous appelons couramment en français « béatitude » implique une béatitude à deux faces et ces deux faces
sont une question d'amour. La béatitude est un état dans
lequel on se sent aimé même si l'univers entier nous déteste.
C'est une expérience réelle et qui se vit dans le cœur, bien
entendu. Par ailleurs, l'autre face de la béatitude est un état
dans lequel on aime. C'est tout. Mais on n'aime pas
Jésus-Christ, on n'aime pas son gourou, on n'aime pas son
fils, on aime tout court, comme la lumière éclaire sans savoir
ce qu'elle éclaire ou comme le feu chauffe sans choisir ce
qu'il chauffe.

Si vous voulez pressentir ce que peut être un état
supérieur de conscience, un état qui puisse vous être
accessible un jour et dans lequel vous puissiez être établis un
jour, dans lequel vous puissiez « résider », c'est un état dans
lequel vous vous sentez aimés. Et un état dans lequel vous
aimez. Mais en vérité, ce ne sont que les deux faces d'une
même réalité, une réalité stable, quelles que puissent être les
vicissitudes des événements.

Dans quelle partie de votre être croyez-vous que vous
puissiez vivre cette perfection? Uniquement dans le cœur. Je
ne parle pas seulement de l'amour suprême tel que vous vous
le représentez si vous avez une certaine idée de ce que doit
être l'amour d'un saint, qu'il soit hindou, musulman ou
chrétien, pour son prochain. Je parle aussi de l'expérience
intérieure dont rêve l'égo. Quel est l'égo intéressé par ces
questions qui ne rêvera pas de samadhi, de supra-conscience?

L'Éveil, de quoi s'agit-il? De cette condition particulière,
ou plutôt absence de condition, totalement non dépendante
des circonstances, avec tout ce que cela peut impliquer de
plénitude – plénitude, le contraire de frustration ou d'incom-
plétude. Ressentir la plénitude, c'est se sentir aimé d'un
amour absolu, incompréhensible, qui ne correspond à aucune
expérience, qui dépasse toute compréhension; et se sentir

soi-même en état d'amour. Et la souffrance – *sarvam dukam*, tout est souffrance – c'est de perdre cette condition intérieure. Ne plus se sentir aimé est souffrance; ne plus aimer est souffrance.

Ne vous laissez pas induire en erreur : « Non-dualité », « effacement de l'égo », « réalisation de la Vérité ultime », « conscience au-delà du temps, de l'espace et de la causalité », ces expressions, qui ne vous paraissent pas directement associées à la purification du cœur ne désignent pas autre chose que cet état. Ne vous en faites pas une idée d'après votre expérience habituelle d'aimer et d'être aimé, puisque c'est justement une expérience qui relève de l'émotion, qui va, qui vient, qui apparaît, qui disparaît et dans laquelle vous n'avez pas le pouvoir de vous établir et de demeurer.

Parce qu'on vous dit que Swâmi Ramdas a suivi la Voie de la bhakti et que Ramana Maharshi était le représentant le plus célèbre du yoga de la connaissance, pouvez-vous imaginer que Ramana Maharshi avait un cœur moins purifié que Ramdas? que Ramana Maharshi avait moins d'amour que Ramdas? Quelle que puisse être la souffrance que ce mot amour fasse lever en vous, vous savez bien que ce qui fait le sage, c'est l'amour qui émane de lui.

Et qu'est-ce qui recouvre cet amour? Qu'est-ce qui nous exile de cet état d'amour? Ce sont justement ces impuretés du cœur sur lesquelles toutes les traditions, qu'elles soient religieuses ou initiatiques insistent avec tant de clarté – si on les étudie sans préjugés – et tant de persévérance à travers les siècles. En outre, l'élimination de ces impuretés constitue le plus clair des entretiens entre les maîtres et les disciples.

Vous avez un lien à faire avec votre condition actuelle, chacun pour soi : qu'est-ce qui fait que je ne me sens pas aimé et que je mendie l'amour partout, même là où je ne vais le trouver que partiellement ou temporairement? Qu'est-ce qui fait que ce besoin d'être aimé qui règne en moi n'est pas comblé, inconditionnellement, indépendamment des circonstances? Qu'est-ce qui me prive de la béatitude qu'il y a à être en état d'amour? Cette bénédiction, qu'est-ce qui m'en exile?

Courage. Regardez la condition déchue de l'homme, dont pourtant nous pouvons nous libérer. Regardez tout ce qui encombre votre cœur : mesquineries, petitesses, compensations, mensonges, fuites devant la réalité, inquiétudes, révoltes, agressivité.

Vous savez, si tous ceux qui ont approché Ramana Maharshi ou Mâ Anandamayî s'étaient enflammés au contact de leur sagesse, ils auraient été libérés en une journée. Pour cela, il aurait fallu qu'ils soient libres de ce fond de *vasanas* et de *samskaras* qui s'expriment par les émotions, donc à travers le cœur. Et, à cet égard, il faut avoir une vision claire et certaine, parce que toute notre civilisation moderne prône les émotions. Non seulement l'idée d'un état sans émotions, la condition de cet état d'amour non dépendant ne vous est pas familière, mais une bonne part de vous la refuse.

Je sais bien ce que je dis. Comme tout le monde, j'ai considéré que l'émotion était le sel de la vie, la richesse de la vie, sans me rendre compte qu'elle trahissait simplement l'encombrement du cœur et s'avérait l'obstacle majeur à ce que je cherchais par ailleurs avec un certain courage et une certaine persévérance. Mais ce qui peut vous aider, c'est de vous représenter l'archétype du Sage à vos yeux. Pour l'un, ce sera peut-être Socrate ; pour un autre, le Bouddha ; un autre, Ramana Maharshi. Pouvez-vous imaginer ou vous représenter ce Sage avec une émotion ? Un sentiment, un sentiment oui : d'amour, de compassion, de participation aux souffrances des autres. Naturellement, vous ne vous représenterez pas le Sage comme un être insensible, blindé, durci, sans cœur et incapable de ressentir. Mais pouvez-vous dire : « J'ai rencontré Mâ Anandamayî, elle était enthousiasmée... » Vous ne finissez même pas la phrase. Vous ne pouvez pas imaginer un Sage enthousiasmé : cela désigne une émotion. « J'ai rencontré Mâ Anandamayî très inquiète. » Vous ne pouvez pas imaginer un Sage très inquiet. « J'ai rencontré le Bouddha et il ne se sentait plus de joie. »

Vous-mêmes, vous allez arriver à reconnaître : je ne peux pas imaginer tous ces fonctionnements chez le Sage. C'est ce

qui vous rendra le plus aisément la réalité claire et certaine.
« Et alors? Si j'aspire, moi, tant soit peu, à la sagesse, puis-je
encore m'offrir le luxe de ne plus me sentir de joie parce que
mon nom est imprimé gros comme ça dans le journal ou
d'être inquiet parce que j'ai investi un peu d'argent en
actions et que la Bourse baisse, et tout ce qui fait une
existence? »

Allons plus loin : pouvez-vous imaginer un Sage dont on
vous dirait : « Il est furieux »? Non. Vous pouvez vous
représenter une belle colère comme la colère d'un maître
zen, avec la conviction que le maître conserve intérieurement
son égalité d'âme. Mais pouvez-vous imaginer un Sage dont
on vous dit : « Il est tombé follement amoureux. » Et même
un Sage dont on vous affirme que la mort de son fils l'a
brisé? C'est l'idée même que nous nous faisons du Sage qui
s'effondre. Et, en fin de compte, la plupart des êtres
humains, je l'ai vérifié, ont une idée instinctive de ce que
peut être un Sage et de ce qu'un Sage ne peut pas être,
quitte à en conclure : « C'est trop difficile, c'est surhu-
main. »

*
*   *

Qu'est-ce qui fait la supériorité du Sage que nous pouvons
admirer le plus? Est-ce que nous pouvons dire que physiquement il est supérieur à l'acrobate? Non. Tous les sages ne
sont même pas des virtuoses des asanas, loin de là! Intellectuellement, croyez-vous que si l'on appliquait à un Sage les
mesures occidentales modernes du quotient intellectuel, on
obtiendrait toujours des résultats foudroyants et supérieurs à
ceux d'un agrégé ou d'un polytechnicien? Non. Le quotient
intellectuel du Sage n'est pas supérieur à celui d'un chef de
Cabinet de ministre sorti de l'ENA qui n'a pourtant rien
d'un sage.

Alors, qu'est-ce qui fait le Sage? Qu'est-ce qui fait la
supériorité du Sage sur les êtres ordinaires? C'est une
supériorité du cœur, une telle supériorité qu'au début du
Chemin nous ne pouvons même pas nous la représenter. Oh,

nous nous représentons un peu ce que c'est d'être énervé ou calme, haineux, agressif ou, au contraire, plein d'amour. Nous savons aussi ce qu'est se sentir serein ou se sentir inquiet et angoissé. Vous avez tous l'expérience des émotions qui ont excité ou déprimé jusque-là votre existence. Mais imaginer jusqu'où peut aller cette purification, cette transformation du cœur, de votre propre cœur, c'est impossible parce que c'est cela dont on a le moins l'expérience.

La connaissance que vous avez de votre propre cœur, c'est celle des émotions associée à la conscience de la dualité, la conscience de ce qui vous paraît menaçant ou sécurisant, frustrant ou gratifiant, et vous ne connaissez que cela. Mais vous comprenez bien que les mots « frustrant » et « gratifiant », mots clés de la psychologie, ne s'appliquent plus au Sage. Pouvez-vous vous représenter un Sage encore soumis à ces mécanismes de frustration et de gratification? Quant aux deux autres termes des psychologues : sécurisant et insécurisant, voyez-vous un Sage affecté par des conditions sécurisantes ou insécurisantes? Ce n'est plus un Sage.

Quel que soit l'angle par lequel vous abordiez cette question, quelles que soient les doctrines ou les écritures sur lesquelles vous vous appuyez, tout vous ramène au cœur. Et le cœur, on l'appelle parfois le centre. Comme nous disons « c'est au cœur de la mêlée » ou « en plein cœur de Paris », en plein centre de Paris : le centre de la roue autour duquel tourne la roue, le centre ou l'axe. Chaque fois qu'il est question du centre ou de l'axe, vous vérifierez que ce qui vous décentre ou vous désaxe, ce sont les impuretés du cœur, tous les mécanismes dualistes et, disons le mot, toutes les émotions.

Ces quelques vérités ne sont pas originales. Mon karma m'a permis de passer des mois qui, additionnés, font des années, auprès de maîtres tibétains, soufis, hindous et même auprès de maîtres zen, en dehors de Swâmi Prajnanpad. J'ai donc eu la possibilité de vérifier ce que je croyais avoir découvert et dont je voulais avoir l'absolue certitude. J'insiste donc : c'est le thème commun de tous les enseignements. C'est seulement la manière de l'exprimer qui peut changer. Ne vous laissez pas illusionner avec l'idée qu'il existe des « Voies sèches » et des « Voies humides », l'émotion et le sentiment étant supposés jouer un grand rôle dans les « Voies humides », alors que prévaut la rigueur de la *buddhi*, de l'intellect, dans les « Voies sèches ». Avec un fatras d'émotions dans le cœur? Allons, c'est impossible.

Et puis, avez-vous déjà approché un Sage, quelle que soit sa tradition dont les experts viennent vous dire qu'il a suivi une « Voie sèche » ou une « Voie humide » et qui ne vous touche pas avant tout par la transformation de son cœur? Si j'ai dit tout à l'heure que ce n'est pas le quotient intellectuel qui fait le sage, je peux dire aussi qu'il existe des sages qui, intellectuellement, ne présentent aucun intérêt pour l'Occidental. Leurs réponses paraissent d'une banalité, d'une puérilité et d'une simplicité décevantes. Comment se fait-il alors que des intellectuels brillants viennent se prosterner aux pieds de tels sages? Ce qui les attire en eux est d'un autre ordre : c'est ce rayonnement du cœur. Et celui-ci nous indique l'essentiel de la sadhana.

L'essentiel de la sadhana, c'est le « nettoyage ». Et par là nous rejoignons une idée si souvent exprimée : « Il n'y a rien à gagner qui ne soit déjà là. » « Le Royaume des Cieux est (au présent) au-dedans de vous. « Vous êtes le Soi. » « Vous êtes Nature de Bouddha. » Il n'y a pas à gagner quoi que ce soit qui nous manque, il y a à enlever ce qui est en trop. C'est l'idée maîtresse de tous ces enseignements, à la différence de l'expérience habituelle de l'existence, qui consiste à acquérir par nos efforts ce qui nous manque aujourd'hui.

Donc le Chemin – votre chemin – c'est un dépouillement, une épuration, une élimination de fonctionnements parasites. C'est la purification du cœur. A cet égard, je voudrais apporter encore une information. Il existe en sanscrit une expression célèbre : *hridaya granthi*, qu'on traduit généralement par le « nœud du cœur » au singulier : il faut trancher le nœud du cœur, central, fondamental. Et quand ce nœud du cœur est tranché, vous êtes libre.

Cette expression indique clairement que la sadhana concerne avant tout le cœur. Qu'est-ce que ce « nœud du cœur » qui nous maintient dans la dualité, dans la limitation, qui nous interdit l'Éveil? Ce « nœud du cœur », c'est le sens même de l'égo d'où découle inévitablement l'impression d'être rassuré, menacé, aimé, détesté. Mais Swâmi Prajnanpad, qui a été mon propre gourou, utilisait l'expression *hridaya granti* également au pluriel : les « nœuds du cœur », tout ce qui noue le cœur, l'empêche de s'épanouir, de s'ouvrir, de se dilater. Tous ces nœuds du cœur, bien ou mal, la psychologie moderne s'en occupe aussi. Il est ainsi possible de dépasser une opposition qui a mis mal à l'aise bien des chercheurs spirituels de ma génération, à savoir un certain attrait pour les découvertes de Freud, d'Adler, de Jung et de tant d'autres, et une condamnation impitoyable de la psychanalyse telle que celles prononcées par Aurobindo ou par René Guénon.

Mais en fait « les nœuds du cœur », c'est ce qu'étudie la psychologie moderne. Seulement, elle ne les étudie pas avec la conviction qu'il est possible de les dénouer tous, jusqu'à dénouer le nœud ultime, *hridaya granti* au singulier. C'est là l'immensité de la différence. Non seulement le psychologue moderne ne croit pas à un état absolu, mais il en nie même la possibilité unanimement affirmée par les anciennes traditions. Qu'est-ce que cette possibilité *absolue*? C'est ce sentiment *absolu* d'être aimé, cette plénitude intérieure transcendant toutes les expériences et portant au degré *absolu* l'état de bonheur qu'éprouve un être dans le relatif quand il se sent aimé.

Ananda (la béatitude) est un état d'amour absolu, qui n'est en relation avec rien. Voilà une réalité qui à la fois, bien sûr, transcende votre expérience courante, mais en même temps peut déjà avoir un certain écho en vous, que vous pouvez voir luire à l'horizon, comme on voit briller une lumière vers laquelle on marche dans la nuit.

Qu'est-ce que vous voulez tous? Vous sentir aimés. C'est le cri du cœur – c'est le cas de le dire! – de tous les êtres humains. Personne ne m'a aimé, je ne suis pas aimé, j'ai été trahi, je ne suis pas aimé comme je le voudrais, même mon fils à qui je me suis consacré, m'en veut maintenant, mon

mari en aime une autre... » Qu'est-ce que vous voulez, tous?
Vous sentir aimés. Ensuite, vous pouvez toujours le camou-
fler derrière des préoccupations intellectuelles, ésotériques,
mystérieuses, transcendantes. Vous vous mentez.

Et quand vous êtes-vous sentis heureux? Quand vous avez
aimé. Souvenez-vous. Et quand êtes-vous malheureux?
Quand vous ne pouvez pas aimer. Naturellement, si vous
pouviez, comme l'a demandé le Christ, « aimer vos ennemis », vous seriez dans la béatitude. Malheureusement
quand quoi que ce soit nous apparaît comme un ennemi,
fût-ce un furoncle dans la narine, il est impossible de l'aimer.
Dit ainsi, cela devient concret pour vous. Voilà mon but,
finalement je ne cherche que cela : vivre dans l'amour, de
l'amour, par l'amour. C'est possible, c'est la Voie, c'est le
Chemin et c'est la manière la plus simple et en même temps
la plus véridique dont vous puissiez vous représenter un peu
le but et assez clairement le Chemin. Voyez où est l'essentiel. Est-ce possible? Oui. Est-ce une tâche aisée, facile,
accomplie à bon marché? Non.

Souvenez-vous : le Chemin commence avec le cœur, se
poursuit avec le cœur et se termine avec le cœur. Et c'est
dans la « caverne du cœur », comme disent les Upanishads,
que vous trouverez l'Absolu.

2

SARVAM KALVIDAM BRAHMAN

Une formule bien connue des Upanishads affirme : *Sarvam kalvidam brahman*, « en vérité, tout cet univers (ou tout dans cet univers) est Brahman », est l'unique et éternelle Réalité suprême.

Concrètement et immédiatement, même si cette réalisation vous paraît lointaine, tout ce qui vous apparaît désastreux, déplorable, anti-spirituel n'en est pas moins une expression ou une manifestation de cette Réalité ultime. Et refuser les conditions dans lesquelles vous vous trouvez, vivre en porte à faux avec ce qui fait la réalité de votre existence ne peut pas constituer un chemin de libération.

Il y a différents points de vue, différents angles de vision de la vérité. Certainement le monde moderne qui a donné la primauté à l'avoir sur l'être est pathologique, la société entière est devenue divisée, schizophrène, mais c'est dans ce monde que vous vivez et, tant que vous ne l'avez pas quitté, une attitude négative vis-à-vis de ce monde ne pourra en rien vous faire progresser. Le principe qui doit toujours vous guider est celui-ci : « Pas ce qui devrait être, mais ce qui est. » Et seulement ce qui est, dans le relatif, peut vous conduire à ce qui est dans l'absolu. Il n'y a pas d'autre chemin. Ceux qui se contenteraient d'avoir une attitude critique vis-à-vis de ce monde moderne, de le refuser, de superposer ou surimposer sur leurs conditions réelles de vie un rêve ou une nostalgie d'autre chose ne pourraient pas progresser et tourneraient même le dos au chemin de la vérité.

D'un point de vue, il y a une différence certaine entre ce qui est sacré et ce qui est profane et vous avez le droit de voir clair, de distinguer ce qui dans le monde manifesté vous aide à trouver votre Centre, à trouver le Royaume des Cieux, qui est au-dedans de vous, et ce qui vous apparaît au contraire comme des conditions plus difficiles; mais c'est vrai seulement d'un point de vue. Du point de vue ultime, toutes ces distinctions, même entre profane et sacré, s'effacent et chaque instant de la réalité est sacré. Du point de vue ultime, il n'y a pas de différence entre l'abbaye de Vézelay et le centre Georges Pompidou. Tout est expression ou manifestation de la grande Réalité. Et, s'il y avait une distinction à faire, elle serait entre deux niveaux de réalité ou de vérité, le niveau manifesté, apparent, toujours changeant, celui de la multiplicité, et le niveau non manifesté, non changeant, celui de la Conscience suprême ou de l'Atman, du Soi, du Vide des bouddhistes mahayanistes, la seule Réalité qui soit immuable, non dépendante, jamais affectée.

Et le deuxième principe qui doit vous guider est bien connu car on le cite autant comme une parole zen, une parole soufie, une parole chrétienne ou une parole hindoue, c'est : « ici et maintenant ». Ici et maintenant, au sens le plus strict de ces deux mots, ne veut pas dire « maintenant au XXe siècle, sans nostalgie d'une belle époque à jamais disparue », mais dans l'instant, dans la seconde même que je suis en train de vivre, et ici veut dire exactement là où moi je me trouve situé. Ce ici et maintenant est aussi infime dans le temps et dans l'espace qu'un point. Et, si vous quittez le ici et maintenant, le mental peut repartir dans de grandes constructions brillantes et vous arracher à la réalité qui est votre seul point d'appui et votre seule possibilité de découvrir ce que vous cherchez. Je tiens à insister là-dessus pour qu'une dénonciation même impitoyable du monde moderne ne vous engage pas dans une fausse voie.

Si vous pouvez vivre dans un monastère, au moins de

temps en temps, faites-le. Si vous pouvez vivre dans un
ashram hindou, au moins de temps en temps, faites-le, et si
vous pouvez vivre dans une communauté de soufis, faites-le.
Vous y serez en effet soumis à des influences tout autres que
celles qui composent votre existence. Mais ne rêvez jamais
stérilement d'autre chose que ce qui est. Et n'oubliez pas que
votre progression ne peut s'effectuer ailleurs que dans les
conditions précises qui sont les vôtres à un moment donné.
Sinon, il y aura nostalgie, rêverie mais aucun chemin réel. Et
tant que vous n'êtes pas en mesure de quitter ce monde
moderne, profane, matérialiste, acceptez-le, adhérez, ne
projetez pas une réalité de votre invention sur la réalité telle
qu'elle est.

Si vous pouvez contribuer à modifier les conditions de
votre existence, faites-le. Si vous pouvez contribuer à redonner un certain souffle spirituel à ce monde moderne,
faites-le, selon vos capacités, mais méfiez-vous plus que tout
de votre propre ego et de votre propre mental. C'est
au-dedans de vous que se trouvent les forces qui peuvent
vous maintenir dans le sommeil ou vous aider à vous éveiller.
Plutôt que de déplorer les conditions matérialistes d'une
société fondée sur l'avoir et regretter les conditions plus
spirituelles d'une société fondée sur l'être, soyez dans la
vérité de votre société à vous, qui n'est pas autre chose que
celle où vous vous trouvez à l'instant même, et soyez
vigilants par rapport à toutes les productions et projections
de votre propre mental.

Je comprends bien – je le comprends d'autant mieux que
je l'ai éprouvé et partagé – que puissent naître chez certains
le refus d'un monde matérialiste et une intense aspiration à
un monde différent qui serait vraiment le témoignage
conscient, dans cette vie du changement et de la multiplicité,
de l'autre niveau, celui de l'éternité, celui de l'unité et de
l'infini. Cette nostalgie m'a animé pendant des années : je ne
lisais qu'un certain type de livres, je ne voulais voir qu'un
certain type d'œuvres d'art, je ne recherchais qu'un certain
type d'architecture et je finissais par ne plus trouver
d'intérêt qu'aux êtres humains qui pensaient comme moi,

c'est-à-dire qui avaient découvert l'enseignement de Gurd-jieff ou Ramana Maharshi ou le bouddhisme zen.

Il y a là un piège subtil d'autant plus grave qu'il se présente comme un choix spirituel : refuser le matérialisme pour donner la première place à l'esprit. C'est un mensonge qui consiste à rester dans votre monde à vous et à nier simplement ce que vous n'aimez pas. La véritable liberté se situe au-delà de toutes les oppositions, de toutes les polarités et même de toutes les distinctions. Elle s'exprime dans ces mots sanscrits : *sarvam kalvidam brahman*, « tout dans cet univers est Brahman », tout.

Par ailleurs, il n'y a aucun chemin, même pas un « yoga de la connaissance », sans amour, un amour purifié des émotions, un amour purifié de l'individualisme et de l'égoïsme, un amour qui ne soit pas faiblesse, mélancolie, nostalgie et surtout besoin d'être aimé. Amour purifié, mais amour. Et si une condamnation implacable de ce monde moderne vous amenait à un refus qui devienne peu à peu de l'hostilité, vous tourneriez le dos aussi au chemin de la sagesse puisque le chemin ne peut être fait que d'amour.

Ne vous y trompez pas. Nous sommes assez bien informés maintenant sur un yoga prenant comme appui le corps physique *pranamayakosha*, le corps énergétique. Nous sommes assez bien informés aussi sur le yoga de la connaissance, *jnanayoga*, discrimination entre le réel et l'irréel, qui ne fait intervenir aucune dévotion particulière et nous craignons que le chemin de l'amour ne soit un chemin banal, dont on parle depuis toujours, mais qui n'a pas amené beaucoup de sagesse dans le monde et n'a même pas empêché les guerres de religion, les guerres à l'intérieur d'une même religion ou entre les religions. Aucun enseignement initiatique n'ose ouvertement nier l'amour; au contraire, tous appellent à la charité, à la compassion et généralement à l'amour universel. Mais nous le savons, ceux qui se réclament de l'amour n'en manifestent guère. Et l'on peut remarquer avec lucidité et réalisme, à l'intérieur d'un même enseignement, qu'il n'y a pas toujours d'amour, loin de là, entre des disciples, même anciens par le nombre des années et qu'il n'y pas beaucoup

d'amour entre les membres d'un enseignement ou d'une
école par rapport aux autres.

Lorsque j'étais encore producteur à la Télévision, j'ai été
invité par les représentants de tous ces grands mouvements
qu'on appelle aujourd'hui des sectes. J'ai été reçu par les
responsables à l'échelon français du mouvement pour la
Conscience de Krishna, du mouvement de la Méditation
transcendantale, du mouvement pour l'Unité des chrétiens
ou secte Moon. Se réclamant tous d'idées spirituelles, ils
étaient sensibilisés à des émissions consacrées à la sagesse
hindoue ou bouddhiste. Mais si j'avais le malheur de parler
de Maharishi Mahesh Yogi aux représentants de Hare
Krishna, qui depuis une heure me prêchaient l'amour, ils
voyaient rouge : « Quoi! Maharishi Mahesh Yogi! » La
même réaction se produisait avec les disciples de Maharishi
Mahesh Yogi. Le récit serait long, hélas, de mes souvenirs
dans ce domaine.

Je n'ai pas vu beaucoup d'amour convaincant dans toutes
ces associations qui prônent la spiritualité si ce n'est à
l'intérieur du cercle limité de leur propre confrérie, mais pas
au-delà. Chez les sages soufis, tibétains, hindous, oui j'ai
trouvé cet amour universel, et chez leurs disciples aussi.
Mais même si cette notion d'amour est partout trahie parce
que l'individualisme, le mental, l'ego, ne peuvent pas accéder à cette dimension, la vérité, vérifiée de siècle en siècle,
c'est qu'il n'y a pas de chemin réel, ni de yoga physique ou
énergétique, ni de yoga de la connaissance qui puisse vous
conduire à la découverte de la Réalité sans amour. Et si la
manière sévère dont je parle parfois du monde moderne vous
a amenés à manquer d'amour pour ce monde moderne tel
qu'il est, à chaque instant, je vous aurai induits en erreur.
Pas un amour vague, confus, mais un amour bien concret,
ressenti et exprimé dans chacune des situations où vous vous
trouvez.

*
* *

« Être un avec » – ces mots qui sont le résumé de tout
l'enseignement de Swâmiji – être un avec, osons le dire, cela

veut dire aimer. Vous ne pouvez pas à la fois être un avec quoi que ce soit, une situation, un fait, un objet, une parole, un être humain, un instant, et en même temps être identifiés à un refus émotionnel. La non-dualité, la transcendance des limitations, l'accès aux plans supérieurs de conscience passent inévitablement par l'amour, au sens que vous pouvez déjà donner à ce mot, même si ce mot prend un jour un sens que vous ne soupçonnez pas aujourd'hui. Mais vous savez déjà ce que c'est que d'aimer et de ne pas aimer ou, osons le dire, de détester.

Il est absolument – je dis bien, absolument – impossible d'atteindre le but tout en se réservant le droit de ne pas aimer qui que ce soit ou quoi que ce soit. Or, il faut bien dire que ce droit, beaucoup de chercheurs spirituels, sans s'en rendre compte, se le réservent. Ils ont beau vivre depuis quarante ans dans un ashram, ils s'octroient encore le droit de ne pas du tout aimer ce qui ne leur convient pas, ce qui ne correspond pas à leurs convictions, que ce soit le comportement du disciple d'à côté ou ceux qu'ils considèrent comme les ennemis de leur religion.

Sans amour, vous ne dépasserez jamais la condition humaine limitée et vous n'atteindrez jamais le but qui est le bonheur non dépendant. Encore faut-il que nous soyons à peu près d'accord sur ce but. On vous propose aujourd'hui tant de buts différents à l'existence. Apparemment les enseignements spirituels se contredisent entre eux : le christianisme affirme la Trinité, l'islam la récuse catégoriquement; les bouddhistes et les hindous affirment la succession des incarnations, le christianisme la nie. Chacun prétend détenir et transmettre la vérité et, si vous regardez lucidement autour de vous, vous arriverez d'abord à une vision pessimiste.

Ayez le courage d'affronter cette vision pessimiste, ayez toujours le courage de ce qui vous paraît être la vérité : « Moi j'aurais tendance à donner mon adhésion aux affirmations de Ramana Maharshi, mais enfin même Ramana Maharshi a été critiqué ». « J'aurais tendance à donner mon adhésion à ce que dit Arnaud Desjardins, mais Arnaud

Desjardins, ici et là, est très sévèrement condamné, et par
des personnes qui se réclament de la spiritualité, pas
seulement par des personnes qui se réclament du matérialisme. » « Le christianisme a bien des crimes sur la conscience :
comment se fait-il qu'on me demande de croire à l'enseignement et au magistère d'une Église qui a été associée à tant
d'erreurs? » « L'hindouisme paraît avoir donné naissance à
une société aujourd'hui corrompue et pleine d'injustices. »
Vous commencerez par vous demander s'il existe réellement
une Vérité ou s'il s'agit uniquement d'un mot creux avec
lequel chacun se fait plaisir. Mais si nous discutions ensemble, serions-nous entièrement en désaccord?

Où pouvez-vous découvrir un élément de certitude? Toute
une part du chemin consiste à trouver non pas les certitudes
au pluriel, parce que vous ne serez jamais certains de chaque
détail dans le monde relatif, mais un sentiment que j'appelle
la Certitude au singulier : être enfin libéré du doute. Si vous
êtes établis dans la Certitude, vous êtes immuablement
heureux.

Ne parlons même pas de l'opposition entre enseignements
matérialistes et enseignements dits spirituels, parlons des
contradictions entre les enseignements qui se réclament tous
de la spiritualité. Mais qui dit vrai, qui a raison? Il n'y a pas
un sage, un maître, un ashram que vous n'entendrez critiquer d'une manière ou d'une autre, ou tout au moins traiter
avec condescendance : « Oui, oui bien sûr, pour ceux qui ne
peuvent pas accéder à la vérité suprême, c'est mieux que
rien. » Et vous voilà de nouveau mal dans votre peau : « Mais
moi, je ne veux pas du mieux que rien, je veux quelque chose
qui soit vraiment une certitude. » Où allez-vous la trouver
cette certitude quant au but?

Y a-t-il un dénominateur commun à tous les enseignements qui ont pour vous quelque chose de convaincant? Le
plus convaincant, c'est approcher des hommes ou des femmes vivants qui incarnent ces enseignements, c'est ressentir
intensément l'amour, la sagesse et la liberté qui se dégagent
de Khalifa Sahib-e-Sharikar ou de Swâmi Ramdas ou de
Kangyur Rimpoché. Nous avons vu et nous avons cru. Ces

sages nous font envie et, plus nous les connaissons, d'année
en année, plus ils nous font envie.

Mais y a-t-il un autre dénominateur commun? Oui.
Au-delà des divergences de forme et de techniques d'ascèse,
tous ces enseignements nous parlent d'une réalité intérieure
à nous, y compris les mystiques chrétiens qui cherchent Dieu
non pas au plus haut du ciel mais au plus profond de ce
Royaume des Cieux qui est au-dedans de nous. Ils témoi-
gnent d'une réalité que nous découvrons *en nous*, qui est
donc une expérience de notre conscience et qui éclaire et
transfigure notre perception du monde extérieur. Et, si nous
cherchons avec un peu plus d'exigence, nous retrouvons
partout aussi l'affirmation de la non-dualité ultime, une
unique Réalité immuable, éternelle, qui n'est pas causée ou
produite, et qui sous-tend la multiplicité et le changement.
Dans le christianisme, vous découvrirez ces affirmations
chez un grand nombre de mystiques, pas seulement chez
Maître Eckhart qu'on cite toujours à cette occasion. Cette
réalisation intérieure est toujours présentée comme la certitude qui fait disparaître tous les doutes, tous les problèmes,
toutes les difficultés par la découverte même de « cela » qui
ne peut être atteint par aucune tribulation ou aucune
vicissitude.

La Conscience ultime est à jamais non-affectée, indépendante non seulement du corps physique, lequel peut être
blessé, mutilé et finira par mourir, mais indépendante même
du corps subtil, c'est-à-dire l'ensemble de nos idées et de nos
conceptions individualistes qui nous font ressentir : « je suis
moi, homme ou femme, jeune ou vieux, intelligent ou peu
doué ». Cette conscience éveillée est parfaite. Les limitations
intellectuelles peuvent subsister, les limitations physiques
peuvent subsister, mais les limitations émotionnelles ne
peuvent pas persister en même temps que la découverte de
cette Conscience suprême. Ramdas n'avait certainement pas
la puissance intellectuelle de Swâmi Prajnanpad — encore
avait-il fait des études relativement poussées dans sa jeunesse — et vous rencontrerez un yogi hindou, un fakir
musulman ou un frère convers dans un monastère qui n'aura

peut-être ni instruction ni dons intellectuels et dont pourtant le regard vous fera envie parce que vous sentirez qu'il a découvert cette Réalité éternelle qui le met à l'abri de toutes les souffrances et qu'il est prêt à mourir sans aucune difficulté.

La question n'est pas : est-ce que cette Conscience est affirmée par les enseignements spirituels? Elle l'est. Si ce n'est dans la religion telle que la comprend le grand public, au moins, dans ce qu'on a parfois appelé ésotérisme, on retrouve cet enseignement et on retrouve aussi l'affirmation qu'il ne s'agit pas là d'un dogme ou d'une croyance mais d'une expérience à réaliser. Ceux qui l'ont réalisée savent de quoi il s'agit et ceux qui ne l'ont pas encore réalisée n'entendent que des mots. Et l'accès à cette Réalité unique, devant laquelle tout est relatif, passe par la disparition de la forme ordinaire de conscience qu'on appelle techniquement l'ego, celle qui vous donne la conviction : « je suis moi et tout le reste n'est pas moi ».

Pouvez-vous concevoir que cette conscience limitée puisse être transcendée pour découvrir que vous êtes la Conscience unique, sans séparation? Une telle expérience est-elle possible? Oui affirment unanimement ces enseignements spirituels. Est-ce que vous ressentez en vous la moindre nostalgie de cette Conscience ou les demandes qui relèvent de la séparation, c'est-à-dire de l'avoir, sont-elles encore si puissantes qu'elles étouffent en vous l'aspiration à cette Réalisation?

Mais ne vous y trompez pas, ce qui vous est proposé est d'un autre ordre que les réalisations habituelles. Le Christ a dit : « Mon Royaume n'est pas de ce monde. » Toutes les expériences ordinaires se situent à l'intérieur du temps, et du sens de la conscience séparée et identifiée à votre forme physique et à votre forme mentale. Il s'agit d'une Réalisation qu'on a appelée surnaturelle, transcendante, métaphysique, qu'on a décrite très justement comme un éveil et par rapport à laquelle l'ancienne manière de percevoir le monde se révèle en effet comme un sommeil dont on s'est éveillé.

Une phrase bien souvent répétée, concernant le zen, dit :

« Avant l'illumination, les rivières sont des rivières et les montagnes sont des montagnes, au moment de l'illumination les rivières ne sont plus des rivières et les montagnes ne sont plus des montagnes, après l'illumination les rivières sont de nouveau des rivières et les montagnes sont de nouveau des montagnes. » Qu'est-ce qui a changé? Ce qui a changé, ce n'est pas le monde autour de nous, mais celui qui perçoit ce monde.

Au moment de l'illumination, il y a toujours une période de crise, un passage au-delà de notre forme habituelle, un moment où tout semble vaciller. Cette crise peut prendre des aspects très divers; elle peut être intense et rapide ou s'étaler dans le temps, ou bien encore se produire en plusieurs crises successives qui représentent chaque fois une étape; elle peut se présenter comme un désarroi intérieur où l'on ne sait plus en effet ce qui est vrai et ce qui ne l'est pas, ce qu'on est, ce qu'on n'est pas, ce qu'on veut, ce qu'on ne veut pas. Nous-même nous ne savons plus si nous sommes toujours nous-même ou non.

On peut aussi l'entendre comme l'éblouissement d'une illumination qui nous transporte sur un plan de samadhi dans lequel les montagnes ne sont plus des montagnes, les rivières ne sont plus des rivières parce qu'il n'y a plus aucune montagne, aucune rivière, mais simplement la Conscience vide, sans forme, qui laisse toujours à ceux qui l'ont vécue un souvenir inoubliable. Mais l'achèvement de la Réalisation, c'est quand le monde manifesté se révèle de nouveau le monde manifesté. Mâ Anandamayî ou Ramana Maharshi reconnaissaient les gens et les appelaient par leur nom, donc étaient bien encore capables d'accéder au monde de la multiplicité et de la différence. Mais la conscience du sujet, de celui qui perçoit, elle, est libérée des manques, des désirs dont la non-satisfaction serait souffrance et des peurs dont la concrétisation serait souffrance.

*
**

Comment voulez-vous être libres, débarrassés de la conscience individualisée d'où viennent tous les maux, tout en vous maintenant vous-même dans cette conscience séparée? Et la manière la plus visible dont on se maintient dans la conscience séparée, c'est le refus de ce que nous considérons comme un autre que nous, qui nous déplaît et que nous détestons. C'est pourquoi je tiens à parler aujourd'hui en ces termes pour ceux qui demeurent prisonniers d'un refus massif de ce monde moderne qu'ils rendent responsable de leurs souffrances. Tout est alors la faute de ce monde moderne qui nous frustre de la spiritualité, qui crée en nous des besoins dont nous sommes ensuite prisonniers, qui n'a pas permis à nos pères et mères de nous aider à grandir et à devenir solides intérieurement. Bref, ce monde moderne devient l'ennemi. Si nous sommes malheureux, c'est à cause de lui et une émotion négative se lève en vous avec son cortège de pensées. Cette condamnation devient une idéologie de plus, consistant à refuser, donc à être négatif et ce mot dit bien ce qu'il veut dire : négation, nier, dire non. Si vous criez un immense non au monde moderne, vous êtes perdants. Quelle que soit cette société, quelles que soient ses suggestions, ses erreurs, son matérialisme, une fois qu'intellectuellement vous avez vu clair pour ne plus être dupes vous-mêmes de certains slogans ou de certains modes de pensées, le chemin de la Vérité veut que vous disiez oui à ce monde moderne, et que vous ayez de l'amour pour lui.

Un être matérialiste vit dans un climat de « non ». Un être spirituel vit dans un climat de « oui » et l'être qui se prétend spirituel tout en vivant dans un climat de « non » vit dans un matérialisme spirituel qui ne le conduira jamais au but. Un être matérialiste affirme que la dignité de l'homme est dans le non, c'est-à-dire dans la négation et un être spirituel affirme que la dignité de l'homme est dans l'affirmation, dans l'attitude positive : ce qui est EST. Cette attitude positive peut être décrite en termes très rigoureux : le réel c'est ce qui est. Sur ce qui est, le mental superimpose ce qui devrait être, créant par là une irréalité; mais la même vérité peut être dite dans un autre langage qui est celui de l'amour.

C'est synonyme. Seulement le mot amour est tellement galvaudé que certains maîtres ne l'emploient plus, en tout cas dans les premiers temps de l'ascèse de leurs disciples. Swâmiji m'a d'abord présenté son enseignement comme un enseignement scientifique, ne serait-ce qu'à cause de ma tendance à baigner dans un climat d'amour émotionnel qui était fait de tout ce que je chérissais mais qui me maintenait dans la distinction, que je voudrais vous éviter, entre un monde spirituel dont j'avais la nostalgie et un monde matériel que je me mettais peu à peu à détester. Et je n'oublie pas les règlements de compte personnels qui nous amènent à mépriser ce monde parce que nous n'avons pas su nous y faire une place, parce que nous y sommes frustrés et humiliés, règlements de compte qui nous permettent de justifier notre échec par une idéologie de critique : « Vous n'attendez tout de même pas de moi que je réussisse dans un monde matériel que je méprise ? » Et plus ma vie est un échec, un désastre, plus je me crispe dans ma position de refus de cette société matérialiste.

Tout cet univers est Brahman, tout. Seule cette vision ultime vous donnera la liberté ultime. Toute vision partielle s'arrête en chemin. Tout cet univers est Brahman. « Quoi ! Même les camps de concentration ? » Pour celui qui a vu la Réalité, sans aucun doute. Il vous paraît sans doute choquant, inadmissible que je m'exprime ainsi mais il vous est facile de vérifier que je ne suis pas le seul à le dire et que les sages les plus respectés des grandes traditions ont toujours donné un enseignement qui dépasse les opinions habituelles et peut révolter le mental. Vous savez bien que ce qui est folie aux yeux des hommes est sagesse aux yeux de Dieu. Si vous voulez vous rapprocher du tout ultime qui, lui seul, est la réponse absolue, vous ne pouvez pas en même temps vous réserver le droit de détester ce que vous détestez.

Il n'y a qu'un plan sur lequel vous puissiez dépasser toute limite, c'est celui du cœur, celui du sentiment, que vous ayez arrêté vos études à la troisième après avoir raté le brevet deux années de suite ou que vous soyez agrégé de mathématiques. Chaque émotion, au contraire, est l'affirmation de la limitation. Moi, dans ma limitation, je suis atteint ou moi, dans ma limitation, je suis flatté, je suis gratifié et, momentanément, « je ne me sens plus » tellement l'émotion heureuse m'emporte. Le dépassement des émotions c'est l'accès au sentiment, une intense vie du cœur qui n'est ni morne ni tiède, dans laquelle nous nous sentons particulièrement vivants et émerveillés de vivre. Et si je ne peux promettre à aucun d'entre vous de devenir aussi brillant physiquement qu'un acrobate doublé d'un danseur, si je ne peux promettre à aucun d'entre vous de devenir aussi brillant intellectuellement qu'Einstein agrémenté de Leprince-Ringuet et de Jean-Paul Sartre, je peux promettre en revanche à tous ceux qui le veulent et qui le veulent vraiment cette perfection absolue du sentiment qui, seule, peut conduire à la Réalisation ou aux états supérieurs de conscience.

Soyez assez vigilants pour ne pas appeler amour ce qui n'est qu'émotion ou besoin d'être aimé ou tout simplement peur : « Je crie le mot amour très fort parce que la haine me fait peur. » Ce n'est pas l'amour. Si vous êtes assez conscients pour ne pas être dupes des formes déviées de l'amour, alors nous pouvons employer ce mot sublime. Si vous ne ressentez pas un amour réel, profond, vaste, inaltérable pour tout, vous n'êtes pas encore sur le véritable chemin, vous êtes sur un chemin préparatoire. Encore faut-il que vous admettiez cette idée difficile à entendre : « Quoi! vous me contestez le droit de ne pas aimer? » Oui. Ce que nous appelons un Chemin, une Voie, nous conteste, en effet, si nous voulons atteindre le but, le droit de ne plus aimer ou de détester. Êtes-vous prêts à vous ouvrir à cette vérité, à l'accepter déjà, non seulement intellectuellement parce qu'elle vous paraît assez convaincante mais avec le oui profond de votre cœur?

Bien sûr, cela ne fera pas disparaître le refus tout de suite, cela ne fera pas disparaître la négativité ou la négation tout de suite parce que cela ne fera pas disparaître tout de suite la peur. Mais c'est dans cette direction que s'oriente le Chemin.

Soyez vigilants, méfiez-vous de toutes les formes déviées de l'amour qui ont fait tant de mal au nom de la spiritualité, amour fait de désir, d'intolérance, de faiblesse ou qui n'est que le revers de la peur. Cet amour est l'expression de la condition séparée : je suis identifié à un corps physique qui peut être fusillé, torturé; identifié à un personnage qui peut être bafoué, détesté, calomnié; je vis dans la peur, dans l'intense perception de la séparation que je sens entre le monde et moi. Je n'ai qu'une demande, c'est qu'on m'aime, qu'une peur, c'est qu'on ne m'aime plus. Que les autres puissent me haïr, cela me terrifie, que je puisse avoir des ennemis individuels ou collectifs – ceux de ma classe ou de ma caste ou de mon milieu ou de ma profession – cela m'effraie. Et cette vulnérabilité, cette peur de la haine, de la violence, vous essayez de la cacher derrière le mot amour : je proclame l'amour, je prêche l'amour. Malheureusement, en français, nous n'avons qu'un seul mot et votre amour ne sera jamais l'amour.

Ce que vous appelez amour est une manifestation de la limitation : je me sens si petit, si vulnérable, si menacé que je supplie qu'on m'aime. Même dans un monde cynique qui ricane facilement du mot amour, tous les êtres humains vivant dans la peur vivent nécessairement dans la nostalgie de l'amour.

Tout être humain aspire à être aimé parce que, si l'univers entier vous aimait, vous ne risqueriez plus rien. Si vos patrons n'avaient que de l'amour pour vous, si vos employés n'avaient que de l'amour pour vous, si l'administration n'avait que de l'amour pour vous, si le monde entier n'avait que de l'amour pour vous, bien sûr tous vos problèmes seraient résolus. Mais au niveau relatif, il n'en sera jamais ainsi. Vous vivez dans un monde où les hommes sont différents, n'aiment pas ce que vous aimez, aiment ce que vous n'aimez pas, un monde de plus en plus divisé et conflictuel.

Méfiez-vous de cet amour qui n'est qu'une tentative pour échapper à la peur. Mais si vous découvrez au fond de vous-mêmes la Conscience indestructible, la peur disparaît. Plus vous entrevoyez cette Conscience, donc moins vous êtes identifiés à votre forme physique, à vos possessions matérielles et à vos possessions subtiles, votre rang, votre réputation,

votre honneur, vos relations, plus vous découvrez votre
véritable réalité qui, bien qu'elle soit au cœur même de tout
cela, est tellement au-delà de tout cela. Moins vous avez
peur et plus vous êtes capables d'un autre amour, un amour
qui n'est pas le visage inversé de la solitude mais l'expression
naturelle, spontanée de votre sentiment de communion avec
l'univers entier : *Sarvam khalvidam brahman*, « tout cet
univers est Brahman ».

Il n'y a pas d'autres réalité que les « conditions et
circonstances » telles qu'elles se présentent pour vous à
chaque instant. Toute idéologie qui nie ou qui refuse un
aspect de la réalité vous maintient dans le monde du
conflit, alors que la réalisation se situe au-delà des conflits.
Voilà une idée qui n'est pas toujours facile à entendre et
qui est même parfois insupportable. Ceux qui vivent dans
le monde de la limitation et qui ne sont pas mûrs pour
entendre l'enseignement suprême sont obligés de le refuser.
Si c'est vrai qu'il est possible de dépasser le sens de la
séparation, de dépasser l'avoir grossier et l'avoir subtil et
d'être établi dans le fondement de toute cette Manifestion :
Vie éternelle, Royaume des Cieux, conscience de bouddhéité,
Atman, alors toutes nos poursuites habituelles manquent le
but suprême. Et si vous êtes trop identifiés à la conscience
limitée individuelle ou à la conscience d'ego agrandie à un
groupe et que l'on vient vous faire sentir que vos poursuites habituelles manquent le but suprême, vous vous sentez
agressés.

C'est pourquoi ceux qui ont prêché cet absolu, cette
transcendance, cette expérience libératrice ont été si souvent
détestés et même persécutés par ceux qui vivaient encore
soumis à la peur. Mais tous les témoignages montrent que
ceux-là mêmes qui étaient persécutés demeuraient naturellement et aisément pleins d'amour pour leurs persécuteurs,
depuis le Christ jusqu'à Al-Halladj, Socrate et tant d'autres.
« Priez pour ceux qui vous persécutent », ce sont les paroles
de tous les sages et de tous les maîtres spirituels.

Il a fallu que je rencontre de véritables maîtres, d'abord
hindous, ensuite bouddhistes tibétains, puis soufis, puis

bouddhistes zen pour que je ne puisse plus en douter.
Récupérés par la mentalité moderne, ces enseignements
anciens nous apparaissent le plus souvent intéressants dans la
mesure où ils sont ésotériques, initiatiques et un peu mystérieux, c'est-à-dire où ils peuvent flatter l'ego. Mais la donnée
simple et fondamentale de l'amour n'a plus tellement de
succès en Occident. Elle nous paraît de la bondieuserie pour
sœurs de charité et j'avoue que j'ai été longtemps dupe de ce
point de vue. C'est quand j'ai été face à face avec l'amour
chez Swâmi Ramdas, chez Khalifa-Sahib-e-Sharikar, chez
Kangyur Rimpoché, chez Mâ Anandamayî que je n'ai plus
pu douter. J'ai eu à faire beaucoup d'efforts conscients
contre mes habitudes émotionnelles et mentales, pour dépasser mes propres refus et mes propres préférences. Je me suis
cramponné aussi à cette affirmation *Sarvam khalvidam
brahman*, tout dans cet univers est Brahman, mais je me
retrouvais encore dans l'erreur parce que je recommençais à
refuser. Tant que vous voudrez nier, être négatifs, vous ne
pourrez pas progresser.

**

La distinction entre le profane et le sacré est juste et vous
pouvez certainement être aidés par des influences « spirituelles » qui vous rendent beaucoup plus conscients de la Réalité
suprême que ne le font les influences profanes. Vous
entreverrez mieux cette Réalité ultime si vous passez quinze
jours auprès de Mâ Anandamayî que si vous passez quinze
jours au Club Méditerranée, vous l'entreverrez mieux en
écoutant certains chants soufis qu'en écoutant un groupe de
rock and roll. Mais cette distinction demeure relative et cela
a été une grande part du travail de Swâmi Prajnanpad
auprès de moi de me convaincre de dépasser ma nostalgie
d'un monde spirituel où, pour paraphraser Baudelaire« Tout
est ordre et beauté » et mon refus d'un monde matérialiste,
violent, athée et même agressif à l'égard de la spiritualité.
Tant et si bien que Swâmiji – que j'ai découvert d'abord, ce
qui me convenait tout à fait, comme un brahmane, un

sanscritiste, un maître du yoga de la connaissance et, qui
plus est, un intellectuel et un scientifique, connaissant bien
la psychologie moderne – m'a peu à peu ramené à l'enseignement fondamental et universel qui est tout simplement
celui de l'amour. Mais dans les premières années auprès de
lui, Swâmiji n'a pratiquement jamais prononcé avec moi le
mot *love*; il n'a commencé à l'employer que le jour où j'ai été
en mesure de l'entendre d'une oreille nouvelle.

Oui, je vous concède que le monde moderne est anormal,
non conforme aux lois divines, non conforme aux lois
cosmiques, ou – pour parler comme l'Inde – contraire au
dharma, à l'ordre juste. Et pourtant, je vous demande de
n'avoir aucune attitude négative vis-à-vis de toutes les
manifestations de ce monde avec lesquelles vous êtes en
relation, ici, maintenant, ici, maintenant, seconde après
seconde. Cela vous demande certainement une vigilance
inhabituelle. Tant que vous êtes encore identifiés à votre
personnage, tant que vous vous prenez pour un nommé
Albert Guérin ou Roland Hébert, avec ses qualités, ses
défauts, ses dons, ses manques, sa profession, ses relations, il
vous est naturel d'avoir peur, de ne pas aimer ce qui vous
frustre et d'aimer ce qui vous gratifie, de ne pas aimer ce qui
vous insécurise et d'aimer ce qui vous sécurise. Mais cet
amour-là n'est pas encore l'amour.

Si vous voulez progresser sur le Chemin, une extrême
vigilance vous est demandée pour reconnaître tout de suite
quand la négation, le refus, le manque d'amour naît en vous :
« Eh bien voilà, voilà la manifestation de ma condition
actuelle, de ma limitation; je suis encore identifié à une
forme physique et mentale qui peut être mise en cause, donc
qui peut avoir des ennemis; mais si j'avais découvert ma
vraie réalité indestructible, je ne verrais plus d'ennemis nulle
part, je verrais simplement des formes, des manifestations
plus ou moins conscientes de la Réalité suprême. » *Sarvam
khalvidam brahman.*

Or, soyez bien conscients de ce fait, le monde actuel non
seulement n'accorde plus une grande valeur à l'amour
autrement qu'en parole mais nous propose ouvertement le

non-amour et nous reproche aisément d'aimer ceux du camp opposé. Si vous êtes de plus en plus libres des limitations de l'ego, vous pouvez vivre dans un climat de oui, de communion, d'amour, et pourtant agir. Tel est l'enseignement, étrange pour nous, de la Bhagavad Gita. La Bhagavad Gita est une écriture sainte de l'Inde mais il s'agit d'un enseignement donné sur le champ de bataille à la veille du combat. Et à la fin de la Bhagavad Gita, Arjuna dit à Krishna, incarnation de Dieu : « Je suis convaincu, j'attaque, je fais la guerre. » Écoutez ces paroles saisissantes de Krishna : « Personne ne naît, personne ne meurt », ou encore : « Ceux que tu vas tuer, je les ai déjà tous tués dans mon décret divin. »

L'amour n'est pas la sentimentalité aveugle ni l'autre face de la peur. L'amour est la vision de la réalité et la réalité, inévitablement, comprend la naissance et la mort, comprend l'union et la séparation. La réalité immuable se manifeste par un monde tout le temps changeant qui n'est fait que de naissances et de morts. Nous, Occidentaux, je l'ai dit souvent, nous opposons la vie et la mort. Et la Vie qui, elle, est éternelle, n'est faite que de naissances et de morts. Ce que nous appelons métabolisme, anabolisme et catabolisme, c'est, dans le langage moderne, ce jeu de naissances et de morts sur lequel insistent tant les enseignements anciens.

La vision suprême vous permet de dépasser votre propre peur de la mort, donc de dépasser la vision ordinaire que nous avons de la mort des autres et on peut admettre qu'Arjuna, illuminé par Krishna, plein de communion et d'amour, puisse accepter de combattre sans haine pour protéger le dharma contre les ennemis du dharma. Demeurez établis dans la conscience de la communion et osez prendre position dans l'existence. Le Christ a dit : « Si on te frappe sur une joue, tends l'autre »; il n'a pas dit : « Si on te donne un coup de pied au cul, mets-toi à quatre pattes pour mieux recevoir le suivant. » Ce n'est pas une attitude de faiblesse, mais de force et de liberté.

Tout en étant peu à peu de plus en plus convaincu de ce que j'affirme aujourd'hui, je n'ai jamais considéré que je devais me retirer dans une tour d'ivoire et, selon ma

compréhension du moment, j'ai toujours agi, même politi-
quement, même syndicalement, mais en veillant aux émotions de refus qui pouvaient naître en moi. C'est ce qu'on
appelait autrefois la garde du cœur, c'est-à-dire la vigilance
sur notre propre cœur. Est-ce que je peux voter une motion
signée par l'ensemble du personnel de la Télévision criti-
quant sévèrement tel ou tel aspect de la politique de la
direction sans la moindre hostilité à l'égard de tel ou tel
directeur? Et nous voyons bien, par rapport à tous ceux qui
sont pour nous des causes de souffrance, tous ceux qui nous
font du mal, quelle vigilance nous est demandée pour
dépasser cette hostilité qui naît si naturellement en nous
mais qui est l'inverse de la vraie liberté.

Si vous voulez détester, détestez; si vous voulez haïr,
haïssez, mais dans ces conditions n'imaginez pas que vous
pourrez atteindre la sagesse, même si vous pratiquez des
exercices de yoga ou si vous vous efforcez de discriminer le
réel et l'irréel. Vous ne réaliserez cette conscience infinie qui
est votre essence ultime que le jour où vous serez complètement débarrassés de ces émotions négatives. Et si vous
voulez en être débarrassés, ne les cultivez pas. Voyez-les et
reconnaissez-les pour ce qu'elles sont. C'est une longue et
patiente sadhana.

En mai 68 – je connaissais déjà Swâmiji – j'habitais rue
Soufflot, au cœur du quartier Latin; j'étais donc aux
premières loges pour voir l'aspect le plus animé du mouvement de 68, les manifestations, les flux et reflux de CRS et
d'étudiants, les voitures incendiées, les vitrines brisées et la
violence de certains CRS. Le climat même de mai 68 portait
aux émotions et je reconnaissais en moi cette immense
difficulté à considérer que tout cet univers est Brahman.
Permettez-moi d'employer maintenant un langage tout à fait
émotionnel et qui renie complètement la vision suprême : je
voyais arriver une horde de voyous, braillards et surexcités,
qui brisaient inutilement une série de vitrines de magasins et
mettaient gratuitement le feu à quelques automobiles pour
se défouler. Et je sentais monter en moi une haine pour ces
sales cons qui ne correspondaient pas à ma vision du monde,

qui ne faisaient pas partie de mon monde à moi. Ensuite, j'étais témoin d'une charge de CRS qui, emportés par la tension ambiante, se livraient à des actes brutaux : j'ai vu une pauvre femme tomber, bousculée par un CRS et le CRS suivant donner un coup de pied à cette vieille femme affalée par terre. Et je sentais monter en moi la haine pour ces immondes brutes vêtues de noir, avec leurs boucliers et leurs casques, qui piétinaient une femme tombée à terre.

J'ai tenté laborieusement de dépasser ces dualités d'amour et de haine et de chercher l'amour réel, la communion, la découverte du Brahman, de l'Atman en tous : le CRS c'est Brahman, le « voyou » c'est Brahman, la Réalité absolue, qui met le feu à des voitures. Voilà l'enseignement suprême. S'il vous est insupportable à entendre, réfléchissez, examinez avant de le rejeter. Entendre, réfléchir, vérifier, et ensuite mettre en pratique ce que vous avez reconnu comme vrai, voilà l'attitude du disciple. Ne vous contentez pas de belles paroles sur l'amour universel. Il n'y a pas d'amour universel, il y a uniquement l'amour du prochain. Le prochain, en Mai 68, c'était chacun de ceux qui brisaient des vitrines et incendiaient des voitures et chacun des CRS, beaucoup plus que les persécutés du Cambodge ou du Chili ou que les victimes des régimes d'extrême droite ou d'extrême gauche.

C'est dur à entendre : on va nous refuser le droit à détester. Vous me demandez d'aimer les CRS? Oui. Et vous me demandez d'aimer tous les hommes? Oui. Vous pouvez vous exercer. Regardez la télévision. Si vous avez une conviction politique, ressentez-vous un refus qui touche à la nausée lorsque vous voyez à l'écran les adversaires du camp dans lequel vous vous rangez? C'est facile à constater. Vous verrez tout de suite à quel point vous pouvez manquer d'amour et n'avoir que refus pour Le Pen ou pour Marchais, comme vous voudrez. Permettez-moi d'être concret et de ne pas rester dans des généralités qui ne vous seront d'aucune aide pour la mise en pratique. Tout cet univers est Brahman. Oui. Georges Marchais est une expression de la Réalité ultime et Jean-Marie Le Pen est aussi une manifestation de cette Réalité. La vision de Ramdas ou de Ramana Maharshi, c'est cette vision suprême qui voit en tout être l'atman, comme François d'Assise voit en tout être le Christ démembré, le Christ souffrant, le Christ cosmique.

Voyez d'abord comment vous-mêmes vous maintenez ce sentiment de séparation qui est votre prison, alors qu'une autre part de vous prétend vouloir le dépasser. Il se peut qu'intellectuellement vous soyez familiarisés avec la métaphysique du Védanta – le relatif et l'absolu, le film toujours changeant projeté sur l'écran immuable, les vagues de l'unique océan –, que vous aspiriez au dépassement des limites de l'ego, à la découverte de votre être éternel, mais qu'en même temps vous trouviez tout à fait admissible de détester ce que vous détestez.

Exercez-vous, pratiquez et, pour commencer, voyez, soyez conscients au lieu d'être emportés. Voyez l'émotion de refus, de haine, de dégoût qui se lève en vous parce que tel ou tel personnage parle à la Télévision. Ne prenez pas parti, essayez d'être un avec l'autre, d'aimer et de comprendre. Ensuite, quand c'est nécessaire, agissez. Si vous le voulez, engagez-vous dans une action politique, mais n'oubliez pas votre but ultime. Est-ce que vous voulez découvrir ce Soi unique au cœur de tous les êtres par la réalisation duquel je reconnais mon prochain comme étant une autre forme de moi-même? Bien sûr, aujourd'hui, cette phrase n'a aucun sens pour vous, si ce n'est intellectuel. Mais je vous dois la vérité. Si toutes les vagues sont des vagues du même océan, Le Pen et Georges Marchais sont des vagues du même océan que vous et le même atman qui est votre réalité ultime est aussi la réalité ultime de tous, dans tous les domaines.

*
**

Avant de quitter définitivement Paris, j'ai vécu dans un appartement qui m'avait été prêté quelques mois par Gérard Blitz; j'assumais alors le montage des films sur les soufis d'Afghanistan et, dans l'immeuble de cet appartement, habitait un concierge avec qui j'entretenais d'excellents rapports et qui paraissait être ce qu'on appelle un très brave homme. Un jour – durant la campagne présidentielle de 1974 – j'entre dans la loge et je vois ce grand-père qui tenait sur les genoux son petit-fils tout heureux d'être dans les bras de papi. Le poste de télévision était allumé et un personnage de la majorité parlait, je ne sais plus lequel mais il était facile de conclure que les opinions du grand-père étaient opposées à la majorité qui a encore triomphé cette fois-là. Pendant tout le discours, ce grand-père, avec son petit-fils de cinq ou six ans sur les genoux, a pris à partie l'orateur sur son écran : « Salaud, fumier, ferme-la ta sale gueule d'ordure. » Et le petit était là, extasié, dans les bras de Bon-Papa. J'ai reconnu dans cet homme la condition humaine, la nôtre. Ce que nous n'aimons pas, nous ne l'aimons pas. Ce n'est ensuite qu'une question d'habitude, de dressage éducatif, de mécanismes conditionnés qui font que nous nous exprimons moins directement que ne le faisait ce grand-père. Mais voici un petit-fils qui va bien sûr grandir dans le monde de la dualité.

Tout est lié. Moins vous serez identifiés à votre forme périssable, plus vous serez libres de la peur ou de toutes les peurs, plus il vous sera facile d'être en communion avec l'univers entier. Inversement, plus grandira votre capacité à être un avec ce qui est, ici, maintenant, plus les limitations de l'ego diminueront. Mais soyez vigilants à l'égard des manifestations mensongères de la spiritualité en vous. Vous rêvez d'amour et en même temps vous admettez, vous, de détester tout ce qui ne vous convient pas. Quelle contradiction!

Ne vous laissez pas séduire par une idéologie de non-violence qui ne serait encore qu'une idéologie, le revers d'une autre attitude, le concave d'un convexe, et qui n'est pas l'amour du prochain mais une peur viscérale de la violence.

En vérité, Gandhi, le célèbre Mahatma Gandhi, n'a jamais dépassé sa propre violence. On l'a appelé le père de la nation, mais ce qu'on tait c'est que ses deux fils, à bout de déception et de révolte, se sont dressés contre lui. Et Gandhi a été non pas un non-violent mais un violent réprimé. C'est

d'ailleurs pour cela que la tradition hindoue s'est vérifiée et
que Gandhi est mort d'une mort violente, assassiné. Ramana
Maharshi n'est pas mort assassiné, Ramdas n'est pas mort
assassiné. Le Mahatma Gandhi, l'apôtre de la non-violence
dans le monde, était en fait un violent et d'une violence qu'il
retournait contre lui-même en s'imposant de terribles austé-
rités. Si vous avez le courage de regarder en face la vérité,
les jeûnes que s'imposait le Mahatma Gandhi étaient en fait
une forme de violence. Si je prends un revolver et que je tire
sur vous je suis un violent, mais si je prends un revolver et
j'annonce : « Si vous ne faites pas ce que je dis, je me tire
dessus », c'est une pression aussi forte que j'exerce sur vous,
c'est une manière très efficace de vous faire violence. La
non-violence de Gandhi a agi comme une arme violente
dirigée contre tous ceux qui s'opposaient à lui, même
Indiens. Et ce qui est encore plus cruel à observer, c'est que
cette non-violence admirée par le monde entier a abouti à
une explosion de violence que vous n'imaginez pas parce
qu'elle se déchaînait à mains nues et non pas à coups de
bombes, et qui a décimé hindous et musulmans lors de la
partition. Que l'Inde, le pays de la non-violence, puisse se
déchirer dans des torrents de haine et de massacres fut une
cause de stupeur pour le monde entier.

La véritable liberté ne s'atteint pas à bas prix *même avec
sécurité.* Le mental, et même un mental collectif, peut se
faire plaisir avec la non-violence comme il peut se faire
plaisir avec la violence; et, finalement, les plus belles paroles
d'amour peuvent être encore une ruse de ce mental auquel
nous avons à échapper définitivement.

Regardez dans votre propre cœur et voyez la vérité sur
vous-mêmes. Vous avez besoin de certaines directives pour
vous diriger sur le chemin de votre propre Soi qui est le Soi
universel, unique, éternel. Et si vous voulez comprendre
comment vous vous situez, vous, par rapport à des enseignements de sagesse qui vous attirent, voyez et comprenez que
le monde moderne dont vous êtes un produit tourne le dos à
cette sagesse, mais veillez à ne pas oublier que la Réalisation
dépasse toutes les distinctions et que, si vous chérissez une

attitude négative à l'égard de ce monde moderne, vous maintenez une attitude négative à l'égard d'une forme de la Réalité éternelle et vous vous refusez l'accès à l'absolu.

Swâmiji a dû se battre contre cet aspect de mon propre mental. J'étais profondément marqué, à mon insu – et tout en osant parler de non-dualité – par une dualité massive dans laquelle je m'étais emprisonné, celle du monde profane et du monde sacré, celle de l'horreur du matérialisme et des beautés du spiritualisme. Cela n'est pas la vérité : la vérité est non duelle, elle transcende toutes les catégories, toutes les oppositions, toutes les limitations. La vérité, c'est la réalité ultime : *Sarvam kalvidam brahman*, tout dans cet univers est Brahman. Soyez vigilants.

Que voulez-vous?

Voyez vos émotions, voyez vos refus, voyez comment vous-mêmes vous cristallisez cette dualité à laquelle vous voulez échapper ou que vous voulez dépasser.

Et ce monde moderne, vous ne pourrez en être libres que par l'amour. Il n'y a pas d'autre chemin vers la liberté.

3

LA JUSTICE DE L'AMOUR

On peut très légitimement traduire *dharma* par la Loi.
Cherchez dans un dictionnaire un peu important et vous
verrez toutes les acceptions de ce terme, depuis les lois
naturelles que découvrent peu à peu les chercheurs scientifiques jusqu'aux lois humaines (code civil ou code pénal); si
le même terme est employé, ce n'est pas sans raison. Et,
« incroyable mais vrai », un grand nombre de lois découvertes par les sciences humaines concernant le fonctionnement
du psychisme humain ne s'appliquent plus aux sages.

La « libération », au sens hindou ou bouddhiste, consiste
précisément à se libérer du joug de certaines lois. Toute
société humaine est régie par des lois et les sociétés
traditionnelles affirment que ces lois correspondent à des
principes cosmiques ou sont l'expression de la volonté de
Dieu. En dehors des sentences métaphysiques ou purement
spirituelles, le Coran par exemple donne beaucoup d'indica-
tions sur la manière dont les musulmans doivent se compor-
ter. Il édicte des lois considérées comme divines. Les
shâstras hindous énoncent aussi des lois qui font partie du
corps des Écritures sacrées. La loi qui nous concerne le plus,
nous, celle à l'intérieur de laquelle est né le christianisme, a
été la Loi juive. Ceux qui connaissent un peu le judaïsme ou
qui ont lu l'Ancien Testament savent que ces lois entrent
dans tous les détails de l'existence. Aujourd'hui encore, un
juif orthodoxe est soumis à de nombreuses prescriptions.

Le dharma a toujours été énoncé sous forme de lois, que ce soient les lois naturelles – c'est la loi d'un cerisier de produire des cerises, la loi de l'eau de mouiller et la loi du feu de chauffer et c'est la loi des nuages de se transformer en pluie – ou que ce soient les lois humaines. Et parmi ces dernières, il y a celles qui émanent de la sagesse et celles qui ne se réclament d'aucune autorité spirituelle. Le code civil, dont l'essentiel remonte toujours à Napoléon malgré toutes les modifications apportées depuis lors, ne se targue pas d'une origine divine comme le Coran ou les Dix Commandements donnés par Dieu à Moïse.

Nous avons donc grandi dans un contexte imprégné de lois. Chaque fois qu'un éducateur nous a dit : « il faut faire comme ci ou il ne faut pas faire comme ça; ça c'est bien, ça c'est mal », il a formulé une loi.

Si j'énonce une loi scientifique, cette loi est vraie, elle est toujours vraie, et si je la viole j'en porterai les conséquences. Mais, dans l'éducation que vous avez reçue, qui s'est gravée en vous et qui, en grande partie, pense pour vous, ressent pour vous, agit pour vous aujourd'hui, qu'est-ce qui était indiscutable et qu'est-ce qui était arbitraire? Du point de vue de l'éducation, Swâmiji insistait beaucoup pour que l'enfant ait l'impression que les parents énoncent des lois auxquelles ils sont eux-mêmes soumis. Si un enfant veut s'amuser à jouer à la lampe électrique en tenant une épingle dans chaque main et en les enfonçant dans une prise de courant, vous ne le laisserez jamais faire parce que vous savez qu'il risque un arrêt cardiaque en s'électrocutant. C'est une loi que le courant électrique peut traverser le corps humain et tuer. Même si un enfant insiste, exige, pleure, trépigne, même si vous êtes fatigués, jamais vous ne lui direz : « Bon, eh bien, fais-le ». Jamais! Ce qui est grave, c'est que tant de fois vous ordonnez quelque chose à l'enfant puis vous cédez : « Tu vas manger toutes tes nouilles. Bon, eh bien, tu n'en manges que la moitié ». Ah? Alors, ce n'est plus du tout une loi qu'un enfant, à un certain moment et dans certaines circonstances, doit manger toutes les nouilles. Cela apparaît non pas comme l'énoncé d'une loi à laquelle les parents eux-mêmes sont soumis, mais comme la décision arbitraire d'une mère qui, de guerre lasse, finit par céder.

Il faut que vous vous rendiez compte combien cet univers des lois, à tous les niveaux, est important pour vous, puisque c'est cela qui vous a façonnés. Et j'ose dire que c'est un fatras, un mélange de lois véridiques naturelles (le feu brûle, le froid peut occasionner une bronchite), humaines (on s'arrête aux feux rouges) et d'exigences énoncées par les adultes autour de l'enfant : ça se fait, ça ne se fait pas. Ces injonctions venues du dehors vous ont peu à peu empoisonnés : *ça* pense pour vous, *ça* décide pour vous et *ça* vous a privés de votre spontanéité, de votre capacité à ressentir la demande de la situation et à y répondre.

Mais on peut aller beaucoup plus loin dans cette direction et dans la compréhension de la manière dont nous fonctionnons. Nous sommes en fait imprégnés, tous, plus ou moins, d'un esprit qu'on pourrait appeler juridique : « ça c'est juste, ça ce n'est pas juste », avec les émotions qui y correspondent comme l'indignation face à l'injustice et une justification mécanique de la soumission à ces lois. Inconsciemment, plus encore que consciemment, vous êtes convaincus que certains comportements, soit les vôtres, soit ceux d'autrui, méritent une condamnation. Vous devenez votre propre juge et vous jugez les autres aussi avec l'idée que des sanctions sont nécessaires.

Sanction. Ce mot peut recouvrir toutes sortes de modalités; ce n'est pas forcément une condamnation telle que trois semaines d'emprisonnement ou une amende. Mais l'idée et l'émotion centrales demeurent : « il a fait cela, il n'avait pas le droit de le faire, il doit payer. » C'est vrai que s'il n'y avait plus aucune justice humaine, la vie ne serait plus possible. On emprunte, on ne rembourse jamais. On rentre chez les autres, on se sert, on prend et on s'en va. C'est du vol. On signe un contrat, on change d'avis et l'on met quelqu'un en difficultés. On ne peut pas se passer d'une certaine mentalité de juriste ou de légiste. Cela doit être vu clairement et admis.

Et pourtant, il va falloir transcender ce fonctionnement,

passer à un autre niveau, *passer à un autre règne*. Nous connaissons les règnes minéral, végétal, animal, humain, mais certains êtres humains ont la possibilité de s'élever jusqu'au règne divin. Et c'est pour nous, Occidentaux, très bien illustré dans les Évangiles. Que nous soyons chrétiens ou non, que nous ayons plus d'affinités avec l'hindouisme ou le bouddhisme qu'avec le christianisme, c'est une affaire personnelle, mais cela ne compromet pas ce que je veux dire maintenant.

La lecture des Évangiles, avec un peu de compréhension de ce qu'était la mentalité judaïque de l'époque, devient très éclairante à cet égard. Les juifs – mais il faut considérer que cela s'applique aussi à chacun d'entre nous – à l'époque du Christ, étaient très marqués par la Loi : « Tu feras ceci, tu ne feras pas cela. » Chaque détail de l'existence était réglementé et vous connaissez l'expression docteur de la Loi. Mais des docteurs de la Loi, il y en a eu partout, dans toutes les civilisations religieuses, toujours. Et le Christ est venu insister sur une autre approche, un autre point de vue, inadmissible pour l'élite juive de l'époque qui avait certainement ses faiblesses, son égoïsme, son hypocrisie et sa médiocrité mais qui représentait quand même un engagement, une fidélité à l'égard de cette Loi : « Nous sommes détenteurs de la Loi, gardiens de la Loi, nous avons à transmettre la Loi et à veiller à ce que le peuple d'Israël se soumette à ces lois reçues de nos ancêtres, lesquels les avaient reçues de Dieu. » Il en est de même aujourd'hui pour un musulman et pour beaucoup de chrétiens.

Le Christ propose une autre compréhension de la Loi, donc une autre justice. Vous savez que ce mot, justice, est très important sur le chemin de la sagesse. Non pas : qu'est-ce qui est bien et qu'est-ce qui est mal, mais qu'est-ce qui est juste ? Est-ce que de dire trois fois cinq font dix-neuf, c'est mal ? Ce n'est pas mal, mais ce n'est pas juste. Trois fois cinq font quinze mais pas dix-neuf. Qu'est-ce qui est juste, quelle est la justice de la situation et la justesse de la réponse à cette situation ?

Cette justice, ou bien nous la ressentons à travers notre

soumission aux lois qui nous ont été imposées et qui nous conditionnent, ou bien nous la ressentons à travers notre état de conscience éveillée – ce que l'on appelle techniquement en Inde la spontanéité, la réponse parfaite. Il a toujours été dit, partout, dans toutes les traditions, que celui qui a atteint l'Éveil, la sagesse est devenu à lui-même sa propre loi. Il est affranchi des lois, affranchi des dharmas, parce qu'il sent, il sait ce qui doit être accompli. Il n'a pas besoin de se référer à une loi extérieure à lui.

Vous savez très bien nager, un enfant tombe à l'eau dans un bassin profond, c'est de vous-mêmes que monte la réponse : ce qui est juste, c'est de plonger pour sauver cet enfant. Je n'ai pas besoin que cela soit écrit dans un code ni que Dieu l'ait dicté à Moïse. Sur de la pluie verglacée, un vieillard marche péniblement avec une canne, il glisse, il tombe et de vous-mêmes vous savez que vous allez l'aider à se relever. C'est la loi intérieure qui joue pour vous dès maintenant. L'idéal serait qu'elle joue toujours, tout le temps, que ce soit elle qui vous inspire, vous guide et que vous vous soumettiez volontiers à elle. Mais, tant que les hommes sont esclaves d'autres lois internes, celles de la peur, de la jalousie, de la pulsion sexuelle, de la vanité, des pulsions contradictoires et des effets de l'éducation sur le psychisme, il devient nécessaire de donner des cadres, des modèles de comportement sous la forme de lois extérieures à nous. C'est à l'intersection de ces deux lignes que nous sommes sans cesse situés, notre conscience intérieure qui nous dit « c'est cela qui est juste, je le fais » – et la loi extérieure qui nous dit aussi : « c'est cela qui est juste. » Que cette loi extérieure soit bien comprise ou mal comprise, totalement fausse ou réellement l'expression de la sagesse de ceux qui l'ont édictée, elle est toujours une loi extérieure à nous.

***

On peut lire les Évangiles, au moins une part des Évangiles, dans ce sens. Le Christ se trouve entouré d'êtres humains très influents (les prêtres, les scribes, les pharisiens, les docteurs de la Loi) pour qui l'essentiel est la Loi extérieure : « il a été dit que... », et Lui, Jésus, veut montrer que l'essentiel est la Loi intérieure, celle qui émane de nous. C'est ce qui a soulevé l'indignation sincère des élites juives de l'époque. Et certains Juifs comme Joseph d'Arimathie ou Nicodème, à peine mentionnés dans les Évangiles, sont, eux, écartelés entre ce qui est vrai et juste pour eux et leur attirance pour cet homme qui incarne une tout autre Loi. Ils vont voir le Christ la nuit, sans trop que cela se sache. Combien ont-ils dû être malheureux au sanhédrin, comme l'ont été certains mullahs qui ont condamné Al Hallaj sans oser se prononcer contre la *sharîah* (la doctrine exotérique). Cette tragédie, on la retrouve souvent dans l'histoire du soufisme où les soufis témoignaient pour la Loi intérieure et où l'islam orthodoxe, qui est très légaliste ou juridique, témoignait pour la Loi du Coran. Il y a en arabe deux mots très connus : la *sharîah* qui représente la Loi extérieure, et la *tarîqah* la Loi initiatique, celle des soufis qui sont devenus des instruments de la volonté de Dieu, libérés de tous les conditionnements dont leur éducation les a affublés sans être pour cela esclaves de leurs pulsions.

Une des paroles les plus intéressantes du Christ à cet égard, c'est d'avoir affirmé nettement : « L'homme n'est pas fait pour le sabbat, c'est le sabbat qui est fait pour l'homme. » Le sabbat, vous le savez, c'est le repos du septième jour pendant lequel un Juif pieux ne doit accomplir aucun travail. Et le Christ s'est permis d'accomplir un certain nombre d'actions le jour du sabbat, ce qui a fait scandale. L'homme n'est pas fait pour le sabbat, c'est le sabbat qui est fait pour l'homme. Cela ne doit jamais être oublié. La Loi, même considérée comme une loi divine, n'est pas faite pour asservir les hommes mais pour aider les hommes à se libérer. La Loi juste est toujours au service de l'homme. Mais nous, nous sentons trop que la Loi n'est pas à notre service. Et, très souvent, elle n'est pas à notre service, c'est vrai. Nous sentons que la Loi est là pour nous empêcher de faire ce que nous avons vraiment envie de faire et nous obliger à faire ce que nous ne voulons surtout pas faire, d'où que vienne cette loi. Que de souvenirs d'enfance nous marquent encore à cet égard!

Un témoignage particulièrement éloquent est l'épisode de la femme adultère. Dans l'ancienne Loi juive, l'adultère était une grande faute et une femme dont il était prouvé qu'elle l'avait commise pouvait être condamnée à mort et lapidée. Le Christ se trouve associé à un constat d'adultère et les docteurs de la Loi lui demandent ce qu'il faut faire. C'est un thème qui apparaît souvent dans les Evangiles : le Christ est mis dans une situation où, quelle que soit sa réponse, il va être pris en défaut. S'il répond : « Mais bien entendu lapidez-la, c'est écrit, c'est votre loi, les ancêtres vous l'ont transmise, lapidez-la », on peut lui rétorquer : « Et le pardon et l'amour que vous prêchez à longueur d'année, qu'est-ce que vous en faites? ». Et s'il déclare : « Non, non ne la lapidez pas », on peut l'accuser : « Tu es un destructeur de la Loi des ancêtres, tu oses te placer au-dessus de Moïse et au-dessus de Dieu qui a inspiré cette loi. » Mais le Christ évite habilement le piège. Ni il ne dit « pardonnez-lui » ni il ne dit « lapidez-la ». Il prononce cette parole admirable : « Que celui qui n'a jamais péché lui jette la première pierre. » Et personne ne peut jeter la première pierre, chacun sachant parfaitement bien que lui comme les autres a violé la Loi à bien des reprises. De quoi aurait-il l'air aux yeux de tous? Et tout le monde, penaud, s'est séparé.

Le Christ a dit aussi : « Je ne suis pas venu pour abolir la Loi mais pour l'accomplir. » Abolir la Loi, qu'est-ce que cela va donner? Le désordre et la foire d'empoigne. Vous ne pouvez pas supprimer toutes les lois. Cette foire d'empoigne ne durera pas, un ambitieux prendra le pouvoir et d'autres lois seront édictées. Une révolution supprime des lois puis en promulgue d'autres. « Je ne suis pas venu pour abolir la Loi mais pour l'accomplir. »

Alors? Pour approfondir ce thème, il faut que vous reveniez à vous-mêmes et que vous compreniez que, dans un monde différent de celui d'Israël il y a deux mille ans, vous êtes tous imprégnés d'idées légalistes : « Il n'a pas le droit de faire ceci, il ne devait pas faire cela ; s'il agit comme ceci moi j'agis comme cela et c'est ça qui est juste... ». Nous avons tous un état d'esprit de légistes, une mentalité juridique. Cela ne saute pas aux yeux mais si vous observez bien comment vous pensez, comment vous réagissez, vous verrez combien c'est vrai. Dans le concret, vous trouverez beaucoup d'exemples. J'en ai moi-même souvent dans les entretiens que j'ai avec les uns et les autres où je vois que vous êtes esclaves de votre idée de ce qui est juste, qu'il vous est impossible de transgresser. Et c'est une prison.

Donc, après avoir dit que cela ne concerne pas seulement les Juifs d'il y a deux mille ans mais que cela nous concerne aujourd'hui aussi, je vais un peu plus loin. Nous avons, nous, un assez bel exemple à cet égard dans le roman célèbre de Victor Hugo, « Les Misérables ». Ce qui fait la force de certains écrivains ou poètes, c'est qu'à l'intérieur d'une œuvre profane on retrouve des thèmes, des mythes, des archétypes, qui ont une valeur spirituelle. Dans « Les Misérables », dont l'action se situe pendant la première moitié du XIXe siècle, un homme, Jean Valjean, est condamné aux travaux forcés pour une faute mineure, avoir volé de quoi manger. Revenu en France, il sera poursuivi pendant tout le récit par le policier Javert qui, lui, incarne la loi et la justice ordinaire : « Toute faute doit être punie, c'est un voleur et il doit payer. » Javert est convaincu que cet homme, qui se présente dans le récit sous des noms divers, est l'ancien forçat Jean Valjean. Tout au début du livre, Jean Valjean est encore asservi à des lois internes, psychologiques, de souffrance, de révolte et de peur. Reçu chez l'évêque de Digne avec un amour que l'on ne trouve pas toujours chez les dignitaires de l'Église, Jean Valjean vole à celui-ci des couverts en argent. Les gendarmes, en le fouillant comme vagabond, retrouvent sur lui les couverts identifiés comme appartenant à l'évêque. Mais au moment où le destin de Jean Valjean va se jouer, où il va être condamné et renvoyé au bagne, l'évêque de Digne déclare qu'il a lui-même donné ces couverts à son hôte auxquels il ajoute deux chandeliers en argent, affirmant les lui avoir également donnés la veille.

A partir de ce geste de l'évêque, la vie de Jean Valjean change. Quelles que soient les épreuves et les difficultés de son existence, traqué comme ancien forçat, Jean Valjean n'est plus animé que par la fidélité à cet acte d'amour. A la fin du livre, il meurt et Marius et Cosette, qui s'étaient séparés de lui sur un malentendu, le retrouvent juste avant qu'il ne quitte ce monde en disant : « Ces chandeliers sont en argent mais pour moi ils sont en or. Je crois que celui qui me les a donnés est content de moi là-haut. »

C'est tout à fait dans la ligne de ce que j'essaie de partager avec vous aujourd'hui à partir des Évangiles. La justice veut, si quelqu'un a volé, que la police l'arrête et qu'il comparaisse devant un tribunal où le juge, soumis au code, prononcera la sentence. Si tout le monde se conduit comme l'évêque de Digne, où allons-nous? Un cambrioleur s'introduit chez moi, vole mon argenterie et je dis à la police : « Je la lui ai donnée! » Nous ne pouvons pas nier ce cri du cœur : « Comment? Plus de police, plus de tribunaux, plus de jugements, plus de lois... Allez-y, servez-vous, violez ma fille, tuez mon fils, je vous donnerai ma bénédiction. »

Vous sentez tout ce qu'il y a d'émotions latentes dans cette indignation. Mais cette émotion : « moi on m'a volé, moi on m'a trahi, moi on m'a fait mal, moi on a été injuste avec moi », n'étant pas reconnue en tant qu'émotion, donne l'illusion d'une libre soumission à ce qui est bien, à ce qui est mal, à ce que dit la morale, à ce que dit la loi, à ce que dit la justice, à ce que dit l'Église.

L'évêque de Digne s'est conduit en chrétien. Pour lui, la justice de la situation n'est plus la justice sur laquelle est fondée une société pour subsister. Ce qui est juste, en son âme et conscience, c'est d'affirmer : « je les lui ai donnés ». Et voyez la puissance de cette justice d'amour : ce geste tranforme Jean Valjean de fond en comble, alors que si on l'avait renvoyé au bagne comme récidiviste, on en aurait fait un homme encore plus douloureux, encore plus hargneux et haineux.

Je choisis cet exemple dans « Les Misérables » parce qu'à peu près tous les Français ont lu ce livre ou en ont vu l'une des trois versions filmées. Mais c'est le message commun de toutes les spiritualités, pas seulement du christianisme. Et si je parle du christianisme, c'est parce que notre monde actuel en est encore imprégné, que ce soit par imitation ou par réaction.

Aucune société n'évite les codes de lois. En Inde, les *shâstras* régissent toutes les activités : la guerre, l'architecture, la danse, la sexualité, les mathématiques. Tout se trouve dans ces traités. Outre les lois naturelles que découvrent les chercheurs scientifiques, nous ne pouvons pas éviter les lois relevant des hommes, peut-être à l'origine inspirées par des êtres éveillés ou des sages, et nous ne pouvons pas éviter non plus les dégénérescences d'interprétations des théologiens et des légistes. On ne voit que trop où cela a conduit le christianisme, à travers les aberrations de l'histoire de l'Église incarnée dans la société : des meurtres, des persécutions, des tortures, des intrigues politiques, tout cela au nom du Père, du Fils et du Saint-Esprit.

Relisez les Évangiles sans préjugés, comme quelqu'un qui les lirait pour la première fois, mais avec un peu de bienveillance et non avec un esprit systématiquement critique. Dans nos existences, il y a l'inévitable niveau de ce qu'on nous a enseigné comme juste et non juste et il y a une autre compréhension, une autre vision, une autre justice et une autre justesse. Et là nous sommes tous directement concernés. Un voisin se conduit mal avec moi, qu'est-ce que je fais ? « Comment, il a osé faire cela, je ne peux tout de même pas me laisser marcher sur les pieds sans réagir, je lui fous un avocat au cul. » Bien. Qu'est-ce qui est demandé à un disciple engagé sur le chemin de la sagesse ? Vous prendrez facilement parti pour l'évêque de Digne ou pour le Christ contre les pharisiens ou les docteurs de la Loi. Mais tous, dans le courant de vos existences, élevés religieusement ou non, vous vous indignez et, tout de suite, votre double réaction c'est le jugement et la sanction. Je me fâche, j'agis, je punis, je me brouille.

Il a été dit si souvent : « Le sage est devenu à lui-même sa propre loi. » Celui qui aime est devenu à lui-même sa propre

loi. «*Ama et fac quod vis*», « Aime et fais ce que tu veux ».
Mais sommes-nous vraiment établis dans l'amour?

Cette loi d'amour n'interdit pas la fermeté. J'ai de mes
yeux vu Ramdas très ferme, j'ai vu Swâmiji très ferme.
Cette loi d'amour ne nous impose pas toujours et en toutes
circonstances le comportement de Ramana Maharshi qui,
dans les débuts de son petit ashram, quand il avait très peu
de disciples, après que des voleurs l'eurent bastonné et qu'ils
eurent chargé le peu qu'il y avait à emporter, leur avait dit :
« il y a encore un endroit où vous n'avez pas cherché, c'est
là », pour donner une leçon à ses disciples. Ce n'est pas
uniquement cette sainteté « folle » qui nous est proposée. Ce
dont je vous parle vous concerne vraiment et n'est pas
discutable du point de vue de chemin de la liberté, alors qu'il
peut être discutable de savoir s'il faut tout donner aux
voleurs ou non. Ce dont je parle est pour vous. Et sans cesse
vous êtes situés à l'intersection de ces deux mondes : la
justice de la loi derrière laquelle se cachent vos émotions et
la justice de l'amour.

Vous trouverez un autre point très intéressant dans les
Évangiles. Des pharisiens demandent au Christ quel est le
fondement de la Loi. C'est une grave question qui s'est
toujours posée dans tous les milieux spirituels; par exemple,
le fondement de la Loi est-il la justice, au sens ordinaire du
mot, ou la miséricorde? Doit-on présenter Dieu comme un
Dieu de justice ou comme un Dieu de miséricorde? Il y a
certainement une justice immanente. Dieu, ordonnateur de
l'ensemble des lois de la création, est partout à l'œuvre dans
l'univers. Si vous buvez trop d'alcool, vous aurez une
cirrhose du foie. « Dieu l'a puni ». Non, la Loi a ordonné la
séquence des causes et des effets. Dans les Upanishads, un
des mots que l'on traduit par Dieu en français signifie en fait
Loi en sanscrit. Dieu ne punit qu'en tant que Loi dans
l'univers. Mais Sa miséricorde ne va pas jusqu'à faire qu'on
puisse boire de l'alcool tant qu'on veut et rester en bonne
santé.

Pour un être religieux, quel est le fondement de la Loi : la vérité ou l'amour? A cet égard, un cas s'est produit plusieurs fois pendant la dernière guerre. Des moines ont recueilli et caché dans leurs monastères des adultes ou des enfants israélites poursuivis par la Gestapo et par la police française collaboratrice. Des Allemands se présentent à la porte de l'abbaye. L'un d'eux parle français : « Mon père, est-ce que vous cachez des juifs dans le monastère? Vous êtes un homme de Dieu, j'ai confiance en votre parole. » Quel est le fondement de la Loi : la vérité? « Oui, commandant, je cache des juifs dans le monastère, c'est exact. » Ou est-ce que le fondement de la Loi, c'est l'amour : je protège les juifs par amour et par amour pour ceux qui les traquent, je leur évite de commettre un crime. Cela, c'est plus important que la vérité. Et je mens. En mon âme et conscience de moine, je réponds : « Commandant, nous ne cachons pas de juifs dans le monastère ».

Voilà l'exemple type d'un dilemme, c'est-à-dire que dans les deux cas on est en faute du point de vue de la loi morale. La question est donc posée à Jésus : « Quel est le fondement de la Loi, ce qui ne peut pas être mis en cause? ». Sous-entendu, est-ce qu'il va répondre l'amour, le pardon, la vérité, la charité, la justice? Et c'est alors que le Christ donne cette réponse célèbre, reprise des écritures juives antérieures : « Tu aimeras le Seigneur ton Dieu de tout ton cœur, de toute ton intelligence et de toute ton âme, voilà le premier et le grand Commandement. Et voici le second qui lui est semblable : « Tu aimeras ton prochain comme toi-même. De ces deux commandements dépendent toute la Loi et les Prophètes ». Les prophètes sont les inspirés correspondant aux soufis dans l'islam, qui sont parfois plus ou moins en difficulté avec la Loi. « De ces deux commandements dépendent toute la Loi et les Prophètes », comme si le Christ avait répondu à un musulman : « De ces deux commandements dépendent toute la *sharîah*, la Loi, et toute la *tarîqah*, le mysticisme ou l'ésotérisme. « Tu aimeras le Seigneur ton Dieu de toute ton intelligence, de tout ton cœur et, encore plus profond, de toute ton âme. Tu aimeras ton prochain comme toi-même », ce qui implique non seulement d'aimer son prochain mais aussi de s'aimer soi-même.

C'est ce qui montre en fait la liberté d'un sage (permettez-moi, même si vous êtes des chrétiens convaincus, de présenter le Christ comme un sage), la perfection avec laquelle il est toujours en mesure de répondre.

En ce qui concerne l'abbé ou le portier à qui le représentant des troupes allemandes vient demander s'il cache des juifs qu'est-ce qui va l'aider dans un tel dilemme? La vérité des faits ou l'amour de Dieu et l'amour du prochain, y compris, bien entendu, l'amour envers les officiers allemands. Dans mon amour pour les Allemands, je peux les empêcher de martyriser, par préjugé racial, des juifs innocents. Et par amour pour les juifs, je vais les protéger. Dans une telle situation la Loi d'amour peut inspirer le mensonge à un abbé. Non seulement il a sauvé des israélites mais il a empêché des Allemands de commettre un crime; car c'est un crime de détruire un être humain à cause de sa race, quelle que soit l'idéologie qui puisse sous-tendre cette action.

Et pour l'évêque de Digne aussi, la seule Loi, c'est : « Tu aimeras Dieu et tu aimeras ton prochain. » Cette attitude ne s'appuie plus sur la loi extérieure, mais sur une autre justice et cette autre justice s'appuie sur une autre intelligence, « l'intelligence du cœur ». L'évêque de Digne a vu juste. A cause de ce seul geste d'un chrétien, Jean Valjean pardonne à la société qui lui avait fait tant de mal en l'envoyant au bagne.

Oui, c'est une autre justice qui relève d'une vision sans émotion. Attention aux émotions généreuses, aux émotions idéalistes, aux émotions altruistes qui vous aveuglent également. Vous pardonnez puis vous vous en mordez les doigts ou vous pardonnez à l'un et vous êtes encore plus sévères avec un autre. Puissiez-vous trouver cette distance, cette spontanéité qui permet une action certaine, calme et jamais regrettée, dans laquelle la partie se joue entre moi et moi, entre moi et Dieu, beaucoup plus qu'entre moi et les hommes. Et même si Jean Valjean n'avait pas été métamorphosé par l'acte de l'évêque de Digne, celui-ci restait en paix avec lui-même : « J'ai fait ce que j'avais à faire. » Pour la beauté du roman son acte a un plein succès. Mais cela arrive aussi dans la vie qu'un acte d'amour relevant d'une autre justice apparaisse comme juste aux yeux de tous, même des profanes.

Vous n'êtes pas abbé de monastère sous l'occupation, vous n'êtes pas Jésus-Christ lui-même en face des docteurs de la Loi juive, vous n'êtes pas l'évêque de Digne dans le roman de Victor Hugo, mais quelque chose vous est possible par rapport à ces deux niveaux. D'abord, voyez l'aisance avec laquelle le mental et l'ego, auxquels vous êtes tous d'accord pour échapper, se perpétuent et se protègent en s'appuyant sur la Loi : « C'est mal, c'est honteux on n'a pas le droit de faire cela. » Nous sommes peut-être moins conditionnés qu'un juif pieux à penser et à réagir ainsi mais c'est devenu une mentalité généralisée.

Aucune société ne peut vivre sans lois plus ou moins conformes aux lois divines. Mais à l'intérieur de la société, certains êtres, des sages, des saints, changent de niveau, changent de règne. Il est possible à l'homme de changer de plan. Donc, cela vous concerne.

Voyez combien aujourd'hui l'apparente justice objective des lois et l'idée donc qu'une action doit entraîner certaines conséquences, « sinon où allons-nous », sont mêlées à votre mental et à vos émotions. Dans certains entretiens avec moi, cette mentalité de légiste à travers laquelle je ne trouvais aucun passage, menait mon interlocuteur. Il lui semblait tellement évident que « Si ma femme se conduit comme ça, la justice veut que... », « Si un voisin se conduit comme ça, la justice veut que... », « Si tel délégué syndical s'est conduit comme ça, la justice veut que... ». Vous êtes imprégnés de cette idée, vous croyez que c'est la justice qui parle, alors qu'en fait c'est le niveau ordinaire, celui du mental qui se réfugie derrière la loi. Quant à la loi du pardon, vous ne pouvez pas l'entendre et vous ne me laissez même pas la possibilité de vous la proposer. Vous reconnaissez qu'il y a une émotion parce que c'est quand même parfois difficile de le nier, « oui, oui, bon, mais... » Vous êtes conditionnés par une idée de la justice que vous portez gravée en vous, même si vous ne vous en doutez pas. A ce point de vue, vous êtes semblables aux scribes, aux pharisiens et aux mullahs.

Dès que vous reconnaissez en vous un élément d'émotion, doutez de votre conviction que vous êtes justifiés. Tout ce que je sais c'est que j'ai une émotion; l'émotion m'aveuglant, cela ne peut pas être la vraie vision qui m'inspire, cela ne peut pas être l'intelligence du cœur. Et vous revenez à ce qui est le leitmotiv de votre sadhana : peu à peu, les émotions doivent disparaître de mon existence. Quand il n'y a plus d'émotion, la question se présente différemment : quelle est la demande de la situation? « La justice de la situation » est une expression qu'il faut prendre dans un sens scientifique. Toute situation doit être traitée selon son propre « mérite ». Et la pensée ordinaire conçoit : cette action mérite une punition ou cette action mérite une récompense. Et nous revoilà, avec ce mot mérite, dans la mentalité légaliste, juridique. Ce n'est pas le sens de l'expression que mon propre gourou employait si souvent *according to its own merit*. Quand il y a une infection microbienne, l'antibiogramme nous indique l'antibiotique spécifique pour guérir cette infection. Comme le mot est identique en français et en anglais, je donne ces précisions afin qu'une idée si importante de l'enseignement de Swâmiji ne soit pas déformée. L'antibiotique, c'est la *réponse* à la situation

Qu'est-ce que cette situation particulière mérite? Il n'y a ni jugement, ni récompense, ni condamnation. Que ce soit la nécessité de la situation ou la justice de la situation, la réponse naît de la vision libre, objective, liée au tout, et non plus émanant de la focalisation sur un phénomène isolé extrait de son contexte. Et, par rapport à cette justice de la situation, il y aura la justesse de votre action qui n'est plus une réaction mais une action consciente.

En fait, il existe vraiment deux mondes : le monde dans lequel vous vivez et dans lequel vous ne pouvez pas trouver

la paix et un monde de sérénité ou, autrement dit, le règne humain et le règne divin, le monde du mental et le monde de la sagesse, le monde de la souffrance et le monde de la liberté, le monde de la Loi et le monde de l'amour.

La vision change. Les anciennes lois psychologiques qui nous gouvernaient ne s'appliquent plus à nous et, par là même, nous sommes moins soumis aux lois extérieures morales ou juridiques promulguées pour que les hommes ne s'entre-dévorent pas entre eux en tentant de satisfaire leurs désirs et d'échapper à leurs peurs. Ces lois qui nous ont imprégnés depuis notre enfance : « c'est bien c'est mal, ça se fait ça ne se fait pas, il faut, on n'a pas le droit, c'est honteux », font place à une autre vision, une autre compréhension et un autre mode d'action. Nous passons du monde du jugement au monde de l'amour. « Ne jugez point, sinon vous vous soumettez vous-mêmes au jugement » est une parole évangélique bien connue. Sinon vous resterez toujours dans le monde du jugement et vous ne passerez pas dans le monde de la liberté. Ce « Ne jugez pas » est un apport fondamental du Christ à une société où tout était jugement : conforme aux lois, non conforme aux lois.

Ne jugez pas, sinon vous ne sortirez pas du monde du jugement, vous jugerez les autres, vous vous jugerez vous-mêmes, vous jugerez tout : la pluie, le beau temps. Renoncez à la justice habituelle et essayez de comprendre. Avant l'amour vient la compréhension, la compréhension qu'en effet des lois psychologiques font que les êtres agissent comme ils agissent, sont déterminés et conditionnés à agir comme cela. Tels qu'ils sont, ils ne peuvent pas agir autrement. Idéalement et en théorie, oui, mais il faudrait qu'ils aient une autre éducation, un autre inconscient et d'autres glandes endocrines. Soyez un avec l'autre, ne laissez plus l'écran de l'ego et du mental s'interposer entre l'autre et vous.

Ces idées concrètes, à mettre en pratique, pourraient vous permettre de devenir un véritable chrétien, témoin d'un christianisme intelligent et non pas un christianisme qui, à certains égards, se révèle plus que décevant et dont les maux

ont été abondamment et heureusement dénoncés. Si finalement l'homme est fait pour le sabbat et le christianisme fait
pour névroser les fidèles, eh bien je suis d'accord pour libérer
l'humanité d'une religion pareille. Mais il a existé et il existe
un christianisme totalement intelligent, ni infantile, ni névrosé, ni dogmatique et qui dit la vérité. Swâmiji, sans pitié
pour tout ce qui est mental, illusion, mensonge, idéal
masquant la vérité, était, en fait, de loin le meilleur
commentateur des Évangiles que j'aie jamais rencontré
parce qu'il nous montrait un chemin concret pour pouvoir
passer d'un monde dans un autre, pour que ce ne soit plus
seulement une vague d'émotions qui me soulève en pensant à
l'évêque de Digne et à Jean Valjean.

⁎

Cette opposition du bien et du mal sur laquelle repose tout
jugement, toute sanction et, toute loi, s'efface peu à peu de
votre esprit, de votre sensibilité, de votre manière de vivre, et
vous accédez à une autre vision dans laquelle les réalités
fondamentales ne sont plus le bien et le mal mais uniquement la souffrance et l'amour. Et dans le domaine immense
de la souffrance vous pouvez placer tout le juridisme mal
compris qui torture autant ceux qui ont cette mentalité que
ceux à qui cette mentalité s'applique.

Représentez-vous le Christ entouré d'êtres humains qui
avaient leur valeur, leur foi religieuse, et la conviction que le
bien doit être récompensé et le mal châtié. Et le Christ
essaye de se faire entendre, sans grand succès, pour proposer
une autre justice, un autre fondement à la loi. Il y a deux
réalités, la souffrance et l'amour. Le Bouddha l'a dit :
Sarvam dikham « tout est souffrance ». Même les moments
heureux sont souffrance parce que l'on sait qu'ils ne vont pas
durer et qu'ils nous laisseront des regrets et des nostalgies.
Vous avez une telle soif d'aimer et d'être aimés, une telle
haine contre l'amour qui a été cause de tant de déceptions,
de frustrations et de souffrances que l'on ne peut pas
employer le mot amour à bon marché. Personnellement, dans

ma jeunesse, formé – ou déformé – par une éducation protestante et par le scoutisme, je ne voyais partout que le bien et le mal : il faut être pour le bien et contre le mal. Tout cela était simple mais me conduisait de plus en plus au malaise et au désarroi. Il a donc fallu que je cherche autre chose. J'ai trouvé un enseignement que beaucoup ont jugé scandaleux mais qui m'a sauvé : l'enseignement de Gurdjieff.

Guérissez-vous de la mentalité qui voit le bien et le mal et découvrez ce qui est en jeu : la souffrance et l'amour.

Dans « Les Fragments d'un enseignement inconnu », Gurdjieff dit une parole que j'ai été saisi d'entendre mot pour mot de la bouche de Swâmiji bien des années plus tard : « Personne n'agit pour l'amour du mal, mais chacun agit pour l'amour du bien tel qu'il le comprend. » Il se peut qu'avant il ait des doutes, qu'ensuite il ait des regrets et des remords, mais aucun homme n'agit *sur le moment* s'il ne se sent pas justifié à agir comme il le fait. Chacun agit parce qu'au moins au moment où il accomplit l'action, il se sent justifié sinon il ne l'accomplirait pas. Ensuite il peut se lamenter : « Qu'est-ce qui m'a pris ? » mais sur le moment, il sent « voilà ce qui doit être fait », même violer même tuer. Même celui que nous appelons le criminel se sent justifié : « Ce salaud-là n'avait pas le droit de vivre », ou « cette salope-là n'avait pas le droit de vivre, j'ai agi en justicier, ma femme m'a bafoué, ridiculisé, trompé et torturé... » deux coups de revolver. Les journalistes s'étonnent, les jurés s'indignent et on fait appel à un psychiatre...

Vous vivez dans un monde où l'on considère : j'ai raison. Si la culpabilité était une vision juste, elle ne gâcherait pas vos vies. Vous sauriez simplement : « J'ai fait une erreur. Je considère aujourd'hui mon acte comme une erreur ; dans des circonstances semblables je ne donnerai plus la même réponse à la situation. » Mais la culpabilité en tant qu'émotion détruit une existence sans la transformer. Elle ne vous fait pas progresser et ne vous empêche pas de continuer à vous conduire selon vos propres lois intérieures, votre propre vision, à vous, du bien et du mal. Et vous estimez juste d'avoir giflé un enfant. « Oui, il l'a bien cherché.... » « Êtes-vous certain que vous avez raison? » – « Ah! Bien, dites-donc, on ne va tout de même pas laisser les enfants parler grossièrement, on ne va pas laisser les enfants jouer quand c'est le moment de travailler! » Il n'y a pas d'enfants insupportables ni d'adultes méchants, il y a seulement des êtres humains qui souffrent : la souffrance des juifs, la souffrance des nazis, la souffrance des Américains, la souffrance des Soviétiques, la souffrance des bourgeois, des ouvriers, des riches, des pauvres. La souffrance partout, et les jeux d'action et de réaction d'hommes qui souffrent et qui se débattent dans leur souffrance. Cela c'est l'enseignement du Bouddha, mais c'est également l'enseignement de tous les ésotérismes. Les Anglais, après avoir souffert des bombardements de l'armée allemande quand elle était la plus forte (quand les V1 et les V2 tombaient sur Londres) se sont offert le luxe de détruire la ville de Dresde en une nuit avec des vagues d'avions qui passaient de trois minutes en trois minutes. Cent dix mille morts en quelques heures. Allemands ayant accepté le régime nazi ou pas, c'étaient des êtres humains comme nous, qui ont vu les bombes exploser, les parents mourir devant les enfants, les enfants mourir devant les parents. « Justice est faite ».

**

La justice d'amour est une justice, ce n'est pas une sentimentalité, ce n'est pas une faiblesse, et elle ne demande pas l'impossible. Certes, elle ne peut pas concerner l'humanité entière mais elle s'offre à chacun de vous en particulier. C'est l'ensemble du chemin qui vous permettra de devenir libres de vos peurs et d'accéder à l'amour.

Amour et jugement ont tissé la tragédie de toute l'histoire du christianisme. Le christianisme en tant qu'institution est retombé dans la mentalité dont le Christ avait cherché à libérer les hommes, une mentalité de condamnation, de pénalités, qui est devenue la caricature de ce que le Christ avait proposé. Vous savez bien où en était arrivé le christia-

nisme à l'époque de Luther! On se demande quel lien il peut
y avoir entre les Évangiles et l'Église du XVIᵉ siècle et
pourtant il y a bien des liens de cause à effet. Mais ce sont
des liens de dégénérescence et cette dégénérescence, ayez le
courage de la voir et sachez faire la différence entre le
message libérateur des Évangiles et ce que les hommes en
ont fait. Le christianisme est devenu aussi juridique et
légaliste qu'avait pu l'être le judaïsme. De nouveau le sabbat
n'a plus été fait pour l'homme mais l'homme pour le sabbat.
Et les hommes sont revenus à une religion de peur et de
condamnation, sauvée par les contemplatifs, les mystiques,
les saints comme il y en a heureusement à toutes les
époques.

Qu'est-ce que vous voulez, vous? On ne peut pas tricher
avec le mot amour. Est-ce que c'est l'amour qui vous inspire,
ou vos émotions justifiées par la loi? Et cela devient un
terrible défi. Si vous vous situez par rapport à l'amour, vous
allez voir comment vous fonctionnez et combien vous êtes
encore soumis à la loi. C'est à cause de la loi qu'il y a le
péché. Vous allez voir que vous ne pouvez pas aimer
certaines catégories d'êtres humains. « Mais non, Arnaud ne
peut pas me demander d'aimer ces gens-là... ». « Enfin,
Arnaud, vous qui avez tant aimé l'Afghanistan et qui êtes
donc sensible au martyre de ce pays, vous n'allez pas me dire
que vous pouvez aimer les Soviétiques ou les communistes
français qui justifient les Soviétiques. Vous ne pouvez pas
avoir de l'amour pour les Russes? Ou alors, vous n'en avez
pas pour les Afghans? Ah! Si vous avez de l'amour pour ces
salauds, vous pactisez avec eux. »

Est-ce que les Russes font le mal en Afghanistan? Il
faudrait que je sois aussi habile que le Christ pour sortir du
dilemme. « Oui. » « Ah! et alors, pourquoi les aimez-vous?
Vous pactisez! » On peut discourir à un niveau de pure
théologie, on peut parler à un niveau très simple, c'est
toujours la même vérité. Et la vérité n'est pas un mot, c'est
un état d'âme, c'est une expérience, c'est une vie nouvelle en
nous.

Dans quel monde voulez-vous vivre? Choisissez. Dans un

monde douloureux ou un monde lumineux, dans un monde
sans cesse menacé ou un monde de sécurité, dans un monde
limité ou un monde infini? A quel niveau voulez-vous vivre?
Ne vous trompez pas. Vous ne pouvez pas accéder au monde
de la « sagesse » si vous refusez l'amour. La plupart des êtres
humains se laissent toucher quand on parle d'amour ou de
compassion. « Répondez à la haine par l'amour, priez pour
ceux qui vous persécutent, pardonnez à ceux qui vous ont
offensés, aimez ceux qui vous haïssent. » On se laisse
toucher, on y croit, on choisit le monde de l'amour qui est
celui de la liberté. Mais si vous vous mettez tant soit peu au
défi, quelles sont vos opinions politiques? Et quel amour
avez-vous pour ceux du camp opposé? Pourtant seul l'amour
vous permet d'accéder à une autre justice.

Personnellement, je ne suis pas favorable à l'expérimenta-
tion sur des fœtus vivants. J'aime mieux mourir et même voir
mourir mon fils que de savoir que mon fils a été sauvé parce
qu'on a expérimenté sur des fœtus vivants. Cela représente
un pas de plus dans l'âge du Kali-Yuga, l'âge de la
désintégration. Mais quelle est ma qualité d'amour pour
ceux qui participent au commerce des fœtus vivants destinés
aux laboratoires ou qui achètent des fœtus de sept mois aux
mères des pays pauvres, les extrayant par césarienne moyen-
nant une somme d'argent qui permettra à une femme
d'élever ses huit autres enfants dans son bidonville? Je ne
suis pas favorable. Je prends position. Quelle est ma qualité
d'amour? Les mêmes chercheurs scientifiques s'indignent de
tout leur cœur contre ceux qui, par pure « sentimentalité »
« pour un amas de cellules sans âme et sans conscience »,
veulent arrêter les progrès de la science

« Père, pardonne-leur parce qu'ils ne savent pas ce qu'ils
font. » Mais c'est vite dit avec un peu de mépris et de
condescendance en pensant à ceux qui ne voient pas les
choses comme nous. « Moi je suis dans la vérité, moi je vois
juste, mais Père, pardonne aux autres qui ne savent ce qu'ils
font. » C'est encore se justifier à bon compte. Je ne suis pas
là en justicier. J'ai certaines convictions qui me sont personnelles et que j'aurais le courage de soutenir quoi qu'il puisse

m'en coûter, mais il ne faut jamais que le sens du jugement et de la condamnation soit plus fort que l'amour. J'ai vu certains en arriver à haïr ceux qui ont transgressé la loi d'amour : « Je n'ai plus que de la haine pour eux parce que je leur reproche de manquer d'amour. »

Les U.S.A. ont été victorieux au Japon. Les Japonais, c'est objectivement vrai, ont souvent violé certaines lois de la guerre que ni les Français ni les Allemands n'avaient violées en 1914-1918. Les Américains ont donc institué des tribunaux pour crimes de guerre contre les officiers nippons. Le bien incarné par les Américains et Mac Arthur juge le mal incarné par les Japonais. Mais, si les Japonais avaient gagné la guerre, Truman eût été condamné comme criminel de guerre pour avoir utilisé la première bombe atomique. Quelle souffrance en ce monde! En fin de compte, c'est toujours à cela qu'on arrive. Quelle souffrance chez les Japonais, chez les Américains, chez les Russes, chez les Allemands. Choisissez. Dans quel monde voulez-vous vivre?

Cela dit, l'amour n'exclut pas la fermeté. Amour n'est pas synonyme de faiblesse ni de naïveté ni d'inefficacité. Par un geste et une parole, l'évêque de Digne a transformé un être humain que dix ou quinze ans de bagne n'avaient pas changé. Mais on peut aussi concevoir que tel être humain, dans telle situation particulière, au nom de cette justice d'amour, puisse être un guerrier pour protéger le *dharma,* pour protéger les valeurs qu'il considère comme vraiment précieuses. Il n'y a que des cas particuliers.

On ne peut pas pénétrer dans un pays sans en avoir quitté un autre; vous ne pouvez pas accéder au monde de l'amour sans avoir quitté le monde du jugement, le monde de la justice. Commencez à mettre ce monde en doute, regardez vos réactions et comment se sont gravées en vous une certaine idée du bien et une certaine idée du mal qui font votre esclavage. Soyez vigilants quant à vos émotions qui tout de suite vous indiquent que vous êtes à nouveau dans l'erreur.

La compréhension conduit à la bienveillance, à la sympathie et la sympathie conduira à l'amour. Compréhension :

« Tu aimeras ton prochain comme toi-même. » Je ne peux plus condamner et rejeter. « Que celui qui n'a jamais péché lui jette la première pierre. » Extirpez la condamnation de vos cœurs, vous verrez comment elle s'extirpe ou non de vos actions. Si vous êtes magistrats, appliquez le code. Et peut-être un magistrat animé par cette autre vision saurait-il reconnaître cette autre justice et interpréter différemment le code : « Je ne condamne pas cet être que je sens coupable et je sais que cela est juste. » C'est aussi une justice. L'évêque de Digne a accompli un acte parfaitement juste, profondément juste, l'acte qu'il fallait accomplir dans ces circonstances.

Si je prends une sanction, est-ce une sanction inspirée par l'amour ? Je sais que cette sanction doit être prise mais non parce qu'une loi extérieure que j'ai « internalisée », introjetée, pense maintenant pour moi, apprécie pour moi et juge pour moi. De cette loi-là aussi je veux être libre, libre de mon passé, de mon éducation, de mes conditionnements, avec un regard neuf, universel, compréhensif. Chaque fois que vous jugez, commencez par essayer de comprendre. Voilà un être humain qui agit et cet être humain – tous les enseignements spirituels le disent –, est bien plus proche de moi que je ne le sens dans ma prison de l'ego et de la séparation. Vous êtes en communion avec lui.

Militez, militez ce n'est pas exclu, mais quand vous militerez sur la base de l'amour et non plus du jugement, vous serez passés dans un autre monde. Ne vous mentez pas. Remplacez dès maintenant le jugement par la compréhension. Et, pour commencer, avec vos propres enfants, votre frère, votre beau-frère, votre sœur, votre femme, votre mari, le grand amour actuel de votre vie. Commencez par là, chaque fois. « Il n'aurait pas dû. » C'est un cri du cœur que j'ai entendu bien des fois : « Il n'avait pas le droit de faire ça. » Mais si ! de toute façon, il ne pouvait pas ne pas le faire tel qu'il était situé à cet instant-là.

Vous ne passerez pas dans un monde de liberté, d'amour, de sagesse, si vous n'acceptez pas de quitter le monde actuel, le monde légaliste, le monde juridique, le vôtre, pas celui du code civil, ni de l'Église romaine.

4

TOUT EST MOI

Le psychisme d'un « adulte », surtout l'adulte moderne produit pas notre civilisation actuelle, est la répétition d'un cadre qui était formé, cristallisé à peu près vers l'âge de six ans. Ce moule rigide engendre un schéma de vision du monde et un schéma de vision de soi-même en relation avec les autres correspondant à la vision et à l'émotion d'un enfant. Nous avons tous été enfants mais nous sommes certainement moins bien éduqués – je ne dis pas moins bien instruits – que les enfants ne l'ont été dans d'autres sociétés. Ne décidez pas tout de suite que vous constituez l'exception à la règle, essayez plutôt de vous demander honnêtement si vous n'êtes pas demeurés infantiles malgré les années.

Même adultes et sans vous en rendre clairement compte, vous abordez les relations avec les autres à partir d'un schéma d'enfant. L'enfant est fait pour recevoir. C'est normal, c'est naturel. Ce n'est justement qu'après l'âge de six ans que, de lui-même, il peut commencer à donner sans qu'on soit obligé de lui demander : « Tu as reçu quatre bonbons tu peux bien en donner deux à ta petite sœur. » Jusqu'à six ans l'enfant est fait pour demander et recevoir. Par conséquent, l'adulte infantile qui n'a pas assumé une tâche de transformation, de changement intérieur profond, demeure fondamentalement égoïste.

C'est cela qu'il faut entendre, non comme une condamnation ou un jugement moral, mais comme une clef pour pouvoir progresser. Ce n'est pas une insulte que je vous lance à la figure, c'est une affirmation que vous serez amenés à vérifier en ce qui vous concerne. Plus vite vous le vérifierez, plus vite vous commencerez vraiment à changer. C'est indispensable de le voir, en le considérant comme une loi naturelle et en vous souvenant que le chemin de la sagesse réside précisément dans le dépassement des lois naturelles. Et la loi naturelle, c'est cet égoïsme fondamental chez les autres et chez nous.

Certains gestes généreux nous illusionnent en nous faisant croire qu'il y a des gens égoïstes et d'autres qui ne le sont pas. Il arrive en effet que nous recevions de temps en temps d'un autre ce que nous en attendons. Mais, si vous regardez bien, sans crainte, sans peur, avec le désir de voir la vérité, il vous est facile de remarquer combien en fait vous recevez peu, même de ceux qui vous aiment, par rapport à ce que vous voudriez vraiment recevoir en tant qu'adultes. Je ne dis pas que des bébés n'aient pas tout reçu de mères qui ont été réellement des mères. Mais, à partir du moment où nous sommes adolescents, jeunes hommes, jeunes femmes et adultes combien peu nous recevons par rapport à l'immense aspiration de notre cœur. Et, parallèlement, combien nous sommes peu capables nous-mêmes de donner d'une manière tout à fait désintéressée.

Il peut paraître choquant au premier abord d'entendre affirmer aussi catégoriquement cet égoïsme généralisé. En fait, je le redis, cet égoïsme est normal et naturel. Mais le sage peut dépasser cet ordre naturel. Et le chemin qui conduit vers la sagesse est le passage de l'adulte infantile à l'adulte véritablement adulte. C'est par là qu'il faut commencer.

L'erreur faite trop souvent sur le chemin est de considérer le but comme la norme. Non, le but reste le but et ce qui importe c'est la situation dans laquelle vous vous trouvez au départ. Le but est ce vers quoi vous marchez, mais vous pouvez seulement prendre appui sur ce que vous êtes aujourd'hui. Voilà un point qui est, je le sais par expérience, presque sans cesse oublié. Si nous employons l'image d'un chemin, il est bien certain que nous avons un but, nous allons quelque part au lieu de n'aller nulle part, de faire les cent pas ou de zigzaguer. Nous avons une direction précise. Mais c'est exactement là où nous sommes que nous pouvons poser un pied, puis l'autre pied. Encore faudrait-il ne pas oublier cette vérité simple et évidente lorsqu'il s'agit du chemin de transformation.

Cet égoïsme s'avère le point réel où vous êtes situés et où vous resterez situés un certain temps. Par conséquent, cet égoïsme doit être pleinement accepté au lieu de le juger et de le condamner tout de suite au nom du but. Une des plus grandes erreurs que vous puissiez faire consiste à refuser ce que vous êtes aujourd'hui au nom de ce que vous pourriez être ou devriez être ou serez un jour. Attitude aussi stupide que si, me trouvant sur cette plate-forme et désirant aller à la salle à manger, je voulais attraper tout de suite la poignée de la porte au fond de la salle. Je pourrais seulement me pencher en avant jusqu'à ce que je tombe.

Il n'existe rien d'autre que ce que vous êtes aujourd'hui, sinon vous rêvez votre chemin. Même si le but s'exprime par « non-dualité », votre réalité actuelle demeure d'être jusqu'au cou dans la dualité : *dvaïta* (deux), « moi et tout ce qui n'est pas moi, moi et tout le reste qui me menace ou me rassure, que j'aime ou que je déteste, qui m'aime ou qui me veut du mal ». Ce « reste » se trouve d'abord représenté, nous le savons, par la maman puis par le cercle familial : papa, maman, mon petit frère, ma petite sœur, mon grand-père, ma grand-mère, etc. Non seulement les autres êtres humains mais même toutes les réalités – une société, une association, un groupement, une demeure, un bâtiment – sont ensuite perçues comme la représentation de ces images, de ce cadre. Nous avons chacun le nôtre, formé en nous avant l'âge de six ans.

Dès que la mère n'est plus « UN avec nous » à chaque instant, lorsqu'elle commence à nous demander de moins pleurer, crier, réclamer, qu'elle ne nous donne plus immédiatement tout ce que nous voulons – et cela vient assez vite – nous comprenons que nous sommes limités, limités dans tous les domaines, alors que nous aspirons et c'est normal aussi, à dépasser toutes nos limites – pourquoi s'arrêter en chemin? – à devenir tout ce que nous pouvons rêver d'être, toujours plus beau, toujours plus doué, toujours plus artiste, toujours plus intelligent, toujours plus brillant, et à avoir toujours plus. Notre demande fondamentale est absolue. La vie nous apprend ensuite à rabattre nos prétentions et à reconnaître ce que nous avons une chance de recevoir, ou bien à compenser notre constatation des limites par des rêveries, soit les rêves nocturnes dans lesquels nous pouvons tout nous permettre, soit les rêveries diurnes dans lesquelles nous pouvons nous imaginer chef de l'État alors que nous sommes à peine conseiller municipal de notre village. Et vous savez que ces rêves compensatoires, au moins à certaines époques, peuvent devenir presque obsédants.

L'être humain se ressent comme limité, incomplet, le contraire de ce que nous appelons plénitude, d'où le besoin d'avoir, de recevoir et de demander. Une bonne part de l'existence consiste à demander et à recevoir, si possible, autant que possible. Si vous avez une réelle honnêteté pour regarder au fond de votre cœur et si vous êtes assez neutres, disponibles pour regarder les autres tels qu'ils sont et tels qu'ils se comportent, sans que vos propres demandes et vos frustrations interfèrent trop, vous constaterez l'immensité et la toute-puissance de cet égoïsme naturel.

Chacun ne pense qu'à soi, ne s'intéresse qu'à soi, chacun est égocentrique, c'est-à-dire centré dans son individualité limitée et ce qui nous paraît générosité, altruisme, n'est qu'une projection de cet égocentrisme : « Je m'intéresse à moi et je m'intéresse à ce que je considère comme étant à moi ou relié à moi. » Peut-on dire qu'un homme est vraiment non égoïste parce qu'il a consacré son dimanche à nettoyer sa voiture? Que d'amour cet homme a montré pour cette voiture dont il s'est tant occupé au lieu de s'occuper de lui! S'agit-il d'un acte de non-égoïsme? Certainement non!

*
* *

Il y a dans la vie ce que l'égo considère comme à lui et ce que l'égo considère comme n'étant pas à lui. Si je suis membre d'une communauté spirituelle je considère cette communauté comme faisant partie de mon monde. Je veux bien faire quelque chose pour elle, mais je ne veux pas donner mon temps et mon énergie pour une association dont les buts ne m'intéressent pas. Oh! comme cet homme est dévoué, il consacre la plupart de ses soirées à des réunions de propagande, d'échanges avec les non-adhérents! Dites au même homme : « Vous ne vous rendez pas compte combien de gens sont heureux de pouvoir nager, cela fait tant de bien à leur santé, pourquoi ne pas militer dans une association pour le développement de la natation en France? » Il va vous regarder avec des yeux ronds : « Est-ce que vous vous moquez de moi? » D'autres au contraire s'intéressent personnellement à la natation, trouvent normal d'être président ou secrétaire d'une telle association et sont identifiés à l'idée qu'il faut construire une piscine dans leur village.

Même si ces activités paraissent non égoïstes, il s'agit seulement d'une forme un peu plus élargie de l'égoïsme, mais on constate toujours la projection au-dehors de nos intérêts et de notre monde individualiste. Un être humain considère une infime parcelle du monde comme « à lui », comme « sienne », et tout le reste du monde et tous les autres comme étrangers – cela ne le concerne pas, cela ne l'intéresse pas – même son prochain, même son voisin. Et c'est aussi une forme d'égoïsme.

Simplement l'enfant a appris, par la force des choses, qu'il ne pouvait continuer à recevoir que s'il donnait un peu lui aussi. Est-ce vraiment par intérêt personnel qu'un petit enfant apprend la table de multiplication? Certainement pas. Je ne sais pas si vous gardez un souvenir très heureux d'avoir appris par cœur la table de multiplication. Nous le faisons parce que nous comprenons que nos parents nous le demandent et nous sentons que, si nous voulons continuer à recevoir d'eux, nous sommes obligés de donner à notre tour. La leçon se grave en chacun de nous : « Si je veux recevoir, il faut que je donne », et ceux qui ont entendu la leçon donnent, mais dans le but de recevoir.

Donner sans attendre de recevoir représente une étape très

avancée sur le chemin. On peut s'illusionner beaucoup à cet égard quand on commence à s'engager sur une voie dite « spirituelle » comme disciple d'un ashram ou d'un gourou, en pensant que cette adhésion de forme à un enseignement nous rend par elle-même moins égoïstes. Si je regarde avec ma compréhension d'aujourd'hui la manière dont j'ai approché tous les sages, Ramdas, Mâ Anandamayî, y compris Swâmiji, je peux voir l'immensité de cet égoïsme, un égoïsme absolu. Est-ce un geste non égoïste de faire le pranam à Mâ Anandamayî? C'est un geste totalement égoïste qui exprime seulement une demande : « Donnez-moi la sérénité, donnez-moi la sagesse, aidez-moi sur mon chemin, donnez-moi un peu de votre rayonnement et de votre grâce. » Bien sûr, il m'est facile de voir aujourd'hui que mon existence a été égocentrique, centrée dans l'égoïsme, que je n'ai jamais rien fait que pour moi ou pour ce que je considérais comme « à moi », et que mes actions prétendument désintéressées étaient aussi égoïstes que celles de l'homme qui a consacré son dimanche matin à sa voiture au lieu de le consacrer à lui-même.

Mais que je fasse ce constat aujourd'hui ne va pas vous guérir, vous. Il faut que vous le fassiez vous-mêmes en ce qui vous concerne. Entendez-le paisiblement puisque je commence par affirmer que je l'ai vu peu à peu, et que maintenant je le vois en toute clarté. Nous sommes tous passés par là, l'important est de ne pas y demeurer jusqu'à notre mort. Fixons notre regard au loin, vers la Sagesse, mais regardons bien d'abord où nous mettons le pied sur le chemin, pas dans le fossé et encore moins dans le ravin. Aujourd'hui, cet égoïsme règne et je veux le voir. Sentez combien vous avez besoin de recevoir de la vie, combien vous avez besoin qu'il vous soit donné, donné, donné, donné. Votre véritable nature est le besoin de recevoir.

Je sais que c'est difficile à entendre; je ne l'ai pas entendu si facilement moi-même. Je ne comprenais plus ces paroles qui honnêtement ne me paraissaient pas justes; il me venait à l'esprit toutes les occasions où j'avais tout de même donné, donné de mon temps et de mon argent. Il faut dépasser cette première réaction et regarder si ce que je vous dis est vrai.

Vous vous sentez incomplets, tellement incomplets, tellement pauvres, parce que vous ne possédez pas encore ce que les enseignements spirituels appellent les vraies richesses que rien ne peut détruire ou dérober. Vous avez besoin de recevoir et de recevoir dans deux domaines. Ceci est un peu plus subtil et va vous demander de regarder attentivement : recevoir dans le domaine de l'avoir et recevoir dans le domaine de l'être.

D'une part, nous avons besoin d'avoir, d'avoir, que quelque chose nous soit donné du dehors. Nous avons besoin de posséder des objets matériels bien sûr, mais nous avons besoin aussi d'avoir de l'admiration, de la considération, des honneurs et le besoin d'avoir l'amour de ceux qui nous entourent. Et d'autre part, si nous voulons progresser dans notre être, devenir plus unifiés, moins contradictoires, moins émotionnels, et même moins égoïstes, nous avons besoin d'être aidés à changer, à progresser et là aussi notre demande est égoïste. J'ai besoin de recevoir de l'existence, ou d'un thérapeute, ou d'un aîné, ou d'un gourou, ce qui va me permettre d'améliorer mon être. Comme il paraît plus noble d'améliorer son être que d'augmenter son avoir, nous risquons d'oublier que cette attitude, même baptisée de spirituelle, est égoïste.

Il y avait dans ma relation avec tous les sages une grande part d'égoïsme. Je voulais d'abord recevoir d'eux la possibilité de briller à mon retour, d'avoir le prestige que me donneraient mes séjours en Asie, la possibilité de faire des films, donc de confirmer ma réussite professionnelle. Mais il y avait aussi un égoïsme plus subtil consistant à mendier leur bénédiction, leur grâce. Oui, combien et pendant longtemps notre demande de sagesse est égoïste. Je souffre dans ma limitation, dans mon imperfection, dans ma médiocrité, je ne m'aime pas tel que je suis – pour ne pas dire je me déteste

inconsciemment tel que je suis – et je demande à changer.
Mais cette demande de progression demeure égocentrique,
centrée dans l'égo. C'est moi qui veux devenir un sage. Par
conséquent, que je m'en rende compte ou non, mon approche
de tous ces maîtres est entachée d'égoïsme.

Mais la loi veut qu'il faille donner pour recevoir. Alors, s'il
faut faire la vaisselle à l'ashram, je ferai la vaisselle, s'il faut
même que je fasse, moi Arnaud, les chapatis, les galettes de
pain, je vais les faire bien que ça me casse les pieds comme
on dit, s'il faut offrir de l'argent parce que ça ne se fait pas
de séjourner dans un ashram sans rien donner, j'offrirai ma
participation. Mais tous ces dons ont uniquement pour but
de me permettre de recevoir. Ceci doit être vu et non pas
jugé. Ne dites surtout pas : « c'est mal », mais : « c'est mon
étape actuelle. J'ai six ans, mais un jour je serai vraiment un
homme. »

Reconnaissez que vous avez besoin d'avoir. Voilà un
premier point, voilà une étape à franchir. Même si vous
rêvez de la sagesse suprême, de la non-dualité – donc de la
disparition de l'égocentrisme –, de la souveraine liberté de
celui qui est libre de l'attraction et de la répulsion, vous n'y
êtes pas encore. Mesurez et reconnaissez sans crainte votre
besoin d'avoir, de recevoir, fût-ce recevoir de l'aide, et ce
qu'il y a de totalement égoïste dans votre désir de progresser.

Puisque vous êtes comme cela aujourd'hui, la vérité veut
que vous viviez en conformité avec ce que vous êtes, même si
vous aspirez à aller au-delà. Surtout ne faites pas l'erreur de
nier ce que vous êtes aujourd'hui au nom de ce que vous
voudriez être ou de ce que peut être un sage tel que vous
l'entrevoyez ou tel qu'il vous est décrit dans des livres.

Que pouvez-vous faire pour recevoir, pour que la vie vous
donne et pour que les autres vous donnent, et même pour que
la femme ou l'homme que vous aimez vous donne ce que
votre cœur demande, ce que vous attendez comme ce qu'il y
a de plus beau au monde? Que pouvez-vous faire pour
recevoir puisque votre vie est centrée pour l'instant sur cette
demande? Car les autres de qui vous attendez sont exactement comme vous, prisonniers d'un cadre fixé avant l'âge de

six ans : incomplets, intéressés uniquement par eux-mêmes et ce qu'ils considèrent comme leur, fût-ce « ma » femme, « mes » enfants, « mon » héritier, etc. c'est-à-dire un simple prolongement de l'égo. Dans cette cacophonie de demandes, qui va donner à qui?

Perdez complètement vos illusions si vous voulez progresser. Perdez même l'illusion de l'amour qui est uniquement l'attraction : « J'aime » veut dire « j'ai besoin d'être aimé » et, si la femme que j'aime ne m'aime pas, je souffre; même cet enfant que j'aime, c'est si vite fait de ne plus l'aimer dès qu'il devient odieux, mal élevé, mauvais élève, qu'il me fait honte. Chacun est mené par cette attitude infantile, notamment dans le couple où chacun veut recevoir. La vie n'est qu'une immense juxtaposition d'égocentrismes dont les intérêts parfois se correspondent, même si cette vérité est voilée par l'aveuglement et les illusions.

Il n'y a rien d'amer ni de désabusé dans ce que je dis puisque tout est exprimé en fonction de l'éveil, de la libération, de la joie transcendante. Si vous voulez recevoir, vous n'avez pas d'autre solution que de donner à partir du moment où vous n'êtes plus des enfants. En donnant, vous avez une chance de recevoir mais ce n'est pas une certitude. Ceci répond à certaines lois qui doivent être bien comprises, puis je vous donnerai une espérance en vous montrant comment vous pouvez aller plus loin que ce jeu d'action-réaction et vous rapprocher de la Sagesse.

Je vais prendre un exemple très simple : supposons que j'aille au marché, un marché où il y a tout ce qu'on peut désirer acheter – un bazar en Orient ou une grande surface en France. Même s'il y a beaucoup de choses que je voudrais posséder, je ne peux pas me servir purement et simplement, ce serait du vol. En revanche, si je donne l'argent correspondant à l'article que je désire, le marchand est obligé de me donner cet article. Vous ne verrez jamais un vendeur refuser de vous vendre ce qui est dans son magasin si vous payez la somme demandée. Mais il faut que je donne l'argent correspondant au prix de l'article. Si je donne, je reçois. Si je ne donne rien, je ne reçois rien.

Il en est de même dans toutes les relations. Ou alors vous recevez tout à fait par hasard parce que les conditions le permettent, qu'un homme est amoureux de vous pour l'instant et qu'il vous offre un cadeau. Très souvent il s'agit du cadeau qu'il a envie de vous offrir non de celui que vous avez envie de recevoir, source de déception qui paraît mineure et qui est pourtant très importante. De temps en temps, en effet, vous recevez. Regardez le nombre de choses qui vous ont rendus heureux dans la vie et que vous avez obtenues uniquement parce que vous aviez donné auparavant. Certes vous avez été heureux quand vous avez « décroché » un diplôme mais vous ne l'avez gagné qu'en ayant d'abord consacré votre temps et votre énergie à étudier. Pour presque tout ce que vous avez reçu, vous avez dû donner d'abord, et votre joie de recevoir était proportionnelle à votre incertitude d'obtenir.

Dans les relations humaines, la loi est identique. Si vous donnez d'abord, il arrive que vous receviez ce qui correspond à votre attente et que ce ne soit pas simplement l'autre qui exprime son égocentrisme en vous donnant quelque chose, parce qu'il vous reconnaît comme faisant partie de son monde. Rien d'autre. Si vous voulez recevoir – et vous voulez recevoir – donnez. Si vous voulez recevoir quoi que ce soit, de qui que ce soit, de quelque origine que ce soit, donnez et vous recevrez.

C'est la loi. Mais l'enfant en nous ne peut pas entendre cette loi : « Non! Je veux recevoir sans donner. C'est ça qui est beau. » Effectivement, un enfant reçoit sans donner si ce n'est la joie qu'il procure à sa mère et à son père, mais qu'il cesse de donner cette joie et il reçoit déjà moins, en tout cas de moins bonne grâce. L'enfant ne reçoit que parce qu'il donne tant de joie à sa mère; mais il ne donne pas consciemment et délibérément. Et l'adulte infantile demandera toute sa vie à recevoir sans donner : « Si je donne, ça ne m'intéresse plus de recevoir. Si je fais le premier pas, ça ne m'intéresse plus; je veux recevoir sans avoir donné. »

C'est une attitude d'enfant; il faut le voir clairement pour échapper à la frustration, sans cela vous demeurerez non pas des adultes mais des enfants insatisfaits, et il n'y a aucune libération à espérer dans cette frustration. C'est ainsi. Utilisez les lois pour aller au-delà des lois. En connaissant les lois de la pesanteur et en s'y soumettant l'homme a réussi à faire voler plus lourd que l'air, contrairement à ce qu'on affirmait aux XVIIIe et XIXe siècles : « Plus lourd que l'air ne volera jamais, ne peut voler qu'un ballon gonflé d'hydrogène. »

*
* *

Il existe une loi sur laquelle on peut revenir bien souvent en lui trouvant sans cesse de nouvelles applications et de nouvelles richesses, c'est celle de l'action et de la réaction à l'œuvre dans tous les domaines, à tous les niveaux. L'univers – la Manifestation comme disent les hindous, la Création comme disent les chrétiens, le monde comme on dit parfois – n'est constitué que d'actions et de réactions. Quand une action, qui est déjà elle-même une réaction est accomplie, une réaction s'accomplit à son tour pour annuler l'action et revenir à l'état précédent.

La manifestation, le monde, la vie – vous pouvez employer des termes techniques et philosophiques ou des mots vagues, vous savez très bien de quoi il s'agit – tendent vers le repos, vers le retour au non-manifesté, à l'immobilité. Mais des chaînes d'actions et de réactions innombrables font qu'on ne revient jamais réellement à cette immobilité, du moins à l'échelle humaine car la tradition hindoue affirme que la Manifestation retournera au non-manifesté dans un certain nombre de milliards d'années. Pour l'instant nous sommes dans le monde manifesté dont nous nous libérerons en connaissant parfaitement les lois à l'œuvre dans nos existences.

C'est l'application de la formule bien connue : « Toute action fait lever en face d'elle une réaction de force égale et opposée qui tend à l'annuler pour revenir à l'état antérieur. » Par exemple, je lève les bras pour poser un objet sur une étagère très haute : action. Réaction : je baisse les bras et je

me retrouve dans ma situation normale d'homme qui est
d'avoir les bras baissés – c'est plus reposant. Un exemple
aussi simple est facile à comprendre. Ou encore, je tombe :
action; je me relève : réaction et me voilà revenu à l'état
antérieur. Je vois une personne tomber, l'ordre normal est
perturbé, j'aide cette personne à se relever : action-
réaction = retour à l'état antérieur.

Cette loi est à l'œuvre, toujours et partout. Si vous donnez
à quelqu'un, le fait qu'il ait reçu l'oblige tôt ou tard à donner
à son tour. Le fait qu'il ait reçu crée un certain déséquilibre
qui peut même le gêner. Imaginez un exemple incongru. Un
locataire de l'immeuble où vous habitez, que vous avez
croisé deux fois dans l'escalier, sonne un jour à votre porte et
vous offre un coûteux ensemble en cachemire. Qu'est-ce qui
lui prend? Vous êtes tellement mal à l'aise que vous êtes
obligé de faire quelque chose pour vous retrouver détendu,
soit de lui écrire une lettre magnifique, soit de faire un beau
cadeau à ses enfants. Ce n'est pas supportable de rester sans
rien faire; son action fait lever en face d'elle la réaction de
force égale et opposée qui va permettre le retour à l'état
antérieur. Bon! Il m'a offert un cadeau, moi j'ai offert à mon
tour quelque chose pour ses enfants, j'ai rétabli l'équilibre.
Sinon, vous restez en suspens, dans un état de malaise,
comme si, ayant levé les bras, vous ne les rabaissiez plus
jamais.

Si vous recevez, vous êtes obligés de donner pour rétablir
l'équilibre, à deux conditions. La première est que vous
receviez ce que vous avez envie de recevoir. « On ne peut
parler de don s'il n'y a pas réception. » Si je vous donne un
cadeau que vous n'avez pas envie de recevoir, la manière
dont vous allez réagir à ce don ne sera pas celle que moi
j'attends et qui m'intéresse. Votre seule chance de recevoir
autrement que par accident, c'est de donner. Si vous voulez
vraiment recevoir de votre femme, donnez; si vous voulez
vraiment recevoir de votre mari ou de votre compagnon,
donnez. Mais il faut que l'autre ait reçu ce qu'il a envie de
recevoir. « Oh, je lui ai tant donné! » Ah oui? Mais si l'autre
n'a rien reçu?

Encore jeune, j'avais lu une phrase qui m'a fait beaucoup réfléchir. Je ne peux pas vous en dire l'origine, elle se trouvait en exergue du chapitre d'un livre : – « Je vous aime » et en réplique : – « Quel dommage que je ne m'en sente pas mieux pour cela. » Cette phrase m'avait frappé parce que j'étais bien prêt à dire « je vous aime » à des jeunes filles qui ne s'en sentaient nullement mieux pour cela. S'il suffisait de dire « je vous aime » pour combler quelqu'un! Combien de mères s'arrachent les cheveux en répétant : « Malgré tout ce que j'ai pu donner aux enfants, ces ingrats ne m'en ont aucune reconnaissance! »

Ce qui compte n'est pas ce que vous avez donné, ce qui compte c'est ce qui a été réellement reçu. Certains dons nous gênent, nous agacent. Certains dons nous déroutent. D'autres encore nous frustrent parce que nous espérions autre chose. De la part de celui qui a reçu il y aura bien une réaction mais pas celle que nous, nous attendions en notre faveur. Nous voulons – cela paraît cynique de parler ainsi et pourtant c'est le langage de la vérité – nous voulons faire jouer en notre faveur la loi de l'action et de la réaction : si je donne je recevrai. Mais ce n'est pas une certitude, seulement une éventualité, une espérance. Il faut que l'autre ait vraiment reçu et senti qu'il a reçu de vous. Que de fois vous croyez avoir donné alors que l'autre n'a pas reçu ou n'a pas reçu ce que vous avez cru. Et il se peut qu'un être qui nous est proche, notre enfant à qui nous sommes certains d'avoir beaucoup donné ou notre épouse, n'ait pas du tout reçu ce que nous croyons lui avoir donné. Il n'y a pas d'action sans réaction, mais la réaction ne sera pas celle que nous attendons; nous serons incapables de reconnaître la loi à l'œuvre et nous constaterons simplement que nous sommes déçus. Il y a donc un art de sentir ce que l'autre attend de nous.

Mais je le redis, si vous voulez vraiment recevoir, il faut donner le premier et là vous aurez une chance de recevoir, donc d'être comblés, donc de progresser sur le chemin de votre propre liberté. Et deuxièmement, il faut que celui à qui nous donnons, non seulement reçoive ce qu'il espère, mais soit en mesure de recevoir vraiment. Certains êtres, à cause de grandes blessures d'enfance qui les empêchent de s'ouvrir, ne sentent jamais qu'ils reçoivent. Rien n'est jamais suffisant, comme une casserole percée dans laquelle on verserait de l'eau indéfiniment. De cela aussi nous devons tenir compte. Je donne à l'autre mais il n'a pas l'impression qu'il reçoit parce que je ne peux pas lui offrir ce que son cœur d'enfant attend. Si son cœur d'enfant attend que sa maman, quand il était bébé, lui dise « je t'aime » et le prenne dans ses bras, il est trop tard, ce n'est pas moi qui peux le faire. Il arrive ainsi qu'on montre de l'amour, qu'on donne de l'amour, sans recevoir en retour. Cette loi n'est-elle donc pas vraie? Si, cette loi est vraie. Mais on donne à quelqu'un qui ne ressent pas qu'il reçoit parce qu'il attend autre chose que ce que nous pouvons lui donner.

Mettre en mesure de recevoir celui ou celle à qui nous donnons va nous demander beaucoup de réalisme, d'habileté et de compréhension. L'habileté de mon gourou a résidé dans le fait qu'un jour je me suis trouvé comblé, je n'avais plus besoin de rien, c'était fini, j'étais plein. *Fullness*, plénitude. Jusque-là rien n'était suffisant, même avec Swâmiji qui ne faisait pourtant que donner. Au mépris de son âge et de sa fatigue, je réussissais à faire durer mes entretiens avec lui au-delà de l'horaire prévu pour prendre de lui toujours plus. Je trouvais qu'il ne me donnait pas assez et qu'il était bien égoïste, tout en se présentant comme un sage, de lire la biographie d'Einstein dont il n'avait « rien à foutre » à son âge ou de se promener dans la campagne au lieu de me proposer un deuxième entretien dans la journée.

Swâmiji m'a peu à peu mis en mesure de sentir que je recevais. Avec quelle patience! Il s'était un jour reconnu deux pouvoirs miraculeux qui ne consistaient pas à marcher sur les eaux ni à s'élever en lévitation dans les airs : *infinite love, infinite patience*, l'amour infini et la patience infinie. Mais qui, avant d'être un sage, peut se révéler capable de cet amour infini, de cette patience infinie et de ce don infini? Vous devez vous regarder tel que vous êtes et reconnaître que ce n'est pas encore le cas. Ce que je suis aujourd'hui représente ma seule chance de progresser dans la vérité – pas ce que je voudrais être ou ce que je serais si mon éducation avait été différente, ou que sais-je encore – CE QUE JE SUIS.

Le monde est peuplé d'adultes individualistes dont aucun n'est capable de cette patience infinie et de cet amour infini. En vérité, le monde est une immense frustration, plus ou moins compensée par des bonheurs, des succès momentanés que le mental a besoin de gonfler artificiellement pour s'aveugler à ses manques. Le faux bonheur est irréel et il va brusquement tomber comme un ballon se dégonfle en un instant. Deux jours ou deux heures plus tard il n'en reste rien. Un homme qui rêve de réussite sera débordant de joie le jour où il aura été promu chevalier de la Légion d'honneur, mais ce grand bonheur pour lequel il a peut-être tant intrigué prend fin au bout de quelque temps et il se retrouve dans sa frustration.

Ce n'est pas en demeurant dans l'aveuglement, en préservant vos mensonges, que vous pourrez échapper à cette frustration universelle et trouver la plénitude. Osez regarder et constater : « Tel que je suis aujourd'hui je me sens limité et incomplet, j'ai besoin que l'extérieur me donne, notamment les autres êtres humains dont la femme avec qui je vis, ou l'homme que j'aime. Et je ne suis jamais satisfait, jamais satisfait. Dès qu'un désir a été accompli, un autre désir apparaît. Je serais si heureux quand... quand... Et tout mon bonheur se trouve projeté dans le futur : « Quand nous aurons déménagé, quitté ce petit logement étriqué et affreux pour un plus bel appartement tout ira mieux. Enfin j'ai ce bel appartement c'est le bonheur... ». Il suffit que le même soir une mauvaise nouvelle vous soit communiquée par téléphone pour que ce bonheur tant attendu soit gâché au bout de quelques heures.

Je veux voir la vérité : je suis égoïste, je ne peux que demander et tout ce que je fais, je le fais pour moi. Même ma recherche spirituelle est égocentrique; je vais vers Mâ Anandamayî, vers Swâmi Ramdas, vers Swâmiji en égoïste, sans amour véritable. Nous aimons le gourou comme un autre aime les parfums ou les beaux vêtements. J'aime Swâmiji et je vais le presser comme un citron. Un proverbe tibétain dit : « Personne n'a autant d'amour que le chasseur pour le gibier qu'il poursuit. »

J'ai besoin de recevoir, il faut absolument qu'on me donne. Je suis affamé, assoiffé ou, pour prendre la cruelle expression des drogués : je suis en manque. Je ne veux plus demeurer seulement un enfant qui réclame et qui souffre, je veux recevoir, donc je vais donner. Je veux recevoir de l'argent, je travaille. Je veux recevoir d'un autre être, je vais lui donner le premier et essayer de lui donner ce qu'il pourra recevoir et non pas ce que moi j'ai envie de lui donner. Parfois, l'ampleur du malentendu saute aux yeux. Certains hommes m'ont fait la liste de tout ce qu'ils avaient donné à leur femme et de tout ce qu'ils avaient fait pour elle; mais, quand j'entendais le point de vue de la femme en question, ce n'était qu'un cri de frustration : « Je n'ai rien reçu!. » J'ai entendu une femme se plaindre un jour : « Dix fois j'ai dit devant mon mari que je n'aimais pas les roses et à chaque fois ce sont des roses qu'il m'offre!. » Je connais beaucoup d'exemples de ce style-là, sans compter tous ceux qui sont moins flagrants.

Depuis que j'accueille et que j'écoute les uns et les autres, ce que je n'avais pas pu vérifier, dans mon propre cheminement, de mon propre infantilisme et mon propre égoïsme, je l'ai vérifié et revérifié chez autrui, jour après jour. Si j'étais déjà un admirateur de Swâmiji quand j'ai cessé mes anciennes activités, je ressens dix fois plus de gratitude pour lui aujourd'hui quand je constate à quel point il avait raison en voyant l'immensité de la souffrance et du malentendu qui règnent sur les êtres.

***

Maintenant nous pouvons aller plus loin. *Chacun n'agit que pour lui-même, depuis le fieffé égoïste jusqu'au Saint et jusqu'au Sage.* Voilà une parole inattendue! Chacun ne peut agir que dans son propre intérêt et chacun n'aime que lui-même, depuis l'être le plus ordinaire jusqu'à l'être le plus évolué. *Seul ce « lui-même » change et se transforme.* Sinon vous ferez une erreur; vous accomplirez une action qui fera lever en face d'elle la réaction de force égale et opposée et vous resterez dans l'illusion de progresser.

Vous ne pouvez rien faire pour un autre, jamais! Vous ne pouvez faire que pour vous-mêmes. Etant donné l'égoïsme fondamental de l'être humain, égoïsme normal et naturel, chaque fois que je fais pour « un autre », je n'agis pas pour moi, donc je me refuse quelque chose à moi, égo, et cette part de moi qui a été frustrée en faveur d'autrui va intervenir et réagir avec cette conséquence de m'arrêter sur le Chemin. Toutes les notions de sacrifice sont des vérités déformées, mal entendues, propagées par des gens qui n'en ont aucune expérience et se contentent de mots. C'est aussi une loi, une nécessité absolue de l'égo : chaque fois que je fais quelque chose pour l'autre, en le considérant comme « un autre », je me frustre; il y aura donc une réaction qui va me freiner sur mon chemin.

Les « sacrifices » consistant à renoncer à une chose pour obtenir autre chose que l'on considère comme plus important sont totalement égoïstes. Le « renoncement » est toujours prématuré : « J'ai renoncé aux richesses pour trouver Dieu. » Non, vous avez renoncé à quelque chose qui vous intéressait moins pour trouver quelque chose qui vous intéressait plus, à savoir la réalisation mystique. Mais qui aspire à cette réalisation mystique, qui veut Dieu au lieu de la richesse ou de la gloire ou du pouvoir? L'égo. Il ne peut en être autrement puisque l'égo domine et règne. Tout un fatras de notions purement émotionnelles concernant le sacrifice ne tiennent aucun compte de cette loi de l'action et de la réaction et ne conduisent qu'à des échecs.

Vous ne pouvez agir que pour vous-mêmes, quel que soit votre niveau d'être. Qu'est-ce que cela signifie? Reprenons l'exemple de tout à l'heure. J'ai consacré ma matinée non pas à moi qui avais si envie de lire un livre de San Antonio mais à ma voiture que j'ai aspirée, brossée, nettoyée, lustrée et dont j'ai même fait briller les pare-chocs avec un produit spécial. Vous voyez bien que ce que vous avez fait pour la voiture vous l'avez fait pour vous-même puisque c'est « votre » voiture. « Non, je l'ai fait aussi pour la voiture de mon voisin... Je lui ai dit : tiens, puisque je nettoie ma voiture, je nettoie la tienne aussi... »; si vous regardez au fond de votre cœur, vous verrez que vous avez besoin d'être aimé, besoin d'être considéré comme un individu serviable, besoin que ce voisin vous veuille du bien : c'est rassurant, quand on porte la peur en soi, de savoir qu'au moins « mon voisin, lui, me veut du bien ». Il n'y avait aucun non-égoïsme dans votre acte. Ce ne peut pas être autrement.

Ce qui peut changer, c'est ce que vous appelez « moi ». « Moi ». D'abord, il s'agit de « moi tout seul ». Si l'éducation est harmonieuse, il y a un élargissement des intérêts du moi et nous passons normalement du « moi » au « nous ». Swâmiji insistait beaucoup sur ce que certains mantrams des Upanishads employaient le « nous » et non le « moi » : Eclaire « nos » esprits et non pas éclaire « mon » esprit – comme le « Notre Père » qui dit « donne-nous » notre pain quotidien et non pas « donne-moi » –. Nous passons du « je » au « nous ». Si le père et la mère sont habiles, l'enfant ressent comme sien un monde de plus en plus vaste. Il n'y a pas seulement moi, il y a aussi mon frère, ma sœur, mon papa, ma maman, mon oncle, mon grand-père, ma grand-mère qui est malade et pour laquelle il faut aller faire des courses ou lui porter ses repas dans sa chambre. Mais il y a encore tout ce que je ne considère pas comme « à moi ». La grand-mère d'à côté n'est pas la mienne, le petit garçon d'à côté n'est pas mon frère. Il y a « mes amis » et ceux qui ne font pas partie de « mes amis ». Nous sommes toujours dans le monde de l'égo, un égo qui devient un peu moins étroit, étriqué, mesquin.

Si l'égo s'élargit au point d'inclure non seulement ceux qui m'attiraient mais ceux qui me répugnaient au premier abord, non seulement ceux que je trouvais très sympathiques mais ceux dont la gueule ne me revenait pas, si l'égo devient vaste au point de comprendre (au sens d'inclure) toujours plus, *j'agis toujours pour moi, donc je ne me frustre jamais, mais ce « moi » devient de plus en plus immense*. Et, à l'extrémité

du chemin, le sage qui a découvert la non-dualité sait :
« Dans tout cet univers il n'y a que moi », pas au sens de
« moi Arnaud » bien sûr, mais au sens de « la Conscience la
plus haute », « La Conscience supra-individuelle. »

« Le Sage a pour corps l'univers entier. » Si le sage a pour
corps l'univers entier, tout ce qu'il fait il le fait bien pour lui !
Si cette non-dualité a été découverte, réalisée, il n'y a plus
deux, il n'y a qu'un. Du point de vue du sage, il n'y a que
« moi ». Dans le plus grand dévouement aux autres, même le
saint n'agit que pour lui, mais il se reconnaît en tous les
autres. Il n'a plus de conscience dualiste qui distingue ce qui
est mien et ce qui n'est pas mien, ce qui est de mon camp et
ce qui n'est pas de mon camp, ce que j'aime et ce que je
n'aime pas. Ce monde de divisions et d'oppositions s'est
évanoui.

Le sage dont la réalisation vous paraîtra la plus parfaite et
la plus convaincante a, nous dit-on, transcendé la dualité,
dépassé l'altérité, le sens de la distinction ou de la séparation, et il est « un avec tous », tous ceux qu'il rencontre sur
son chemin. Apparemment, il peut sembler donner son
temps et son énergie aux autres, mais en vérité il ne les
donne qu'à lui-même, *reconnaissant l'autre comme lui-
même.* Ce mouvement élimine la frustration et les prétendus
sacrifices qui font lever la réaction de force égale et opposée
et aboutissent à des vies gâchées, comme celle de la mère qui
se plaint qu'elle a tout donné pour son enfant, qu'elle n'a
vécu que pour lui, et qu'aujourd'hui cet ingrat ne vient
même plus la voir et ne lui écrit pas.

Et alors ? Pourquoi trouvez-vous si nécessaire que votre fils
vienne vous voir ou vous écrire si vous n'avez vécu que pour
lui ? Ceci est valable dans tous les domaines : « J'ai consacré
ma vie au Seigneur et je n'ai rien reçu en échange »...; « je
n'ai vécu que pour Dieu et maintenant je vieillis amer et
désabusé ». Vous avez sacrifié mille désirs qui ont subsisté
dans l'inconscient à l'état latent et n'ont pas cessé de
réclamer. Tandis que si vous osez reconnaître pleinement
que vous êtes égoïstes, individualistes, un chemin réel
s'ouvre devant vous qui tient compte de cet égoïsme, qui ne

le recouvre pas par des mensonges, des paroles creuses, qui
ne fait pas appel à des émotions névrotiques pour vous
engager dans des renoncements, des sacrifices et des dévoue-
ments que vous n'acceptez pas profondément et qui n'impliquent qu'une part de vous-mêmes. Vous effacez peu à peu
les limites dans lesquelles vous êtes emprisonnés, jusqu'à ce
que la distinction de « moi » et « mien » et « non moi » et
« non mien » s'efface et que tout devienne vous. C'est un
sentiment stable qui règne en vous, que désignent les termes
« communion », « union avec », « être un avec », ou non-
dualité.

Concrètement le sage ne peut pas tout accomplir pour
faire disparaître la souffrance de ce monde. Il arrivait que
Swâmiji me parle de la misère de l'Inde dans des termes si
poignants qu'au début j'ai cru qu'il avait perdu sa neutralité
et en était réellement affecté; et puis, il concluait en disant :
« Qu'est-ce que Swâmiji peut faire? ». Swâmiji, bien sûr, ne
pouvait pas faire disparaître toute la souffrance de l'Inde ni
la misère si atroce de ces banlieues des villes surpeuplées.
Swâmiji était Bengali et Calcutta détient la palme de
l'horreur en matière de misère. Mais le jour où je lui ai
donné une somme d'argent importante, il l'a dépensée pour
les villageois qui l'entouraient. Son *svadharma*, le rôle
personnel qui lui incombait étant donné ses capacités exceptionnelles de guide, consistait à consacrer son temps et son
énergie à quelques personnes qui venaient lui demander son
aide, tout en sachant ménager ses forces pour poursuivre sa
tâche jusqu'au bout.

Quand nous disons : « Le sage est un avec tous », cela ne
signifie pas qu'il peut concrètement s'occuper à la fois des
Cambodgiens, des Chiliens, des Africains, des Bengalis et de
tous les êtres qui souffrent sur la surface de la terre.
Réalistement c'est dans la relation avec son prochain que le
sage peut manifester cette non-dualité, un gourou indien
avec ses disciples indiens, un sheik musulman avec ses
disciples musulmans et, éventuellement, avec l'étranger qui
a frappé à leur porte.

Si moi j'arrivais auprès de ces maîtres, assoiffé de

recevoir, de changer mon être, ils me ressentaient comme eux-mêmes, non différent d'eux, aussi mesquin et infantile que j'aie pu être. Je voyais Kangyur Rimpoché comme un autre que moi, à qui il fallait que je demande son aide de toute ma force. Je ne sentais même pas que j'étais égoïste, je me croyais un être très spirituel, mais je venais en mendiant auprès de Kangyur Rimpoché : « moi, moi, moi, moi, donnez-moi, donnez-moi la sagesse, donnez-moi la libération, donnez-moi la disparition de la peur et du désir, donnez-moi l'état au-delà des contraires. » J'attendais *d'un autre* qui allait me donner ou ne pas me donner. Et comme, en plus, j'étais convaincu que Kangyur Rimpoché avait des pouvoirs extraordinaires, je lui en voulais quand il ne se passait rien de miraculeux en face de lui ; il aurait suffi qu'il me regarde comme il l'a fait parfois pour que j'entre en samadhi, il ne m'a même pas regardé ! Voyez jusqu'où l'égo peut récupérer la sincérité de l'aspirant disciple. Bien que je me ressente encore prisonnier de l'individualité séparée, Kangyur Rimpoché, lui, ne me voyait pas comme « un autre ».

La beauté de cet effacement de l'égo implique que le monde entier, même ceux qu'autrefois nous aurions appelé des ennemis, ne paraît plus séparé de nous. A un niveau, oui, je peux considérer l'autre comme l'ennemi de mon corps physique puisqu'il veut me frapper mais, essentiellement, il représente une expression de la même unique Réalité ultime que j'ai découverte en moi. Il n'y a plus « d'autre ». Donc, je le maintiens, personne depuis l'égoïste endurci jusqu'au sage n'agit pour un autre que soi. Mais le sage a pour corps l'univers entier et se reconnaît lui-même en chacun. Cela n'a plus rien à voir avec la relation dualiste, même la relation harmonieuse de bienveillance et de sympathie qui demeure une relation égoïste : il y a moi, prisonnier de ce sens du moi, et il y a l'autre, et c'est moi, en tant qu'égo, qui veux du bien à l'autre, qui lui donne, qui fais quelque chose pour lui. En vérité, l'égo ne peut agir que pour lui-même, pour ce que Swâmiji appelait sa *self glorification*. Il ne peut en être autrement.

Même un « moi » noble, un « moi » maîtrisé, un « moi »

épuré, un « moi » altruiste, un « moi » généreux, demeure un
égo, avec ce que je reconnais comme faisant partie du cercle
de mes intérêts et ce que je reconnais comme étranger. Cette
limitation psychologique ou spirituelle fondamentale peut
s'effacer, ce que la plupart des psychologues que j'ai
rencontrés nient catégoriquement. Cet effacement de la
conscience individualisée est évoquée en Occident par des
formules vagues « se perdre dans le Grand Tout... », dont on
ne se demande guère ce qu'elles peuvent bien signifier et qui
ont toujours un sens quelque peu péjoratif. Un Tibétain
« perdu dans sa contemplation » est considéré comme un être
qui a trahi la condition humaine et qui vit dans une espèce
d'état vaporeux, comparable à celui que pourrait procurer
l'opium. Les existentialistes, les psychologues, les marxistes,
les divers « penseurs » emploient toujours un vocabulaire
assez méprisant quand ils se réfèrent à cette réalisation de la
non-dualité. Quant au « nirvâna » des bouddhistes, il a été
tellement mal compris qu'on en a fait un synonyme désespérant de « destruction » ou « annihilation ».

Vous serez vraiment sauvés, vous aurez trouvé le Chemin,
quand vous aurez pleinement admis la loi naturelle de votre
égocentrisme. Si ce n'était pas la loi naturelle, que signifie-
rait le mot « surnaturel » qu'on utilise parfois, que signifie-
rait le mot « métaphysique » et de quelle libération ou de
quel éveil s'agirait-il? Et surtout que pourrait bien signifier
l'expression très courante dans les ashrams hindous *egoless
state*, l'état sans égo, ou *egofree state*, l'état libre de l'égo?
Cela implique la reconnaissance d'un état de conscience qui
concerne, il faut bien le dire, la quasi-totalité de l'humanité :
la distinction du moi et du non-moi. Pour reprendre une
image connue, cette condition est comparable à celle d'une
vague de l'océan qui se considérerait uniquement comme
une vague en oubliant qu'elle n'est rien d'autre que l'océan
lui-même. La vague suivante lui apparaîtrait comme « un
autre »; il y a moi, vague numéro un et il y a l'autre, vague
numéro deux qui me suit à quinze mètres. La découverte
comme forme « je suis cette vague particulière », mais
comme réalité essentielle « je suis l'océan » entraîne la

découverte que toutes les autres vagues étant l'océan, toutes les autres vagues sont aussi moi-même. Cette image bien simple laisse entrevoir ce qu'on a appelé éveil, libération, non-dualité, nirvâna.

Mais la question est là. Comment arriver à ce but? Par la conscience de cet état individualisé. Aujourd'hui, je suis égocentrique, et le mot le dit bien : « Je ne puis ressentir la réalité de l'univers que par rapport à moi. »

*
* *

La vision de la toute-puissance de son égoïsme peut parfois être très douloureuse : « J'essaie d'accomplir un acte réellement non égoïste et je vois que je n'y arrive pas. Quoi que je fasse, j'y trouve mon intérêt, ne serait-ce que celui de progresser sur le Chemin. » Je me souviens très bien de l'époque où je ressentais pour moi : « Je veux accomplir un acte non égoïste et je n'y suis jamais arrivé ». Par exemple, j'avais compris que donner de l'argent à l'ashram de Mâ Anandamayî ou à celui de Swâmiji ne pouvait en aucun cas être considéré comme un acte non égoïste. J'ai donc décidé de faire des dons non égoïstes. Je vivais alors dans la crainte de manquer d'argent parce que j'étais salarié au cachet et que je pouvais me trouver du jour au lendemain sans émission à la Télévision et chômeur pendant des mois. « J'ai un peu d'argent, je vais faire des dons totalement désintéressés. » J'ai reçu, comme beaucoup en reçoivent avec le courrier, des demandes pour donner à l'œuvre des lépreux de Raoul Follereau, à l'œuvre de l'ordre des Chevaliers de Malte, pour donner aux aveugles, pour donner aux artistes amputés qui peignent de la bouche et du pied, et je me rendais compte que mes dons étaient égoïstes; je donnais à l'œuvre de Raoul Follereau ou j'achetais des reproductions de tableaux peints avec la bouche et le pied dont je n'avais aucun besoin, parce que c'était la réaction qui venait annuler le choc occasionné par la prise de conscience d'une telle infirmité. Voir cette réalité en face crée en moi un malaise, je suis obligé d'accomplir la réaction de force égale et opposée pour effacer ce malaise et il n'y a aucune générosité là-dedans. J'ai rencontré des lépreux en Inde, cela m'a perturbé, moi, de voir ces êtres qui n'ont plus de nez, plus de doigts, je cotise à la Fondation Raoul Follereau.

Un jour, j'ai reçu une demande de donation pour réparer le clocher d'une église qui s'était effondré dans une petite congrégation de femmes dont j'ignorais l'existence et où je ne mettrai jamais les pieds. Je me renseigne pour être sûr qu'il ne s'agit pas d'une escroquerie; la congrégation et le petit monastère existent bel et bien. Je décide donc d'envoyer une somme d'argent, importante pour moi à l'époque, qui me coûtait, mais que je pouvais donner sans affamer mes enfants. Ah! j'ai accompli un acte non égoïste. Et j'ai vu que la satisfaction même d'avoir accompli un acte non égoïste montrait que cet acte était égoïste.

Il n'y a aucune possibilité, d'aucune sorte, de faire un acte non égoïste. Cherchez, vous n'y arriverez jamais. Et c'est là où, brusquement, l'enseignement de Swâmiji m'a sauvé. J'ai compris tout d'un coup ce que j'ai dit aujourd'hui. Il faut entendre les mêmes choses vingt fois pour les entendre enfin pour la première fois. Mais bien sûr, pourquoi chercher à échapper à mon égoïsme? Je ne peux pas, je n'y échapperai jamais, jusqu'au bout j'irai mendier la sagesse : « ma » sagesse, « ma » libération. Et il s'est opéré un « lâcher-prise » intérieur, une acceptation de cette vérité. Eh bien oui, je suis égocentré, mais il y a un chemin de libération qui consiste à considérer l'univers entier sans exception comme moi-même. Alors le sens de la séparation peut tomber, le sens de l'égo individualisé s'effacer. Une certaine forme de conscience se volatilise avec la découverte de l'unité ou de la non-dualité. Et je me suis appuyé sur cette phrase de Swâmiji : « Le Sage n'agit que pour lui, ne fait rien que pour lui et ne s'intéresse qu'à lui, mais TOUT EST LUI, il n'y a plus de séparation, rien ne lui est étranger, tout fait partie de son monde, tout. » Cette affirmation ne doit pas rester de vaines paroles.

***

Ce que j'ai dit comporte deux aspects qui pourtant ne font qu'un. Un premier aspect que vous avez peut-être trouvé choquant, à savoir cette affirmation de l'égoïsme et la reconnaissance de la loi d'action et réaction : si vous voulez recevoir, et vous voulez recevoir, donnez, et vous « obligerez » l'autre à réagir en vous donnant à son tour. « Qu'est-ce que ce point de vue sordidement égoïste ? » s'exclame le mental toujours prêt à lancer une belle formule pour voiler la vérité. Et un deuxième aspect qui révèle cette donnée métaphysique dans laquelle il n'y a plus de dualité, où tout est un et où l'altérité a disparu, le sage ayant pour corps l'univers entier. D'un côté un aspect qui vous paraît cyniquement égoïste et de l'autre un aspect tellement métaphysique qu'on se demande s'il peut vraiment nous concerner un jour.

Si vous réfléchissez bien, vous verrez que ces deux aspects ne sont qu'un. Il n'y a pas, d'une part, l'égoïsme sordide sur lequel j'ai pris appui aujourd'hui, d'autre part une métaphysique incompréhensible dans laquelle le sage ressent autant d'amour pour l'autre que pour soi et transcende le sens de « l'individuation » ou de « l'individualisation ». Les deux aspects ne font qu'un en vérité et ils nous montrent le Chemin. La distinction du moi et du non-moi s'efface, comme une barrière qui s'amenuise peu à peu, devient de plus en plus transparente. La séparation est d'abord totale, donnant toute puissance au jeu de l'attraction et de la répulsion : il y a deux, catégoriquement deux, apparemment et irrémédiablement deux, et s'il y a deux, il y a peur car ou l'autre peut me menacer et me faire du tort ou, s'il est bienfaisant pour moi, m'abandonner ou m'être enlevé. Tel est l'enseignement du Védanta : « s'il y a deux, il y a peur ». Et, par ailleurs, s'il y a deux il y a attraction, s'il y a deux, deux s'attirent. Certaines attractions se compensent, se neutralisent, se contredisent et le monde subsiste par un équilibre d'attraction et de répulsion. S'il y a deux, il y a

attraction et répulsion. Avec le Chemin, ce sens de « deux »,
« moi » et « l'autre » que j'aime ou que je n'aime pas,
s'amenuise. A cet égard Swâmiji avait employé une expression qui avait fait rire, avec un mépris sans limite, un puriste
du Védanta devant qui j'avais répété cette parole : « Complètement deux, un peu moins deux, presque plus deux, plus
deux du tout, *oneness*, UN. » Le puriste du Védanta trouvait
très drôle qu'il puisse exister un Swâmi capable de dire une
telle imbécillité et un crétin comme Arnaud pour béer
d'admiration devant ce Swâmi. Car ou il y a deux, ou la
dualité a été effacée; ou bien vous êtes encore dans la
dualité, ou bien vous avez réalisé la non-dualité. Philosophiquement, c'est irréprochable. Mais, si vous voulez progresser
sur le Chemin, il n'y a pas de parole plus libératrice que
cette incongruité métaphysique de Swâmiji.

Le mur de la séparation s'amenuise jusqu'à ce qu'il n'y ait
plus qu'UN. Alors il n'est plus question d'égoïsme ni de
non-égoïsme.

Le chemin qui vous est proposé n'exige pas de se mutiler,
de se torturer et de faire des sacrifices déchirants. Il vous
demande au contraire de vous ouvrir, d'accepter, d'admettre, de reconnaître de plus en plus; il élimine les obstacles à
la compréhension et à l'élargissement de l'égo d'une manière
naturelle, en continuant à n'agir que pour soi, c'est-à-dire en
ne se frustrant jamais. Et un jour, comme un fruit tombe
après avoir longuement mûri, la dernière séparation, qui est
encore séparation, tombe; tout ce qui maintenait cette
séparation à été érodé peu à peu et, en un instant, le sens de
l'égo séparé a disparu, et cette non-dualité sur laquelle on
avait lu tant de livres est enfin établie. La communion est
universelle et elle se manifeste en actes – pas en paroles, en
actes – vis-à-vis de cette petite part de la Manifestation, ici
et maintenant, dans laquelle, en tant que corps physiques,
nous sommes situés, tandis que, du point de vue de la
conscience profonde, du silence intérieur, il n'y a plus que
l'immensité.

5

L'AMOUR EST HABILE

Je vais reprendre le thème si important de donner et recevoir selon la loi de l'action et de la réaction. Swâmiji utilisait très souvent le mot « loi », pas seulement dans le sens des lois ou des codes, comme les *shastras* ou « les lois de Manou », mais dans son sens scientifique. La reconnaissance des lois n'a pas commencé avec Claude Bernard ou avec Descartes; elle régnait aussi sur les conceptions anciennes. Même ce que nous considérons comme subtil, nos émotions, nos sentiments, nos joies, nos peines, obéit à des lois, y compris ce domaine qui touche plus que tout, celui de l'amour – que ce soit l'amour d'une mère pour ses enfants, d'un moine pour Dieu, d'un homme pour une femme ou l'amour de l'humanité.

Nous connaissons tous le refrain : « l'amour est enfant de bohème, il n'a jamais connu de loi », mais la passion la plus déraisonnable est régie par des lois. Et on ne devient libre des lois que lorsqu'on les connaît.

Ces lois, pour dire une vérité simple mais qui va jusque dans la profondeur de la réalité, concernent la relation de deux. S'il n'y a qu'un, quelle loi peut-on concevoir? Deux sont en relation et cette relation obéit à des lois. Notre existence, du moins tant que nous n'avons pas atteint les cimes de la sagesse, consiste à donner et à recevoir. Et c'est ce jeu double dont nous pouvons essayer de comprendre les lois.

Premier point, l'un n'existe pas sans l'autre. Dans la dualité, une moitié de la dualité n'a jamais pu exister sans l'autre. Il n'y a pas de haut s'il n'y a pas également un bas, il n'y a pas de chaud s'il n'y a pas également de froid, il n'y a pas le bonheur s'il n'y a pas également le malheur, et on ne peut pas parler de donner sans parler de recevoir, ni de recevoir sans parler de donner. Et ce que nous voulons avant tout recevoir, tous, bébés ou adultes, c'est de l'amour. Nous ne nous sentons jamais assez aimés, nous avons constamment besoin de marques d'intérêt, de témoignagnes d'amour. Et ce que nous craignons plus que tout, ce sont les manifestations de haine ou de rejet. Regardez au fond de votre cœur sans avoir besoin de lire des ouvrages de psychologie. Bien plus profondément que des biens matériels, des succès, des décorations, des promotions, ce que vous cherchez, c'est à être reconnus, donc aimés. Quand on se sent vraiment aimé, même comme adulte, on ne désire plus rien d'autre. Vous connaissez cette parole réaliste « Vivre d'amour et d'eau fraîche ». Quand on se sent vraiment aimé, les autres demandes perdent de leur pouvoir. Mais si on ne se sent pas aimé, surtout au début de sa vie, comme enfant, elles relèvent la tête.

Et la vie religieuse est fondée sur l'amour. Celui qui se sent aimé par Dieu – ce qui n'est pas donné à tout le monde – vit facilement dans la pauvreté tant il éprouve un sentiment de richesse et de plénitude intérieures. Le fait de se sentir aimé par Dieu relève-t-il d'une expérience mystique réelle ou s'agit-il d'une compensation, d'une consolation permettant de nier que l'on ne se sent pas aimé par les hommes ou par un être humain en particulier? Si l'on peut se poser la question à juste titre dans certains cas, il serait cependant abusif de conclure que la vie mystique se réduit purement et simplement à une névrose.

Si vous voulez recevoir, il faut que vous donniez. Voilà la grande loi. Or, en fait, vous voulez recevoir; c'est normal et naturel tant que la conscience qui domine est celle de la dualité, de la séparation. Comment allez-vous agir pour recevoir? Il faut faire jouer les lois en votre faveur. Là apparaissent des vérités que le mental peut interpréter comme cyniques alors qu'elles sont simplement véridiques. Si vous voulez recevoir d'une manière finie, limitée, vous donnez d'une manière finie et limitée. Si vous voulez recevoir d'une personne, y compris recevoir de l'amour, il faut lui donner. Et la loi va jouer en votre faveur. Il est très difficile de recevoir sans donner. C'est une loi d'action-réaction. Vous-mêmes, quand vous recevez, vous éprouvez le besoin de donner pour ne pas rester endettés et pour rétablir l'équilibre.

Ce n'est pas toujours donner à la personne dont vous avez reçu, c'est donner éventuellement à quelqu'un d'autre, souvent de manière bien peu consciente. Voyez par exemple la facilité avec laquelle, dès qu'on a reçu les prémisses d'un enseignement spirituel, on se met à en parler aux autres avant de l'avoir assimilé et intégré. Ce partage, qu'on peut confondre avec un acte conscient, est un acte mécanique résultant implacablement du jeu de cette loi : « J'ai reçu, donc j'éprouve le besoin de donner. » Après avoir reçu, on se sent tenu de donner sinon on demeure mal à l'aise, on n'est pas en paix avec soi-même, on se sent débiteur, inférorisé. Une certaine nécessité de dignité intérieure ne nous permet plus de demeurer un enfant qui ne peut rien faire d'autre que de demander. Et le désir – ce mot qu'on emploie tellement : « libre du désir », « le monde du désir », « passer au-delà du désir » – s'inscrit fondamentalement dans cette dualité : donner-recevoir. Le désir dont il faut être libre un jour pour atteindre la non-dépendance n'est pas seulement celui de recevoir. On peut s'y tromper. La puissance du désir sur nous réside dans cet échange : recevoir et donner, qui est le jeu même de la séparation. Pour l'instant, restons dans cette conscience de la dualité.

Seulement, cela ne se passe pas aussi automatiquement parce que de nombreux facteurs, de nombreux paramètres interviennent. L'être humain est une machine mais une machine très complexe. Je ne vous promets pas que si vous donnez vous recevrez. Je dis que si vous donnez vous avez une chance de recevoir ce à quoi vous aspirez. Donc cela vaut la peine de le tenter. Voici une manière de parler crûment mais réalistement.

Je ne dis pas que si vous donnez, vous recevrez forcément. L'autre est un autre, l'autre est différent, il possède sa sensibilité, il a ses demandes personnelles; il fonctionne comme vous en ce sens qu'il veut recevoir lui aussi, qu'il se sent encore insatisfait, incomplet, puisqu'il vit dans la conscience de la séparation, donc de la limitation. Ainsi dans toute relation, parent-enfant, amis, couple, deux êtres humains se trouvent face à face, chacun demandant selon ses propres déterminismes en fonction de ses frustrations et attendant de l'autre la réponse à sa demande. Si l'on ne voit pas plus loin, la relation devient source de malentendus, de déceptions et même de grandes souffrances.

Quel que soit donc celui dont je veux recevoir, il faut que je lui donne. Si nous sommes tous les deux comme des enfants, chacun attendant de l'autre, où cela va-t-il nous conduire? Soyez un peu plus intelligents; puisque vous avez découvert certaines vérités, commencez à donner. Là intervient le cri de l'enfant qui vit encore dans votre inconscient : « Non, je ne commencerai pas à donner! Non, je veux recevoir. Non, je ne donnerai que lorsqu'on m'aura donné, qu'on m'aura prouvé que je suis aimé. » Il faut arriver à dépasser cette crispation intérieure, même si ce cri est encore puissant en nous et parfois tout puissant : « c'est à l'autre de commencer ».

Ce cri vibre au fond de votre cœur plus ou moins enfoui depuis la petite enfance. Bien sûr, en règle générale, cette attente remonte à la mère. Il est bien rare que ce ne soit pas le cas. La mère représente l'univers pour l'enfant. Plus tard, nous remplaçons les mots « la mère » par : « la vie » – « Oh! pour ce que la vie m'a apporté, ce que la vie m'a donné... » Et ce « la vie » qui ne vous apporte pas le succès, les bonheurs, les joies, les expériences, que vous attendez, c'est simplement l'extension de la mère. Ici encore la grande loi de la dualité et du retour à la non-dualité, des tensions et du retour à la détente, joue selon des modalités particulières. Deux personnes croient qu'elles sont deux adultes face à face, mais elles demeurent en vérité deux enfants plus ou moins frustrés d'amour et de marques d'amour.

L'amour se ressent en dehors même de témoignages extérieurs; il émane, il irradie de nous, mais il se manifeste aussi par des signes: un sourire, un regard, le geste bienvenu, la parole attendue, le cadeau qui comble. Deux adultes sont en relation, et ce qui domine c'est la demande de chacun: « Donnez-moi », que ce soit ce qu'on dénomme en économie un « bien » ou un « service », une action. Donnez-moi. Toute relation, toujours, jusqu'à ce que ce niveau ait été dépassé, consiste en deux demandes. Je demande à la banque certains services et la banque attend mon argent en échange.

Le plombier attend son salaire de moi et j'attends de lui une réparation. Et ces demandes en apparence très concrètes, les êtres humains les vivent sur le fond d'une demande beaucoup plus grande: reconnaissez-moi, protégez-moi, aimez-moi, donnez-moi de l'amour, montrez-moi que vous m'aimez.

Alors? Allez-vous vous contenter d'attendre ce qui de temps en temps vient et, le plus souvent, ne vient pas? Tentez quelque chose. « Je vais donner le premier. Là j'ai une chance que la loi joue en ma faveur. » Celui qui a reçu, à partir d'un certain degré de saturation et de cristallisation, ne peut plus demeurer en reste. La loi de l'action et de la réaction l'obligera à vous donner. Tant mieux, c'est parfait. Vous allez recevoir. Cette loi s'applique non seulement quand il s'agit d'un autre en particulier mais également en ce qui concerne ce que j'appelais tout à l'heure « la vie ».

Si vous voulez que la vie vous donne, il faut que vous osiez, même si vous n'avez rien reçu, même si tout a été échec, frustration, privation, faire le premier pas. Abandonnez cette attitude uniquement infantile qui se désespère, appelle au secours ou qui se fâche de ne pas avoir suffisamment reçu. « Je vais donner. » Donner quoi? Un élan intérieur, un retournement d'attitude. « Je vais donner comme si j'étais riche, alors que je ne le suis pas, comme si j'avais reçu alors que je n'ai pas reçu. Je vais donner de l'amour. » L'amour, vous pouvez toujours en donner : au sapin, au nuage, au banquier, au plombier. « Je vais commencer à aimer. Puisque ma demande fondamentale est de recevoir de l'amour, je vais commencer à donner de l'amour. »

« Qu'est-ce que je peux aimer? Qui puis-je aimer? ». Si vous pouvez aimer Dieu, si vous pouvez aimer Jésus-Christ, heureux êtes-vous! La religion n'est pas toujours infantile et névrotique contrairement à ce qu'affirment Sartre, Freud et tous ses détracteurs. Si vous aimez Dieu comme Ramdas a aimé Râm, le monde entier changera pour vous. Mais si vous ne ressentez pas ce sentiment religieux intense dont, en effet, Ramdas, au XXᵉ siècle, a été un magnifique exemple pour beaucoup d'entre nous, même Européens, ne vous découragez pas. Vous pouvez avoir cette attitude d'amour. Faites le premier pas. Aimez. Engagez-vous. Tôt ou tard, la loi jouera et la vie donnera, vous donnera même de l'amour. Des gens viendront à vous, peut-être même le partenaire que vous espérez pour former un couple.

Ce changement d'attitude est possible. Commencez par des choses simples : aimez la tartine de beurre que vous prenez au petit déjeuner, la baignoire qui vous permet de prendre un bain et le robinet qui vous permet de faire couler l'eau. Aimez le vêtement qui vous tient chaud. Aimez le paysage qui vous entoure. Aimez ceux qui ne vous sont rien, la personne assise en face de vous dans l'autobus ou dans le métro. Faites le premier pas non plus en face d'une personne particulière mais dans la vie en général. Si vous aviez la foi, vous déplaceriez les montagnes. Si vous croyez ce que je vous dis là et que vous le tentez, je peux vous assurer que la loi jouera à un niveau universel et que vous recevrez. Seulement il faut être patient. L'enfant en nous se montre très impatient, il veut tout, tout de suite. Ne vous découragez pas. Transformer sa vie, atteindre vraiment l'équilibre, l'épanouissement, l'harmonie, la plénitude et la capacité de vivre dans l'amour n'est pas une entreprise à bon marché. Soyez persévérants. Celui qui aura persévéré jusqu'au bout

recevra la couronne du vainqueur. Persévérez avec une
grande foi. La foi est une certitude, la certitude des choses
invisibles aux yeux ordinaires et, si vous avez la foi dans la
loi d'attraction, elle jouera pour vous.

Revenons au monde concret et à cette attitude difficile à
exprimer mais tellement précieuse. « Je fais le premier pas;
j'aime, je donne de l'amour. Je ne veux plus demeurer aigri,
frustré, haineux : j'aime. » Donnez pour tenter de recevoir.
« Je vais donner de l'amour puisque je veux en recevoir. Et je
vais donner les témoignages d'amour dont l'autre a besoin. Je
vais au moins essayer. » Pourquoi pas? Qu'est-ce qui vous en
empêche? Rien! Je ne dis pas que du jour au lendemain,
vous pouvez obtenir le poste que vous ambitionnez, conqué-
rir la femme que vous aimez ou l'homme dont vous rêvez.
Mais du jour au lendemain, vous pouvez vous engager sur le
chemin de l'amour.

Un habitué de nos réunions a exercé pendant quelque
temps la fonction de croque-mort. Les employés des pompes
funèbres sont des personnes avec qui l'on n'a pas souvent
l'occasion de parler. Vous pouvez converser avec le plombier
qui vient réparer votre chauffe-eau mais vous ne profitez pas
d'un enterrement pour prendre le croque-mort par le bras et
lui demander : « Dites-donc mon vieux, racontez-moi un peu,
ça se passe comment dans votre métier? ». J'ai donc appris
beaucoup avec ce fidèle de notre ashram. Il m'a raconté un
souvenir qui avait été pour lui inoubliable. Il monte tout seul
dans un immeuble où une femme avait perdu son mari. Vous
savez que l'employé des pompes funèbres vient d'abord seul
pour voir si le corps se conserve normalement ou s'il faut
intervenir avant la mise en bière. Et la veuve, très gentiment,
lui dit : « Vous devez avoir beaucoup à faire; asseyez-vous un
instant. Est-ce que je peux vous offrir quelque chose,
préférez-vous une boisson froide ou au contraire un thé?
Qu'est-ce que je peux pour vous? ». Et il m'a affirmé : « Cela
a été inoubliable. Pour cette femme, dans son deuil, dans sa

souffrance, j'existais en tant qu'être humain, sa douleur ne l'aveuglait pas, elle m'a vu, reconnu, s'est intéressée à moi, m'a donné de l'amour. »

Je ne sais si cette dame était un grand disciple de Deshimaru ou de Lanza del Vasto ou une femme qui ne s'est jamais occupée de spiritualité. Mais elle a été capable de non-égoïsme. Pourquoi n'en feriez-vous pas autant? Dans toutes les relations, « je fais le premier pas, je vais essayer d'aimer »; et si vous aimez, cela se manifestera par un acte, un geste. N'allez pas imaginer cependant que du jour au lendemain vous allez aimer le monde entier, consoler toutes les peines, secourir toutes les misères, ce serait encore un mensonge du mental, un rêve pieux pour vous éviter de mettre en pratique. L'important n'est pas ce que vous croyez avoir donné ou ce que vous avez apparemment donné mais ce que l'autre a réellement reçu. A cet égard aussi un langage cru doit être utilisé sans hésiter, comme la parole de Swâmiji qui nous avait d'abord choqués : *Love is calculation* : « L'amour, c'est du calcul. » L'amour c'est du calcul? Impossible! Le texte de saint Paul sur l'amour n'affirme-t-il pas au contraire que l'amour espère tout, comprend tout, qu'il ne juge jamais, autrement dit que l'amour ne calcule jamais?

Love is calculation, « l'amour, c'est du calcul ». Voilà bien un langage de mathématicien. Swâmiji était en effet un mathématicien pas seulement un physicien. Je calcule : « Si je fais ça, qu'est-ce que l'autre va recevoir? Si je veux faire plaisir à quelqu'un, il se peut que je lui fasse beaucoup plus plaisir en dépensant financièrement trois cents francs qu'en en dépensant trois mille. » Ou au contraire, il faut savoir en dépenser trois mille pour lui donner une joie qui le comblera. Et cela s'applique dans tous les domaines, même les plus délicats, les plus subtils.

En dehors du calcul financier, tout est mesurable dans le monde manifesté. Plus la science progresse, plus elle met au point et utilise des unités de mesure autrefois inconnues. Jadis, on connaissait quelques unités de poids et de longueur mais on ne connaissait pas toutes les mesures actuelles. Tout est mesurable, notamment en ce qui concerne aussi bien le temps dont nous disposons que l'énergie physique, intellectuelle et même émotionnelle. Tant qu'on est encore situé au niveau des émotions, il est nécessaire de gérer son énergie, de savoir se donner des moments de récréation qui permettent de se « ressourcer ». Les moyens financiers dont je dispose sont aussi mesurables.

Love is calculation signifie : Comment vais-je utiliser mon temps, mon énergie et mes moyens financiers pour le meilleur rendement possible de mes manifestations d'amour ? Dire : « je t'aime » n'est pas une manifestation suffisante en elle-même. Certes c'est heureux à entendre mais tout ne tient pas dans ces mots. Comment faire sentir à l'autre qu'il est aimé et qu'il reçoit ? *Love is calculation.* Alors je calcule. A chacun de le faire réalistement, dans le relatif, avec les facteurs qui lui sont propres. Ces facteurs vous sont tout à fait personnels ; ils peuvent être intérieurs à vous – un moment de grande fatigue – ou extérieurs à vous – des moyens financiers. Comment est-ce que je planifie la consommation de mon temps et de mon énergie pour obtenir un rendement optimal ?

Cette parole *Love is calculation*, nous y avons tous eu droit auprès de Swâmiji et elle m'a d'abord surpris : « Quel langage terre à terre pour parler d'amour ! ». Maintenant, je comprends très bien ce que voulait dire Swâmiji après m'être rendu compte qu'il avait tant d'amour derrière cette terminologie abrupte que je trouvais trop scientifique, inhumaine, athée. Swâmiji m'a montré, manifesté – pas seulement en bonnes paroles – un amour infini, un amour absolu. Je vous livre la clef : l'homme qui m'a enseigné *love is calculation* est celui par qui je me suis senti non seulement le plus, mais le mieux aimé, le plus intelligemment aimé. Voilà ce qui m'a convaincu. Si je veux devenir comme Swâmiji, il faut que j'écoute ce qu'il dit.

Swâmiji avait quelque chose de plus humain, de moins extraordinaire que Mâ Anandamayî ou Kangyur Rimpoché ; donc cela me paraissait moins impossible de devenir peut-être comme Swâmiji que de devenir comme Mâ Ananda-

mayî. J'ai bien mesuré pendant longtemps l'abîme qui
existait entre lui et moi-même si je ne le considérais pas
comme une divinité marchant sur terre, sentiment que j'ai
toujours éprouvé pour Mâ Anandamayî par exemple. Devenir adulte comme Swâmiji, être capable d'aimer comme
Swâmiji représentait un accomplissement qui ne paraissait
pas totalement inaccessible.

Que dit Swâmiji? : *Love is calculation.* Le calcul va très
loin : « Je calcule ce que je donne parce que je calcule aussi
ce que j'espère recevoir. Je deviens vrai vis-à-vis de moi-
même, je ne me berce plus d'illusions, d'élans mystiques
sincères qui n'ont aucune suite; il ne s'agit pas de faire du
sprint mais de la course de fond. Il faut tenir deux ans, cinq
ans, dix ans. J'ai besoin de recevoir. Je demande, je
demande, donc je calcule. Qu'est-ce que j'ai besoin de
recevoir? De l'amour. Qui doit se manifester de quelle
façon? ». Soyez réalistes, dans chaque détail de votre existence : « Qu'est-ce que je peux donner pour que la loi joue en
ma faveur? Donner signifie : qu'est-ce que l'autre, lui, va
vraiment recevoir? Attitude scientifique, calcul sur toute la
ligne. Cela paraît cynique de parler ainsi et pourtant la
vérité n'est pas ailleurs. Tant mieux si Swâmiji tient des
propos originaux qui ne traînent pas partout et qui d'abord
nous déroutent : il y a peut-être une chance que sa méthode
inhabituelle permette de sortir des cercles vicieux dans
lesquels tout le monde tourne en rond, y compris ceux qui
ont trente ans de méditation à leur actif.

La vérité se situe bien au-delà de nos rêves, de notre
idéalisme, de celui des autres qui ne correspond pas toujours
au nôtre et des conflits d'idéaux qui en résultent. Seule la
vérité peut nous conduire au but. Les vérités successives de
chaque instant sont les pavés de la route qui conduit à la
Réalité suprême dit un verset des Upanishads. La vérité
proclame que vous avez besoin de recevoir, alors pourquoi ne
pas le reconnaître? « Mais j'ai si peu reçu que je vais
inévitablement souffrir en réalisant l'ampleur de ma demande! ».

La Vérité ultime est dure à entendre : recevoir tout ce que

vous souhaitez, comme vous le souhaitez, de qui vous le
souhaitez se révèle impossible. L'être humain susceptible de
vous donner le plus d'amour ne peut pas répondre exactement à votre attente. L'autre est un autre, même dans la
relation amoureuse la plus parfaite. L'autre ne peut pas être
notre alter ego, notre réplique et correspondre à chaque
instant à notre demande : aimer tout ce que nous aimons, ne
pas aimer tout ce que nous n'aimons pas, vouloir ce que nous
voulons au moment où nous le voulons. Cette aspiration
complètement déraisonnable n'aura jamais de réponse et
gâchera votre existence. Voyez-le. Demander l'absolu là où il
n'est pas demeure une tentative vaine. Dans le relatif, les
deux grandes lois du changement et de la différence joueront
toujours. On peut recevoir plus ou moins et on peut même
recevoir beaucoup. Il est possible que vous rencontriez un
être humain – pas seulement un gourou – un ami, une
épouse, un fils, qui vous aime et qui vous donne. Ne gâchez
pas ce que vous pourriez recevoir à cause d'une demande
d'absolu projetée sur le relatif. Le relatif restera toujours
relatif mais, si vous vivez la perfection du relatif, celui-ci
vous révélera l'absolu.

Cette demande fondamentale : un amour absolu, une
sécurité absolue, une protection absolue, vous ne la comble-
rez que dans la non-dualité, l'effacement de la séparation qui
vous conduira à ne vraiment attendre que de Dieu lui-même,
Dieu en vous. Seule cette réalité qui réside au cœur de
vous-mêmes et se révèle comme votre essence est absolue.
L'être humain qui vous aime le plus, qui vous aime le mieux
se trouve encore situé dans le relatif. Il ne faut pas pour
autant vous décourager, devenir négatifs et croire qu'il
n'existe que la haine, l'égoïsme et l'infantilisme, même s'ils
paraissent régner sur le monde actuel. Soyez vrais, fidèles à
vous-mêmes, tels que vous êtes situés aujourd'hui, de
manière à avancer, à progresser sans cesse, à devenir
toujours plus adultes et plus libres. L'Ultime, vous l'attein-

drez plus tard. Pour l'instant : « J'ai besoin de recevoir de
tout le monde, tout le temps, aussi bien d'un être que je
rencontre une heure dans une soirée mondaine que de celui
avec lequel je vis jour après jour. Je le sais et je calcule ce
que je vais donner et ce que l'autre va recevoir. » Souvenez-
vous toujours de cette formule : « Il n'y a pas de don si
l'autre n'a pas reçu. » On se trompe souvent à cet égard :
« J'ai donné. » Non, puisque l'autre n'a pas reçu!

Quelle est la manière la plus efficace, la plus intelligente
de lui donner, je le redis, en temps, en énergie, en argent?
Est-ce de l'inviter au restaurant ou de lui offrir un pull en
cachemire? Est-ce de ne rien lui offrir du tout, mais de lui
consacrer du temps? Et si je lui consacre du temps, vaut-il
mieux lui parler ou le faire parler et témoigner de l'intérêt
pour ce qui le passionne? Il existe tant de manières de
toucher quelqu'un! Si tout d'un coup, dans la vitrine d'un
brocanteur, vous découvrez juste l'objet dont la personne a
parlé devant vous trois mois avant en disant qu'elle rêve de le
posséder et que vous lui offrez, vous verrez son heureuse
surprise : – « Mais, comment savais-tu que cela me ferait si
plaisir? », – « Tu en as parlé à quelqu'un devant moi par
hasard », – « Et tu t'en es souvenu trois mois après? ».

Love is calculation. Le terme « habileté » fait également
partie des mots que le mental ne veut pas entendre en
matière de spiritualité. Habile correspond au terme *phroni-
mos* dans les Évangiles que l'on traduit par sage, prudent,
avisé, sensé, et à l'anglais *skillfull*. L'amour est calcul,
l'amour est habileté. Cette habileté est une forme d'intelligence, une intelligence de la tête, bien sûr, mais surtout cette
indispensable intelligence du cœur et même du corps qui
peut nous faire sentir : « La chose que je dois donner tout de
suite à l'autre, c'est un peu de repos : allez, allonge-toi et
repose-toi une demi-heure. » – « Mais la vaisselle n'est pas
faite » – « Eh bien, je m'occupe de la vaisselle. » Vous avez
donné à l'autre le repos dont il avait précisément besoin.

Rien n'est parfois plus bouleversant que d'être deviné,
compris, sans avoir formulé la moindre demande. Mais la
tête n'est pas assez intelligente pour sentir ces choses toutes

simples qui peuvent tellement toucher l'autre, même si vous
avez une intelligence de médecin ou de kinésithérapeute. La
tête est capable de proposer une sortie pour faire plaisir à
l'autre alors que sa demande réelle était de passer une soirée
paisible avec vous à la maison. Donc l'intelligence du corps
joue aussi pour sentir ce que vous allez donner. Si vous avez
un peu conscience de votre corps, si vous êtes attentifs à vos
propres besoins, vous comprendrez les nécessités du corps de
l'autre. Ce qui vous rendra le plus habile, bien sûr, c'est le
fonctionnement simultané des trois intelligences : l'intelligence du corps, l'intelligence du cœur et l'intelligence de la
tête. Alors, vous donnez vraiment, c'est-à-dire que l'autre
recevra non pas ce que vous avez besoin de lui donner, mais
ce que lui a besoin de recevoir. Et s'il reçoit de vous, la loi ne
peut pas ne pas jouer; il est impossible qu'il n'éprouve pas de
la gratitude, de l'intérêt, de l'amour à son tour et que peu à
peu il ne devienne pas lui aussi intelligent et qu'il n'ait pas
envie d'apprendre à aimer. Regardez cette expression qu'on
utilise couramment : « Oh, mon bien-aimé ! », « Alain bien-
aimé », « Catherine bien-aimée. » Bien aimé, aimé bien. On
peut malheureusement être follement amoureux et aimer
très mal. Il faudrait redonner à cette expression son vrai sens
pour que l'autre ne se sente pas seulement beaucoup aimé,
mais bien aimé. Il ne suffit pas de l'aimer beaucoup, il faut
aussi savoir l'aimer. L'amour est calcul, l'amour est habileté.
Le critère ne dépend pas de vos idées sur la question mais du
sentiment de l'autre qui se sent comblé ou non.

Vous le devinez bien, on ne peut pas faire autrement que
de se tourner vers une source d'amour, comme les fleurs se
tournent vers le soleil; celui ou celle que vous savez aimer va
vous aimer à son tour et les mots que votre cœur a besoin
d'entendre depuis si longtemps, il va vous les dire. S'il s'agit
d'un fils de vingt ans, il vous les dira peut-être brutalement,
gauchement en tout cas mais, si vous avez un cœur pour
entendre, vous réaliserez l'immense contenu de cette phrase
en apparence banale que vous « balance » un garçon de vingt
ans. Je sais de quoi je parle puisque j'ai un fils de cet âge.
C'est vrai dans les grandes relations, comme mari et femme

ou père et fils, mais c'est vrai aussi dans des relations plus
anodines comme celle que vous avez avec un artisan qui
vient travailler chez vous ou un employé des pompes
funèbres qui passe rapidement parce qu'il a vingt décès dans
son secteur. La vie est aussi composée de petites relations.

Vous avez la possibilité de faire des miracles, au lieu de
vous contenter de souffrir de ne pas avoir assez reçu. Je peux
comprendre votre frustration, je l'ai tellement ressentie
moi-même! Frustrés d'accord, mais faites le premier pas;
donnez sans avoir reçu ou en ayant très peu reçu. En fait,
vous avez déjà reçu le plus important, puisque vous avez un
cerveau pour penser, un cœur pour sentir et ce précieux
corps humain, comme disent les Tibétains. Vous avez reçu
les soins nécessaires pour ne pas mourir en tant qu'enfant
puisque vous avez atteint l'âge adulte. Quelle que soit la
profondeur de votre frustration et votre cri intérieur, vous
avez tout de même un peu reçu.

Vous pouvez opérer une conversion : « Je cesse de n'être
qu'une immense demande, même si cette demande est
encore très forte et je fais le premier pas. Je vais donner
comme si j'avais reçu et comme si j'avais été aimé. » Ce
retournement intérieur, qui paraît être une exception à la loi,
est enfin une action et non plus une réaction. Vous savez que
ces mots « action » et « réaction » font partie du langage que
nous utilisons ici. Sauf pour l'être humain qui a la possibilité
de se libérer, tout n'est que réaction dans l'univers manifesté.
Et l'homme détient cette extraordinaire possibilité d'échapper à certaines lois et de transformer ses réactions en
actions.

Tant que vous vivez dans la conscience de la séparation,
toutes vos actions ne méritent que le nom de réactions. Ces
réactions obéissent à des lois qui jouent d'abord au niveau
physiologique : quelque chose vous choque, des manifestations endocriniennes, nerveuses, circulatoires se produisent
en vous : ces perturbations physiques déterminent un certain
état d'âme, orientent vos pensées dans une certaine ligne et
vous entraînent à accomplir certaines actions qui ne sont que

des réactions de votre part. Au niveau du corps, au niveau des émotions, au niveau des pensées, les lois sont à l'œuvre. On vous donne, vous éprouvez le besoin de donner, parce que le dressage de l'éducation vous a appris qu'il fallait un peu donner pour recevoir; mais cela se passe mécaniquement. L'enfant sait bien que s'il fait des efforts, il va obtenir une récompense, cela n'est ni du calcul ni de l'habileté mais de la mécanicité.

La spécificité de l'homme c'est sa capacité à agir et pas seulement à réagir. Nous ne sommes pas indépendants, nous sommes des cellules d'une immensité : le corps physique universel et le corps subtil universel. Mais nous avons une possibilité de conscience. Comme n'importe quel objet – une pierre, un radiateur – nous avons une forme, un volume, un poids, une densité. Comme les plantes, nous avons une vie, nous pouvons nous reproduire et nous naissons, vieillissons et mourons. Enfin, nous avons un cerveau en commun avec les animaux – du moins avec les mammifères. Et puis? Qu'avons-nous de plus? Sur quoi reposent la dignité et la grandeur de l'homme dans cet univers qui se résume à un jeu de lois implacables? Uniquement sur la possibilité d'agir au lieu de réagir. Or faire le premier pas, donner de votre temps et de votre énergie, voilà un très bon exemple pour comprendre la différence entre la réaction et l'action. Comment devenons-nous capables de quelque chose qui échappe aux lois habituelles, du moins aux lois les plus grossières? Grâce à notre compréhension des lois. Et nous avons, nous êtres humains, cette capacité de comprendre les lois et donc d'y échapper, de nous situer à un niveau où l'implacable loi qui nous obligeait à réagir ne joue plus. Commencer à être capable d'agir et non plus de réagir, voilà en quoi résident la sadhana, l'éveil progressif de la conscience, le chemin.

Parler des lois à propos de l'amour peut paraître déroutant et pourtant je voulais partager avec vous cet aspect de l'enseignement de Swâmiji. Souvenez-vous de ma boutade de tout à l'heure : « L'amour est enfant de bohème qui n'a jamais jamais connu de loi, si tu ne m'aimes pas je t'aime et si je t'aime prends garde à toi »; contrairement à ce que

proclame Carmen, l'amour est toujours soumis aux lois.
Aimer consiste à comprendre ces lois et à les utiliser
consciemment. Soyez conséquents sinon votre vie ne sera que
désordre. Osez reconnaître que vous demandez et demandez
intelligemment.

Demandez mais ne mendiez pas. Voilà encore des mots
forts de Swâmiji qui m'ont beaucoup aidé. Demandez et
donnez en échange, sinon vous mendiez : si vous entrez dans
un magasin pour acheter un pull avec votre carnet de
chèques à la main vous demandez. Si vous réclamez : « Je
voudrais un pull parce que je meurs de froid mais je n'ai pas
un sou », le marchand peut avoir pitié de vous et cela
s'appelle mendier. Demandez, mais soyez choqués – il s'agit
d'un choc salutaire – en surprenant votre attitude de
mendiant. Ne traversez pas la vie comme un mendiant :
« Regardez-moi, intéressez-vous à moi, montrez-moi que je
suis quelqu'un, dites-le-moi, aimez-moi. »

Swâmiji m'a dit, mais il a dû le dire aux autres aussi : *You
are begging for love*, « vous mendiez l'amour. » Cette image
m'a donné un choc parce que je n'étais que trop habitué aux
mendiants de l'Inde – « Saïb, bakchich, bakchich ! » – qui
vous suivent dans la rue pendant un quart d'heure avec force
gestes pour montrer combien ils ont faim. *Arnaud, you are a
beggar, you are begging for love*, « Arnaud, vous êtes un
mendiant, vous mendiez l'amour. » Si cette phrase m'a
bouleversé, c'est parce que je l'ai sentie vraie. J'avais beau
avoir quarante-quatre ans, m'habiller chez les grands tail-
leurs, avoir ma photo dans les journaux de télévision,
distribuer des autographes à des admirateurs, décrocher de
gros contrats à la Télé..., j'étais un mendiant : *You are a
beggar*. Tout à fait d'accord Swâmiji, je mendiais l'amour
des autres, je mendiais leur temps et leur énergie, comme je
le faisais tant et plus auprès de Swâmiji.

*_**

N'imaginez pas que vous allez seulement donner, comme
si vous étiez Ramana Maharshi ou saint Vincent de Paul. Je

demande mais je ne mendie plus et je demande intelligemment, donc avec l'intention de recevoir. Si je ne reçois pas
parce que des chaînes de causes et d'effets sont à l'œuvre sur
lesquelles je n'ai pas de pouvoir, au moins je serai en paix
avec moi-même. J'ai envie de demander? Je demande, je suis
unifié. Mais si j'ai envie de demander et que je fais semblant
de ne pas avoir envie de demander, je ne suis plus unifié.

Entendez encore cette formule : le bonheur vient uniquement de l'unification. Naturellement quand un désir est
satisfait, vous êtes momentanément unifiés, donc vous vous
sentez heureux. Le bonheur est un état d'être synonyme
d'unification intérieure. Les psychologues modernes en
savent long sur la division de l'être humain entre conscient et
inconscient, entre nécessités du corps et exigences de la tête,
entre pulsions vitales et influences de l'éducation, entre le ça,
le moi et le surmoi. Les psychologues ont beaucoup à nous
dire sur la non-unification de l'homme mais la sagesse
hindoue ou bouddhiste n'a pas attendu la psychologie
moderne pour prendre cette non-unification comme point de
départ. Le bonheur réside avant tout dans l'unification. Je
demande? Où : en moi « ça demande »? Le cœur demande,
et je l'assume. J'assume et je demande intelligemment et,
pour recevoir, je donne ce qui correspond à la meilleure
manière de demander. Même si vous ne recevez pas, vous
serez en paix : « ce que je pouvais faire, je l'ai fait ». Vous ne
vous ferez plus de reproches inconscients, vous ne serez plus
un royaume divisé contre lui-même.

Le bonheur se trouve dans l'action que nous accomplissons
unifiés, beaucoup plus que dans les fruits de l'action. « Je
suis unifié et j'agis ici et maintenant selon ma compréhension du moment. » Cette attitude vous rendra heureux,
même si vous ne recevez pas. Demandez intelligemment et
vous serez déjà heureux. Comprenez bien ce point parce
qu'il est important. Un homme cherche une situation : il est
jeune, il a fini ses études, il est au chômage. Le fait d'être
sans travail représente une souffrance pour lui. S'il achète
les journaux qui contiennent des offres d'emploi et qu'il
envoie son curriculum vitae accompagné d'une lettre à une

quinzaine de sociétés, bien qu'il n'ait pas immédiatement les
réponses à sa candidature il se sent pourtant en paix. Il est
heureux ce soir-là, alors que rien n'a changé et qu'il est
toujours chômeur pour l'instant, puisqu'il n'a pas encore
reçu une seule réponse; mais il a fait ce qu'il avait à faire, il
est en paix. Exemple simple mais qui demeure toujours vrai,
vous le verrez.

Dans le même ordre d'idée, si vous avez cette attitude
consciente de reconnaître que vous demandez, vous serez
déjà heureux avant même d'avoir reçu parce que vous serez
unifiés. « En moi ça demande, eh bien faisons quelque
chose. » Osez tenir ce langage concret, même s'il s'agit de ce
qui paraît le plus délicat, le plus subtil; à savoir les relations
affectives entre personnes qui s'aiment – secteur où malheureusement le mental fait le plus de ravages dans ce jeu
d'attraction et de répulsion. Je peux vous dire honnêtement
que les demandes ont perdu leur pouvoir coercitif sur moi;
autrefois, elles pouvaient à volonté me rendre heureux ou me
faire souffrir suivant la manière dont les choses tournaient.
Aujourd'hui c'est fini. Les circonstances ne peuvent plus me
donner des ordres : « je t'ordonne d'être heureux et je suis
heureux; je t'ordonne d'être malheureux et je suis malheureux ». Une parole gentille ne me transporte pas d'enthou-
siasme, une parole désagréable ne me blesse pas, bien que je
conserve dans le relatif un certain nombre d'intentions. Mais
elles n'ont plus pouvoir sur moi. Je propose : « L'homme
propose et Dieu dispose. »

Si vous ne voulez pas dire je demande, dites je propose. Je
propose d'avoir un fils qui soit bien dans sa peau et parvienne
à s'adapter à la vie, qui ne soit pas un raté, un névrosé et un
paumé. Je propose tout en sachant que c'est Dieu qui
dispose; je propose les mains ouvertes, sans crispation – Dieu
donne, Dieu reprend. Voilà ma demande, que vais-je faire
pour qu'elle soit satisfaite? Je vais donner, en sachant que
c'est la seule chance de voir cette demande satisfaite. Ce
n'est pas la certitude. « L'homme propose et Dieu dispose. »
Je ne vous garantis pas le résultat à tout coup. Disons que
vos chances de succès passent de 5 % à 80 % avec cette
attitude. Je donne.

Vous savez ce que je fais à longueur de journée depuis douze ans? J'applique l'enseignement de Swâmiji. La seule différence par rapport à mon expérience d'apprenti-disciple, c'est qu'il ne m'est plus possible de ne pas appliquer cet enseignement quels que soient les événements. Tout ce que je vous dis aujourd'hui constitue mon pain quotidien, mais cela se fait tout seul dans mon cas alors que cela vous demande encore des efforts. Je n'arrête pas d'appliquer ce que je vous ai dit; quel que soit donc le résultat, je suis en paix. C'est de cela que je veux vous convaincre. Même si vous ne recevez pas tout, si vous admettez que c'est Dieu qui dispose et non vous, vous agissez unifiés et vous êtes libres. « Je reconnais mes demandes, je fais ce qu'il faut pour qu'elles soient satisfaites, je donne habilement en calculant avec intelligence. » C'est la manière juste de vivre, celle à laquelle le mental ne pourra bientôt plus imposer d'objection parce qu'il n'y en a pas.

Rassurez-vous, la rigueur de ce langage n'enlève rien à la grandeur, à la beauté, à la richesse de l'amour. Vous ne perdrez rien. Maintenant, je mesure l'immensité d'amour de ce scientifique qu'était Swâmiji, la chaleur de cet amour qui a fini par faire fondre ma bêtise, ma peur, et par combler les manques de l'enfance et les frustrations. Oh! De quel amour intelligent, de quel amour habile Swâmiji a fait preuve avec moi!

Mais laissons-là Swâmiji et revenez à vous-mêmes. Je voudrais dire à chacun : je vous en prie, faites-le. J'ai toujours trouvé très beau dans les traductions françaises de paroles du Bouddha, ces mots qui reviennent si souvent : « Oh disciples, pour l'amour de vous-mêmes, je vous en conjure... » « Pour l'amour de vous-mêmes, je vous en conjure, profitez de l'enseignement qui vous est donné ici. Ça marche! Ce que vous avez envie d'entendre, c'est le mot amour, le plus touchant, le plus grand, le plus beau. Eh bien, je traite de l'amour, mais j'en parle en fidélité à Swâmiji.

Je ne peux pas parler de l'amour sans reprendre ce mot de loi, cette distinction entre l'action et la réaction, ces mots de calcul et d'habileté, cette fidélité par rapport à ce que vous êtes aujourd'hui, à votre demande. Je vous propose une véritable action qui transgresse les lois, qui est libre des lois. Faites le premier pas. Chaque fois que vous faites le premier pas, vous pouvez considérer qu'il s'agit d'une action. Un point de départ nouveau. « A partir de maintenant, que je sois frustré ou non, que j'aie reçu ou non, compte tenu du fait que je veux recevoir, que j'ai le droit de recevoir et que je recevrai, je commence à donner, je commence à aimer. » Si vous le faites, la loi jouera. *Be a doer*, disait Swâmiji, soyez quelqu'un qui *agit*. « En tant qu'homme, j'ai quelque chose de plus que la loi : la possibilité d'en avoir la maîtrise. » Voilà en quoi consiste le chemin, en une non-dépendance ou indépendance par rapport aux lois.

La vie paraît très cruelle parce qu'elle semble nous enfermer dans un cercle vicieux inextricable : « Pour donner, il faut avoir reçu. » Si vous êtes pauvres, comment pouvez-vous donner? Mais pour recevoir, il faut d'abord donner. Conclusion du mental : « Je n'ai pas reçu donc je ne peux pas donner. » La boucle est bouclée et dans dix ans vous serez toujours aussi malheureux et frustrés, ne sachant rien faire d'autre que pousser des jérémiades : « La vie ne m'a rien donné, je n'ai pas droit au bonheur », etc.

L'enseignement ne s'adresse pas aux faibles. L'énoncé de la loi : « Pour recevoir, il faut d'abord donner », loin de vous abattre et de vous décourager, fera lever en vous un guerrier si vous l'entendez de tout votre être : « J'entreprends la grande guerre sainte contre le découragement, le négativité, la faiblesse. La vie est ainsi faite? Eh bien je vais utiliser la loi à mon profit. J'ai l'impression de n'avoir pas reçu? Je vais faire comme si j'avais déjà reçu, comme si j'étais riche et m'ouvrir au monde coûte que coûte, c'est la seule issue. »

Plus tard le sens de la séparation disparaîtra; vous vous sentirez en communion, le bonheur d'un autre sera aussi important pour vous que votre bonheur, les souffrances des autres vous concerneront comme vos souffrances vous ont concernés autrefois. Même dans ce que nous appelons le malheur, vous n'éprouverez plus la souffrance et la paix du cœur demeurera parfaite. Mais pour l'instant, n'essayez pas d'aller trop vite. Ne prenez pas un grand élan rapidement brisé. Soyez vrais, soyez vrais. *You cannot jump*, vous ne pouvez pas bondir directement dans le non-égo, l'amour universel, l'effacement de l'individualité, la communion parfaite. Pas à pas, *step by step,* disait Swâmiji. Donner, demander, recevoir, c'est-à-dire échanger : j'inspire, j'expire; je donne je reçois, je donne je reçois. Tout est échange. Quelle est la loi que je reconnais? Où se situe ma vérité d'aujourd'hui et où se trouve ma possibilité d'être aujourd'hui, dès maintenant, un agissant? La plus grande action c'est de faire le premier pas. « Je n'ai pas été aimé, je décide d'aimer; je n'ai eu que des épreuves dans ma vie, je décide d'avoir de la gratitude pour ce monde, simplement parce que je suis vivant. » Vous retournez la situation.

Cette conversion, ni un arbre, ni un animal, ni un homme qui fonctionne comme une machine ne peuvent l'opérer; mais vous, vous le pouvez. Chacun d'entre vous le peut.

6

LE CŒUR EN PAIX

Vous savez que le Chemin tel que nous le propose Swâmi Prajnanpad repose avant tout sur ces trois mots, « être un avec ». Swâmiji lui-même disait que sa propre sadhana se résumait dans ces mots : *to be one with*. Cela ne nous surprend pas puisque le thème de l'unité, de l'union, de la réunification est fondamental dans l'islam, chez les soufis, dans le Védanta hindou non dualiste, chez les mystiques chrétiens et cette unification doit être la ligne directrice de l'existence de celui qui est engagé sur le chemin. Je n'ai jamais caché non plus la valeur que j'accordais à l'« Anthologie de la non-dualité » composée par Véronique Loiseleur et publiée également à la Table Ronde, qui montre bien la concordance des traditions les plus diverses sur ce thème.

Mais pour que vous puissiez vraiment mettre cet enseignement en pratique dans vos existences, que ce ne soit pas seulement un vœu pieux mais qu'il vous transforme et vous conduise peu à peu vers ce à quoi vous aspirez, il faut que vous soyez vous-mêmes unifiés. Comment voulez-vous être un avec un événement, une situation, si vous n'êtes pas un avec vous-mêmes? C'est l'obstacle rencontré par beaucoup d'entre vous qui cherchez à mettre cet enseignement en pratique et cela explique beaucoup d'échecs plus ou moins décevants : « J'ai beau vouloir être un avec une situation, cela ne me fait pas progresser beaucoup. » Pourquoi cet échec, si vous croyez tenter un effort sincère pour ne plus refuser que ce qui est soit? Tout simplement parce que vous-mêmes n'êtes pas unifiés.

On retrouve dans tous les enseignements ce thème de la non-unification de l'être humain qui n'a pas été transformé par une ascèse bien menée. C'est très remarquablement exprimé dans le livre « Fragments d'un enseignement inconnu » concernant l'enseignement de Gurdjieff, mais c'est très bien exprimé aussi dans les textes bouddhiques et même dans le christianisme le plus classique. Quand saint Paul dit : « Je ne fais pas le bien que je veux et je fais le mal que je ne veux pas », il reconnaît qu'il n'est pas unifié.

Certainement le chemin de la libération, de la destruction du mental, du dépassement des limites de l'égo, c'est la non-dualité avec les conditions, les circonstances, les situations de vos propres existences au jour le jour, y compris les êtres humains que vous croisez sur votre route dans leurs manifestations diverses, que ces manifestations vous fassent mal ou au contraire qu'elles vous rassurent ou vous remplissent de joie. Mais si celui ou celle qui tente d'être un avec une autre personne, ou un avec une situation difficile, n'est pas lui-même unifié, cette tentative d'unification avec ce qu'il ressent comme extérieur à lui n'aboutira pas, sauf dans des circonstances relativement faciles. C'est déjà beaucoup de supprimer les innombrables petits refus qui parsèment inutilement une journée : « Ah zut! Ah merde! Ah encore! Ah non! Quoi? Ah c'est pas vrai! » et vous allez ainsi récupérer une énergie que vous n'imaginez pas à l'avance. Mais cela ne suffit pas si vous avez une ambition spirituelle élevée. Dans les situations qui vous impliquent plus gravement que d'avoir cassé la mine d'un crayon, si vous n'êtes pas réunifiés, ce ne sera jamais qu'une part de vous qui dira oui, une part de vous qui tentera d'être « un avec » et vous n'atteindrez pas la véritable réunification.

J'ai l'audace de dire que le grand But est accessible, qu'il n'est pas réservé à un Swâmi Ramdas ou à une Mâ Anandamayî par siècle, ce que bien peu de personnes s'intéressant à la spiritualité osent affirmer. Mais j'ai dit aussi que ce devait être l'affaire d'une vie, qu'il fallait vous y

consacrer entièrement et que vous n'y arriveriez pas avec
quelques efforts sporadiques et des rêves de sagesse, ni des
méditations quotidiennes avec la conviction que la libération
est pour ce soir, suivies d'un manque de sérieux ou un
amateurisme qui, bien entendu, ne pardonne pas.

Vous avez à prendre en main l'ensemble de votre existence
et pas seulement à pratiquer des exercices de concentration
ou de méditation, même tous les jours. Vous avez à assumer
votre réunification, à devenir UN avec le mouvement de
l'univers, ici et maintenant, seconde après seconde. De bien
des façons, vous le savez, vous êtes divisés. C'est le point de
départ. Et le travail, c'est ce retour à l'unité.

Premier point : il arrive que le cœur ait ses raisons que la
raison ne connaît pas, autrement dit que votre tête voie la
situation d'une certaine manière et votre cœur d'une manière
tout à fait différente. C'est banal, mais ce n'en est pas moins
répandu. Il se peut aussi que votre tête et votre cœur voient
la situation d'une certaine manière, mais que votre corps ne
suive pas. Par exemple votre tête et votre cœur peuvent être
d'accord pour trouver un intérêt réel dans la pratique du
yoga ou même la culture physique mais le corps, lui, n'a pas
envie de se mouvoir, de se donner de la peine, et vos grandes
décisions ne sont jamais tenues. C'est une forme de division
mais ce n'est pas là-dessus que je veux insister
aujourd'hui.

Deuxième point : il y a aussi la découverte de l'inconscient. C'est une tâche ardue. D'abord parce que l'inconscient
est inconscient. Dire : « consciemment je veux ça mais
inconsciemment je veux le contraire » n'a aucun sens, parce
que si c'est inconscient vous ne le savez pas. Il faut que nous
dépassions les querelles inutiles d'écoles et de points de vue
et que vous admettiez la réalité de l'inconscient. Si certains
d'entre vous ont lu les condamnations implacables de la
psychanalyse par Srî Aurobindo ou par René Guénon (qui a
écrit par ailleurs des livres admirables), peut-être ont-ils une
réserve à l'égard de l'insistance avec laquelle nous revenons
ici sur l'importance de cet inconscient. J'ai eu beaucoup de
doutes le long de mon chemin. J'ai dû vérifier beaucoup de

points, déchiré comme je l'étais entre des affirmations incompatibles les unes avec les autres et j'ai pu, peu à peu, découvrir que la réalité de l'inconscient était bien connue des enseignements hindous, bouddhistes, tibétains, soufis, même anciens. Ne nous occupons pas pour l'instant des différentes écoles de psychologie actuelles. Le fait fondamental c'est qu'une grande part de notre vie psychique est inconsciente, vérité qui a été ressentie comme une bombe et inadmissible pour l'opinion cultivée à l'époque de Freud. Nous croyons qu'il s'agit d'une découverte de la psychologie moderne mais cette réalité de l'inconscient est la clef qui permet de comprendre les enseignements anciens, initiatiques ou ésotériques.

Si une grande part de notre vie psychique n'était pas inconsciente, le chemin serait beaucoup plus facile à suivre. Nous serions d'accord ou pas d'accord avec ce que disent les Upanishads ou ce que nous enseigne un gourou : si nous ne sommes pas d'accord, nous abandonnons mais, si nous sommes d'accord, nous mettons en pratique. Or, très souvent, nous sommes d'accord en théorie et nous ne mettons pas en pratique. C'est bien la preuve immédiate que nous ne sommes pas les maîtres en nous-mêmes. Et la célèbre connaissance de soi, ou la non moins célèbre maîtrise de soi dont parlent les écritures bouddhistes autant que Socrate, représente une si grande entreprise parce que l'inconscient est inconscient.

Généralement, on y consacre une existence; il faut en France trois ans pour passer une licence, cinq ans pour une maîtrise, sept ans pour un doctorat. Chez les hindous et les bouddhistes, on cite communément le chiffre symbolique de douze ans, à condition de s'y consacrer du matin au soir. Douze ans pour se connaître soi-même ou douze ans pour devenir le maître de soi-même, cela montre que ce n'est pas une petite affaire. Et, si nous poussons plus loin l'investigation de ces enseignements anciens, nous voyons de plus en plus clairement les allusions à l'inconscient. Une image célèbre de Freud dit que la vie psychique de l'homme est comme un iceberg : un sixième à la surface, cinq sixièmes

sous l'eau ; on aurait très bien pu entendre cette comparaison
de la bouche d'un maître. L'image des racines de l'arbre, qui
illustre le psychisme humain, est bien connue aussi : de
l'arbre, vous voyez ce qui est à la surface, le tronc et les
branches, mais vous ne voyez pas les racines qui se ramifient
très profondément sous la terre. Et cette image est abondamment utilisée dans les enseignements traditionnels pour
désigner aussi la vie psychomentale de l'homme avec ses
répercussions physiques.

Considérons l'homme comme un tout, et c'est ce tout qui
est toujours intéressé. Swâmiji disait communément en
anglais : *Body-mind complex*, le complexe, c'est-à-dire l'ensemble physique et mental ou, comme nous dirions
aujourd'hui, psychosomatique.

Ici, par exemple, vous avez tous été plus ou moins amenés
à prendre cet inconscient en considération et à admettre
qu'une part de vos motivations, de vos *vasanas* et de vos
samskaras, pour employer le langage technique hindou,
était profondément enfouie dans une mémoire à laquelle
vous n'aviez pas directement accès mais qui n'en est pas
moins dynamique pour autant. Swâmiji disait : « Tout ce qui
est inconscient est projeté. » Pendant un certain nombre
d'années, j'ai cru que cette expression était de lui avant de
découvrir qu'elle était le bien commun de tous les psychologues. Si ce qui se trouve dans l'inconscient était aussi
immobile et inactif que les ruines d'un temple babylonien,
aucune « archéologie » émotionnelle ne serait nécessaire pour
redécouvrir ces zones enfouies.

Certes j'ai eu quelques réticences en entendant Swâmiji
employer ce langage, parce que j'étais trop imprégné des
condamnations impitoyables de la psychanalyse par Srî
Aurobindo et René Guénon. Mais, soit par votre expérience
(pour ceux qui ont pratiqué ce que nous appelions les *lyings*
auprès de Swâmiji), soit parce que vous avez lu les livres
d'Arnaud Desjardins, vous avez reconnu là un point commun
avec ce qu'affirment des psychologues qui ne doivent rien à
l'Orient, tels qu'Arthur Janov ou Sigmund Freud, au moins
dans les débuts de la psychanalyse où l'*abréaction,* c'est-

à-dire la réaction à posteriori liée à un traumatisme ancien, jouait un rôle important. Et à l'origine de la psychanalyse, avant tous les développements qui se sont greffés peu à peu sur l'idée centrale, il s'agissait de rendre conscientes des situations, des nœuds bien précis qui étaient enfouis dans l'inconscient.

Nous allons même plus loin en admettant que cet inconscient puisse contenir des situations qui n'ont pu en aucun cas se produire dans cette vie-ci et qui pourtant remontent à la surface avec un goût de vécu comparable à celui des vieux souvenirs d'un an et demi ou deux ans que nous avions complètement oubliés. C'est ce qu'il est convenu d'appeler, à tort ou à raison, « vies antérieures ». Le problème n'est pas de savoir s'il s'agit d'incarnations précédentes ou d'« archédrames », si je peux forger ce terme, mais de faire face à des dynamismes très puissants dont on ne se débarrasse pas facilement.

Vous avez donc tous plus ou moins admis qu'il existait dans l'inconscient une zone profonde à laquelle on a laborieusement accès à cause de ce qu'on appelle répression, censure, refoulement ou résistance Swâmiji utilisait seulement le mot de répression ou tout simplement *denial* – déni, négation, dénégation – qui est aussi utilisé en psychologie moderne ou en psychanalyse.

Mais il y a un autre aspect de cet inconscient et de cette non-unification qui n'est peut-être pas suffisamment clair pour vous. C'est un « gros morceau », à certains égards ingrat, douloureux, et qui pourtant ne peut en aucun cas être laissé de côté. Il s'agit d'un inconscient également inconscient, mais moins ancien et moins profond que les souvenirs de la petite enfance qui ont, jusque vers l'âge de cinq ou six ans, constitué votre être actuel ou, encore plus, les souvenirs dits de vies antérieures. Cet inconscient englobe tout ce que vous avez réussi à censurer, nier, refouler, depuis que vous êtes adultes, y compris des situations tout à fait récentes,

tellement récentes qu'elles sont parfaitement actuelles, mais
que vous ne voulez pas regarder en face et que, malheureusement pour vous, vous réussissez à enfouir comme la
poussière d'une pièce que l'on cache sous le tapis au lieu de
l'éliminer. C'est une manière aussi de ne pas être unifié,
donc de ne pas pouvoir être UN avec quoi que ce soit.

Je vais m'expliquer maintenant un peu plus clairement et
entrer dans les détails. Prenons un exemple bien simple pour
commencer. Imaginez que vous deviez de l'argent à quelqu'un, que vous lui ayez promis de le lui rembourser et que,
suite à une difficulté pécuniaire, vous vous êtes engagé à
rembourser le mois suivant. Vous ne l'avez pas remboursé
non plus et vous avez réussi à oublier complètement cette
dette, c'est-à-dire que vous n'y pensez plus jamais, au point
même que l'on pourrait citer devant vous le nom de cette
personne sans qu'il vous revienne à l'esprit que vous lui
devez encore de l'argent. Cela peut très bien arriver. Il n'y a
pas seulement les événements très anciens que vous avez
oubliés – mais qui restent bien vivants dans l'inconscient – il
y a aussi un très grand nombre d'événements récents ou de
situations récentes que vous niez, que vous enfouissez et qui
vous interdisent la réunification indispensable à votre progression

Autant que l'inconscient profond, cet inconscient moins
profond – par moins profond je veux dire moins ancien –,
premièrement est inconscient, deuxièmement est dynamique, c'est-à-dire qu'il travaille souterrainement, cherche à
remonter à la surface et vous utilisez une grande part de
votre énergie pour le maintenir enfoui et lui interdire le
retour à la conscience. C'est un aspect de la division qui doit
être entièrement vu et embrassé à bras le corps. Vous aurez
certainement moins de difficulté à découvrir que vous ayez
pu commettre une lourde faute quand vous étiez enfant et
que vous en êtes encore marqué aujourd'hui. Si vous
entrevoyez que vous vous êtes peut-être très mal conduit
avec votre petit frère et que vous traînez aujourd'hui une
culpabilité, vous pouvez l'admettre et entreprendre un travail de réunification pour ramener à la surface cette situa-

tion d'origine qui vous a culpabilisé pour tant d'années. Mais il est plus difficile d'admettre qu'on a pu être fautif, coupable, qu'on a manqué au « dharma », c'est-à-dire l'ordre juste, il y a trois mois ou deux ans, qu'on n'a pas accompli ce qui aurait dû l'être pour rectifier notre erreur et que le Chemin nous demande de le faire.

Or, la plupart des existences, hélas, sont fondées sur ce désordre consistant à ne pas mettre sa vie à jour, au clair, dans chaque situation, dans chaque domaine, et à réussir le refoulement de tout ce qui nous met mal à l'aise. Ce malaise existe non seulement à cause de situations vécues récemment et qui n'ont pas été rectifiées comme le dharma voudrait qu'elles le soient, mais aussi à cause de situations dans lesquelles nous sommes bel et bien insérés aujourd'hui et que nous ne pouvons pas voir dans leur vérité parce que cette honnêteté nous remettrait trop en question dans la manière dont nous fonctionnons.

Cela ne pardonne pas.

Je ne veux pas prendre d'exemples indiscrets ou trop délicats à partager, mais j'en choisirai un qui m'a concerné il y a un certain nombre d'années. Pour des motivations diverses qu'il n'est pas nécessaire d'exposer ici, j'avais décidé de divorcer et de me remarier et j'étais certain, au point de l'exposer en long et en large à Swâmiji lui-même, que ce divorce non seulement ne serait pas fâcheux pour nos enfants mais j'étais même certain qu'il leur serait bénéfique, compte tenu de ce que j'appelais « l'ensemble de la situation » en répétant les paroles de Swâmiji comme un perroquet. Bien entendu, dans la profondeur, je savais que ce divorce ne pouvait que perturber nos enfants qui avaient environ quatre ans et dix ans, mais j'avais réussi à le nier au point d'expliquer à Swâmiji pour qu'il comprenne – parce que l'on croit toujours que le gourou est trop borné pour comprendre – en quoi ce divorce serait favorable aux enfants.

Quand on s'est installé dans une situation comme celle-ci, qu'on a tout investi dans une situation fondée sur un ou plusieurs mensonges, il faut beaucoup plus de détermination et de courage pour laisser monter la vérité que pour revivre

une situation ancienne, même effrayante, comme une terri-
fiante colère de la maman quand nous avions six ans, ou une
terrible culpabilité, parce qu'à l'âge de quatre ans nous
avons poussé notre petit frère dans l'eau avec l'intention de
le noyer. Mettre à jour ses vérités actuelles demande
beaucoup plus de courage. Mais tant que vous ne serez pas
réunifiés, tant que tout ne sera pas clair pour vous – je ne dis
pas clair pour tout le monde; vous n'avez pas besoin de
publier des communiqués dans les journaux sur les découvertes que vous faites en vous-mêmes, ni de le crier sur les
toits – tant que tout ne sera pas parfaitement vu et reconnu,
vous ne pourrez pas mettre l'enseignement en pratique de
manière efficace.

Si vous n'êtes pas unifiés, vous ne pouvez pas être UN
avec quoi que ce soit, sauf s'il s'agit d'une situation vraiment
simple qui ne touche pas de blessures anciennes et dont les
répercussions ne sont pas immenses. Peut-être même pour-
rez-vous être unifiés avec des situations graves, douloureuses, comme un décès dans votre famille si cet événement ne
touche pas la construction mensongère dans laquelle vous
vous êtes peu à peu installés. Vous pourrez être UN avec un
deuil et par conséquent vous donner l'impression que vous
avez une réelle capacité à adhérer, à reconnaître ce qui est, à
ne plus surimposer ce qui devrait être, mais dans de
nombreuses, je dirais presque innombrables autres circonstances, votre tentative d'être un avec sera vaine, stérile,
condamné à l'avance, parce que vous êtes encore divisés :
c'est seulement une petite part de vous qui tente de dire oui
tandis qu'une autre part, inconsciente, ne peut pas adhérer
parce que cela la mettrait trop en cause.

Or, cet inconscient dont je parle, étant moins profond
parce que moins ancien que les *samskaras* de la petite
enfance, deviendra plus facilement conscient si s'est levé en
vous, plus fort que tout, le désir de la vérité. Mais peut-être
faudra-t-il des années pour que le désir de la vérité devienne
votre plus grand désir. C'est pourquoi dans un vocabulaire
qui n'est pas celui de tous les psychologues, j'utilise moi ici le
mot de subconscient. Subconscient, au sens que je donne à

ce terme implique non-conscient, au-dessous du seuil de la conscience, mais moins profond que ce que nous appelons communément l'inconscient.

Pour rendre conscient l'inconscient proprement dit il faut qu'un certain nombre de circonstances soient réunies et il faut un travail auquel on se prépare peu à peu, dont on acquiert peu à peu l'expérience, mais qu'il ne nous est normalement pas possible de mener seul tant les mécanismes de coupure ou de répression sont puissants face à des souvenirs qui nous font peur et que nous fuyons de toutes nos forces. En revanche, ce qui est aujourd'hui inconscient et que j'appelle subconscient pour le distinguer de cet autre inconscient inaccessible sans l'aide d'un thérapeute, peut devenir conscient si nous éprouvons un goût de la vérité suffisant. Mais ce n'est pas facile. Si vous êtes vraiment imprégnés de ce désir de vérité, vous pouvez regarder dans votre cœur. « Allons, où est-elle la vérité? ». Il suffit de plonger un regard en vous-mêmes : « Qu'est-ce qui est là, juste au-dessous du seuil de la conscience, que j'essaie de nier, que j'ai même réussi à nier? ». La vérité vous apparaîtra, à condition de la vouloir plus que tout.

C'est une étape sur le chemin qui viendra plus ou moins vite mais, si elle ne vient jamais, vous ne serez jamais vraiment sur le chemin. Même si ce n'est pas l'étape ultime, il faut tenir compte de cet inconscient. Il faut tenir compte des peurs, des désirs, des *vasanas*, de toutes les demandes qui cherchent à s'accomplir, qui nous ramènent dans le monde multiple, conflictuel, et qui nous écartent de l'intérêt exclusif pour Dieu ou pour l'Absolu. Si on vous dit d'emblée que la Réalisation équivaut à la disparition de tous les désirs, cela vous est difficile à entendre quand vous avez encore tant de désirs qui voudraient être accomplis et tant de craintes que ces désirs ne soient pas accomplis. Par contre, que peut-il y avoir de frustrant ou de mutilant dans la recherche de la vérité à tout prix?

Essayez de l'entendre comme cela. Si on vous laisse entrevoir que le sage est libre du désir et que vous êtes pleins de désirs, vous pouvez considérer la disparition de ces désirs

comme un appauvrissement : « Que la vie doit être fade ! »
Ce qui fait votre vie aujourd'hui ce sont vos ambitions
professionnelles, l'espérance du grand amour que vous
n'avez pas encore rencontré, c'est votre carrière, votre
œuvre, vos créations, vos réalisations. Cette solitude, ce
dépouillement, ce détachement du sage rencontrent en nous
de sérieuses résistances, sauf si nous nous contentons de
rêver à la sagesse de Ramana Maharshi. Mais si vous
considérez que cette sagesse vous concerne, de grands
conflits peuvent se lever dus à l'antagonisme entre l'idée du
détachement suprême et la puissance de vos désirs. Et il est
possible que l'on puisse reconnaître là un accomplissement
que l'on ne veut pas vraiment : « Non. Moi je veux créer,
produire ; j'ai des nécessités intérieures et je veux les
accomplir. » D'accord, tout à fait d'accord. Mais que pouvez-vous perdre en vivant dans la vérité, si ce n'est justement
des mensonges et des illusions ? Ce n'est pas facile mais c'est
plus accessible.

Si vous avez une puissance de vision, une intelligence un
peu active, vous pouvez regarder en face ce dont je parle
aujourd'hui : Qu'est-ce que j'ai à perdre ? Ce qui est, EST.
En fermant les yeux, est-ce que je résous quelque chose ? La
vérité EST. Est-ce qu'en l'enfouissant dans l'inconscient je
résous quelque chose ? Ou bien mon divorce et mon remariage sont bénéfiques aux enfants, ou bien mon divorce et
mon remariage sont perturbants pour les enfants. Or je
tenais essentiellement à être un père digne de ce nom. Ces
paroles de Swâmiji m'avaient frappé : « Non pas c'est mon
fils, mais je suis son père. » Swâmiji parlait d'une manière
très convaincante du dharma de père et de celui de mère.
Par conséquent, comme une part de moi – mais que celui qui
n'a jamais péché me jette la première pierre – souhaitait le
divorce et le remariage et qu'une autre part de moi voulait
maintenir intacte à mes propres yeux, et si possible à ceux
des autres, mon image de père, il était nécessaire que je
puisse croire ce divorce et ce remariage bénéfiques aux
enfants. Mais tout ce que je peux imaginer et décider ne
change rien à la vérité qui se manifeste dans les faits,

c'est-à-dire : un enfant de plus en plus perturbé qui, sans trop savoir où je vais, s'accroche à mes jambes en pleurant : « Pourquoi tu t'en vas tout le temps? Pourquoi tu passes plus toutes les soirées avec nous? » Et la puissance du mental est si forte que nous refusons de voir la réalité comme dans cette maladie des yeux qui fait qu'une partie du champ visuel n'est pas perçue.

On peut transposer cette maladie du globe oculaire à notre fonctionnement mental. Des vérités que nous avons sous les yeux, nous ne les voyons pas. Aujourd'hui, avec le recul et me souvenant de tous les signes de perturbation des enfants, je me demande comment j'ai pu être si convaincu; mais je l'étais. En ce qui concernait notre petit garçon il était désolé de me voir partir, il voyait souffrir sa mère et ce n'était certainement pas favorable pour lui; quant à notre fille aînée que j'avais cru bon de mettre au courant, comme beaucoup de filles jalouses de leur mère elle m'était favorable. Est-ce vraiment bénéfique pour une fille de l'âge de dix ans de prendre parti pour son père contre sa mère? Et tout cela qui me saute aux yeux aujourd'hui, je ne le voyais pas. Même si vous n'envisagez nullement de divorcer, ce genre de mécanisme s'applique à tous, chacun selon son cas particulier.

D'abord, il n'y a aucun progrès possible sur le Chemin dans cette non-vérité, non-réunification et, par ailleurs, il n'y a aucune possibilité réelle d'être un avec des situations qui se présentent tant que vous n'êtes pas un avec vous-mêmes, que vous êtes obligés à toutes sortes d'acrobaties mentales pour continuer à vous masquer la vérité.

Dans la profondeur, je savais, parce que cela sautait aux yeux, que j'étais dans l'erreur; à la surface, je croyais être dans la vérité. Et ma vie était organisée pour m'empêcher de voir cette vérité. S'il n'y avait eu que l'échantillon dont je viens de parler, ce serait déjà plus simple, mais il y a tant et tant de situations qui composent nos existences et vis-à-vis desquelles nous ne sommes pas clairs. Toutes ne sont pas aussi graves et éloquentes que cette histoire de divorce mais malheureusement nos vies sont fondées là-dessus, surtout aujourd'hui parce qu'il n'y a plus beaucoup de sentiment religieux. Quant à la morale n'en parlons pas. L'idée qu'il puisse y avoir des valeurs supérieures à nos impulsions, à notre égoïsme et à la satisfaction de nos désirs tend à s'effacer de plus en plus. Nous vivons dans une société qui prône l'individualisme, chacun cherchant son bonheur, se débrouillant comme il le peut. Et la soif de vérité à tout prix a disparu de nos vies.

*
* *

Si vous voulez vraiment progresser sur le Chemin et non pas l'utiliser pour continuer à vivre dans le mensonge, il faut vous attaquer à cette zone-là, sous-jacente, de l'inconscient. Il ne suffit pas de mettre toute votre espérance dans un thérapeute ou dans un autre, de retrouver la scène primale majeure, comme le dit Janov, accompagnée d'une abondance de larmes, de cris et de tremblements. Bien que je ne nie pas l'importance de ces traumatismes qui vous ont si profondément marqués, je dis qu'il ne faut pas oublier pour autant cet autre part de l'inconscient à savoir votre réalité actuelle qui, elle aussi, est devenue refoulée.

Il y a des aspects entiers de vos existences actuelles que vous refusez de mettre à jour mais vous voudriez bien ramener à la surface ce que vous avez vécu à l'âge d'un ou deux ans. Chercher à faire un travail sur l'inconscient profond tout en refusant un travail sur ce subconscient, voilà encore une acrobatie du mental. Mais le mental est un prodigieux acrobate et il a toutes les audaces.

Comment pouvez-vous vous laisser aller, vous abandonner, vous ouvrir à la vérité profonde, rétablir une communication entre ce qui est aujourd'hui inconscient et le conscient de surface si vous êtes en même temps obligés de laisser soigneusement en place les mécanismes de répression concernant des événements récents ou votre situation actuelle? Quelque part en vous, vous savez : si je joue le jeu, si je lâche cette tension perpétuelle qui m'est nécessaire pour maintenir mes mensonges, si je ne contrôle plus, si je m'ouvre à ce qui veut s'exprimer de la profondeur, la première chose qui va se révéler – cette fois je parle pour celui que je fus – c'est que notre fils Emmanuel pleure chaque fois que je quitte la maison pour aller voir un prétendu ami. Mais je ne peux pas laisser la vérité monter à la surface, sinon tout l'édifice que j'ai fabriqué pour pouvoir croire que ce divorce est bénéfique aux enfants s'écroulerait. Je vous passe tous les arguments qui se tenaient très bien et qui me permettaient de le croire.

Autrement dit, si vous êtes aidés par un psychothérapeute qui réussit par une méthode ou une autre à vous pousser jusque dans les profondeurs de l'inconscient ancien, vous pouvez réussir à revivre un souvenir qui vous a en effet marqué d'une manière indélébile, tout en sauvegardant ingénieusement le mensonge ou plutôt les mensonges actuels.

Alors maintenant oubliez l'exemple de cet Arnaud convaincu du caractère bénéfique de son divorce pour les enfants et demandez-vous honnêtement : « Qu'en est-il pour moi de cet inconscient-là ? » Parce qu'enfin, même si vous avez battu votre petit frère dont vous étiez jaloux, au point de l'envoyer à l'hôpital, quand vous aviez quatre ans, vous ne pouvez rien aujourd'hui pour réparer. En revanche, si vous avez accompli un acte contraire au dharma il y a six mois, un an ou deux ans, vous pouvez aujourd'hui y remédier. Mais cela, une bonne part de vous n'en a aucune envie. C'est beaucoup plus facile d'oublier. Et le psychisme est ainsi fait qu'on oublie très bien; on oublie non seulement ce qui s'est passé à l'âge de six mois mais aussi ce qui s'est passé à l'âge de dix-huit ou vingt ans quand on en a trente, et on oublie ce qui s'est passé il y a six mois ou un an, quand ce n'est pas ce qui s'est passé la semaine dernière.

Si vous ne réfléchissez pas à ces questions, vous trouverez normal d'avoir perdu la mémoire des événements graves, importants, traumatisants, créateurs de *samskaras*, de l'âge de six mois – là-dessus nous sommes tous d'accord – sans voir que le plus intéressant à découvrir sur soi-même c'est de s'apercevoir qu'on a oublié, enfoui, une période entière de son existence qui s'est déroulée alors qu'on était déjà pleinement adulte.

Je connais le cas d'une personne à qui, peu à peu, j'ai été amené à dire : « Voyons, prenez certains repères, qu'avez-vous fait pendant l'été qui a suivi votre premier bac à la fin de la première (ce que nous appelions à cette époque le premier bachot)? » – « Ah! L'été qui a suivi le premier bac, voyons... Ah! Oui, oui je me souviens, j'ai été dans cette pension de famille où nous allions tous les étés depuis trois ans... » – « Bon. Et l'été qui a suivi votre deuxième bac, votre bac de philo, qu'est-ce que vous avez fait comme étude au mois d'octobre? » – « Eh bien je suis rentrée à la faculté de droit et à la Sorbonne en même temps » – « Mais alors, entre votre bac de philo et la Sorbonne, qu'est-ce que vous avez fait cet été-là pendant trois mois? Vous ne vous souvenez pas du tout? » Elle pouvait se souvenir en réfléchissant où elle avait passé ses vacances à l'âge de quatorze ans, à l'âge de quinze ans, à l'âge de seize ans, mais il lui était impossible de se souvenir où elle avait passé ses vacances à l'âge de dix-huit ans. Trois mois qui disparaissent, un blanc complet – tout cela pour « effacer » une journée entre toutes refusée.

C'est un exemple parmi beaucoup d'autres. Mais généralement on ne le remarque pas puisqu'il s'agit justement de périodes de notre vie dont nous ne nous souvenons jamais si notre attention n'est pas attirée sur elles. Et il y a encore plus intéressant, c'est la possibilité d'avoir oublié, sincèrement oublié, ce que nous avons fait ou dit il y a huit jours, il y a un mois, parce que cela nous gêne, parce que cela nous met mal à l'aise, parce que cela ravive un conflit avec une part de nous-mêmes, parce qu'au moins une part de nous-mêmes a besoin d'oublier.

Avec ce goût de la vérité sur lequel j'insiste aujourd'hui – mais il ne naîtra pas tout seul, ce goût de la vérité! – vous-mêmes face à vous-mêmes, vous pouvez vous demander : « Qu'est-ce que je suis en train de nier? » Frappez à la porte de ce niveau de l'inconscient et la porte s'ouvrira. Demandez à ce niveau-là et il vous répondra. L'action elle-même a été accomplie dans le passé, il y a un mois, il y a deux mois, il y a six mois. Ce qui nécessite cet oubli, c'est qu'il y aurait – et une part de vous le sait en tant que disciples engagés sur le Chemin – une action à entreprendre pour réparer cette autre action que vous avez tenté de nier.

*
**

Si vous voulez retrouver le silence, l'équilibre, l'harmonie et ce qu'on cherche normalement dans la méditation, il faut atteindre une zone de neutralité où il n'y a plus une charge positive et une charge négative, où il n'y a plus, si je puis m'exprimer ainsi, une différence de potentiel qui vous interdit le retour à l'immobilité complète, mentale, physique et émotionnelle. Seule cette immobilité peut vous permettre de découvrir la Conscience suprême dont nous parlons si souvent, qui n'est ni moi heureux, ni moi malheureux, ni moi en proie aux désirs, ni moi en proie à la peur, ni quoi que ce soit de conditionné. C'est une grande loi naturelle sur laquelle Swâmiji revenait souvent : le retour à l'équilibre, c'est-à-dire la réaction qui vient compenser l'action. Toute action fait lever en face d'elle une réaction de force égale et opposée – et ceci dans tous les domaines, y compris les domaines subtils – pour revenir à l'état antérieur. Seulement les chaînes d'actions et de réactions sont si nombreuses que de nouvelles impulsions sont tout le temps données et la Manifestation se poursuit indéfiniment.

Dans la nature on peut voir cette loi à l'œuvre si l'on n'étudie qu'une seule réaction, en dehors de la totalité des chaînes de réactions qui composent l'univers. Un phénomène se produit, un phénomène inverse vient pour l'annuler. Et nous nous retrouvons au repos. J'emprunte de l'argent, je ne peux pas en rester là. Je le rembourse, me revoilà situé dans l'état antérieur, donc en paix, dans l'immobilité. Rester immobile physiquement comme un moine zen pendant le zaren ne suffit pas; il faut aussi être immobile intérieurement. J'emprunte de l'argent : action; je le rembourse :

réaction, et nous revenons à l'état antérieur. Donc je suis en paix. Mais, si j'ai emprunté de l'argent et que je ne l'ai pas remboursé, rien n'a annulé la première action et une tension demeure donc en moi qui demande le retour à l'immobilité. Or, si je vois que je n'arriverai pas à rembourser l'argent que j'ai emprunté, cela me gêne et je me débrouille pour réussir à oublier que je le dois.

Cela n'a guère été mon cas personnel mais, ayant exercé une profession où l'on est salarié au cachet, c'est-à-dire où l'on est toujours à la veille de décrocher un gros contrat – on emprunte beaucoup sur la peau de l'ours avant de l'avoir tué – j'ai vécu au milieu d'hommes et de femmes qui empruntaient souvent et ne remboursaient pas toujours, plus que dans d'autres métiers. J'ai vu des écrivains emprunter sur les droits d'auteur de leur prochain livre sans avoir aucune indication préalable de l'éditeur; j'ai vu des acteurs emprunter sur les cachets d'un rôle dont un metteur en scène leur avait vaguement parlé. Ensuite on ne peut pas rembourser ou on n'en a plus aucune envie quand on touche enfin son cachet qu'on a besoin de dépenser à autre chose. Et, dans ce métier-là, certains peuvent cumuler plusieurs dettes à la fois. J'ai vécu au milieu de camarades dont je me demandais comment ils arrivaient à être à l'aise avec tant de dettes non remboursées. Et j'ai remarqué que certains oubliaient, censuraient, enfouissaient dans l'inconscient le fait même qu'ils avaient une dette.

A cet égard, j'ai le souvenir bien précis d'une dette à laquelle j'avais été quelque peu mêlé; je savais qu'un réalisateur de films devait de l'argent à un monteur et je lui ai demandé : « Tu n'as pas un problème avec Jacques – le monteur en question –, j'ai l'impression qu'il y a quelque chose entre lui et toi? » – « Ah! non » – « Tu es sûr? J'ai l'impression qu'il y a une difficulté en suspens, un malaise quelconque, essaie de te souvenir » – « Non, je t'assure, il n'y a aucun problème, mais non. » Il lui devait quatre mille francs d'il y a quinze ans. Cela faisait quand même une somme! Et s'il avait eu un gourou, il aurait juré à son gourou : « Mais non, je n'ai aucun problème avec Jacques,

aucun; pourquoi Swâmiji, vous avez eu l'impression
que...? »

Cela n'arrive pas qu'aux autres. S'il s'agissait uniquement
d'une somme d'argent bien précise que l'on n'a pas remboursée la solution serait simple mais ce genre de situation non
résolue, enfouie dans l'inconscient, dont je parle aujourd'hui,
nos vies en sont remplies : une parole désagréable qu'on
n'aurait pas dû dire, mais qu'on a dite et qui nous travaille,
même si on oublie l'avoir dite. Nos vies sont faites de ces
actions qui nous demandent d'accomplir la réaction répara-
trice pour annuler l'action et nous ramener à l'état d'équilibre ou de silence du cœur.

Comment voulez-vous être comparables à un miroir vide,
unifié avec tout ce qui se produit, si vous êtes à ce point
divisés à l'intérieur de vous-mêmes? Et comme vous n'accomplissez pas vous-mêmes la réaction qui vous incombe
pour annuler l'action, cette réaction s'accomplit malgré
vous au-dehors de vous. Action : j'emprunte de l'argent;
réaction, je le rembourse, c'est fini. Si je n'accomplis pas
moi-même cette action, en l'occurrence ce remboursement,
la loi va jouer et la réaction viendra d'une autre manière :
j'emprunte, je ne rembourse pas; celui à qui j'ai emprunté
éprouve le besoin de réagir pour se retrouver dans l'état
antérieur, c'est-à-dire avant qu'il ne se soit dessaisi de
quatre mille francs en ma faveur. Par conséquent, il se
défoule en me traitant de voleur auprès d'un groupe
d'amis. Ayant réagi, il est capable d'accepter qu'il ne
récupérera pas son argent. Mais il a réagi pour se retrouver dans un état de détente, l'état où il était avant d'avoir
prêté et avant d'avoir compris que je ne pouvais pas le
rembourser.

Vous n'éviterez jamais les réactions et ces réactions
viendront jusqu'à vous : vous apprendrez que vous avez été
sévèrement critiqués, que des gens ne veulent plus vous voir.
Cela contribue à charger vos existences, parce qu'il vous sera
impossible d'être UN avec le fait que certaines personnes
vous en veulent, si vous savez, dans la profondeur de votre
être, qu'elles vous en veulent uniquement parce que vous

n'avez pas remboursé un emprunt et que vous avez réussi à oublier que vous devez cette somme.

Les échantillons simples que je choisis aujourd'hui, pour ne pas trahir par des exemples vécus les secrets que je connais, ont une valeur générale. Vous avez emprunté, vous n'avez pas remboursé, vous avez enfoui complètement le souvenir que vous devez de l'argent et apparemment vous vivez très bien avec cette dette oubliée. Mais, au moment où un camarade de bureau, qui se trouve être le meilleur ami de celui que vous n'avez pas remboursé, vous fait la « gueule », vous vous souvenez que vous voulez mettre l'enseignement en pratique et accepter : « Oui, il me fait la gueule; oui, je vais être UN avec sa réaction agressive. » Il se peut que votre créancier lui ait dit : « Ne va surtout pas lui parler de cette dette ! » Il ne vous en parle pas mais, quand il vous rencontre, il a une attitude désagréable avec vous parce que ça lui reste en travers de la gorge que son meilleur copain ait perdu quatre mille francs par votre faute. Et vous voulez mettre l'enseignement en pratique et être UN avec son attitude désagréable ? Mais comment voulez-vous adhérer vraiment au fait qu'il soit désagréable quand cela réveille dans votre subconscient le souvenir que vous avez emprunté de l'argent à son meilleur ami sans l'avoir remboursé ? Par conséquent, au lieu d'être disponibles pour dire oui de tout votre être à une situation extérieure à vous, vous marmonnez : *Oui,* c'est du bout des lèvres; mais l'essentiel de l'énergie dont vous disposez est investie pour empêcher que le souvenir de cette dette non remboursée revienne à la surface.

Pensez donc à toutes les actions accomplies par vous et qui nécessitaient que vous accomplissiez la réaction de force égale et opposée, vous remettant dans une situation de complète détente. Par exemple, vous avez été désagréable avec un collègue, vous lui avez fait de la peine, vous l'avez revu, vous lui avez dit un mot et vous êtes en paix. Mais je parle de toutes les actions – ou plutôt réactions – que vous avez accomplies mécaniquement, malgré vous, sans être unifiés, emportés par un désir ou par une peur et qui sont pour vous restées en suspens. La réaction vient inéluctablement mais ce n'est pas vous qui l'avez accomplie consciemment. Elle vient sous la forme d'un boomerang, parce que l'on recueille toujours ce que l'on a semé, souvent avec les intérêts, car celui qui sème le vent récolte la tempête.

Vous n'avez pas agi de manière juste avec votre beau-frère la dernière fois que vous vous êtes rencontrés chez vos parents et vous n'êtes pas heureux. Au lieu de l'enfouir parce que cela vous gêne, vous prenez la peine d'écrire quelques lignes à ce beau-frère : « Réflexion faite, mon attitude n'a pas été juste avec toi mardi, je regrette ce que je t'ai dit. » Cela vous prend quelques minutes pour écrire cette lettre, la glisser dans une enveloppe, la timbrer, la déposer dans une boîte. Mais le mental refuse et cherche à oublier. Et le peu d'énergie que vous auriez dépensée à écrire cette lettre va être multipliée par dix, par cent, pour réprimer la voix qui pourrait monter à la surface et reconnaître : « Ce n'est pas juste, je lui ai tenu des propos inexacts qui lui ont fait de la peine. » Maintenir dans l'oubli ce qui cherche à redevenir conscient gaspille beaucoup d'énergie.

Avec un intense désir de vérité et une vraie honnêteté, vous pouvez regarder dans le fond de votre cœur; « Qu'est-ce qui n'est pas à jour? ». Quand vous faites vos comptes vous vous posez bien le même genre de question : « Quelles sont les factures que je n'ai pas payées? ». Qu'est-ce qui n'est pas à jour? Laissez monter honnêtement les réponses et faites ce qui doit être fait.

Peu à peu, cet inconscient se décharge. Au départ, cela paraît une entreprise de titan; nous avons tellement pris l'habitude de nier ce qui nous gêne, nous avons tellement pris l'habitude de refuser la vérité qu'en soulevant un peu le voile de la répression il semble que nous allons être débordés. Non.

De toute façon vous ne pouvez pas l'éviter. Il est vain, totalement vain de rêver de sagesse, de paix, de sérénité et de ne pas vouloir entendre ce que je dis aujourd'hui. Là je peux m'engager sans risque de me tromper. Ceux qui ne veulent pas laisser monter ces vérités qui ont été enfouies au

point d'être parfois réellement oubliées n'ont aucune chance
de quoi que ce soit qui mérite de s'appeler Libération,
aucune, même si vous accomplissez votre thérapie primale
avec Janov lui-même.

**

Enfin, en dehors de ces faits nombreux qui vous demandent une action précise pour revenir au silence intérieur, à
l'immobilité, comme une pendule qui a cessé d'osciller
autour de son axe, qui vous permettent de dire OUI à une
situation sans avoir besoin de vous protéger, affrontez les
situations elles-mêmes dans lesquelles vous êtes insérés
aujourd'hui et dont vous niez la vérité. Il y a un exemple que
je connais bien et que connaissent également tous ceux qui
ont des contacts avec d'autres. Je vous demande de le
considérer avant tout comme exemple d'un type de situation
en elle-même. Il s'agit des femmes qui travaillent, alors
qu'elles ne sont pas véritablement obligées de le faire. Le fait
qu'un homme et une femme qui ont de faibles revenus
additionnent leurs salaires pour vivre selon les normes
imposées par notre société de consommation est moins
représentatif de ce que je vais dire. Je parle de la femme qui
pourrait ne pas travailler parce que son mari est cadre
supérieur ou exerce une profession libérale et qui, s'ouvrant
à certaines valeurs contraires au féminisme moderne, est
sérieusement touchée par l'idée que la mère joue un rôle
fondamental dans l'équilibre du futur adulte et que le
dharma de mère est un grand dharma et non pas une
servitude comme on le prétend aujourd'hui.

La question de la condition féminine est une question bien
importante puisqu'elle concerne non seulement la moitié de
l'humanité mais aussi l'autre moitié qui est en relation avec
elle; ce n'est pas aujourd'hui que je veux l'aborder et ne tirez
pas trop vite de conclusions en décidant que je suis, comme
on me l'a déjà reproché, « aussi rétrograde que Jean-Paul
II ».

Beaucoup de femmes pourraient ne pas travailler. Leur

mari gagne bien sa vie; mais elles ont fait des études supérieures, elles veulent que cela serve à quelque chose, elles ont un métier qui les intéresse : elles font de la biologie à l'Institut Pasteur, elles travaillent au C.N.R.S., que sais-je, et elles ne peuvent pas s'occuper de leurs enfants en bas âge autant qu'une mère qui considère que son vrai dharma est de faire de futurs adultes, non névrosés, capables d'être des points d'appui pour les autres autour d'eux, ce qui représente tout de même un exploit. Autrefois, je l'ai encore connu abondamment en Inde, le dharma de mère était le plus admiré, le plus envié de tous. Construire le pont de Tancarville ou la tour Montparnasse n'est rien à côté de faire un homme. Comme disait Swâmiji : *To be a mother is not to deliver*, « être une mère ce n'est pas mettre bas. » Être une mère ne s'arrête pas au fait d'avoir accouché. Être une mère, c'est façonner un futur adulte.

Certaines femmes sentent la grandeur de ce dharma de mère et savent qu'elles s'occupent insuffisamment de leurs enfants, constatent que les enfants s'accrochent beaucoup à elles, supplient : « Ne t'en va pas maman. » En plus de leur travail au C.N.R.S. ou à l'Institut Pasteur, elles ressentent aussi la demande normale d'aller de temps en temps dîner chez des amis avec leur mari... Finalement, il ne leur reste plus beaucoup de temps pour les enfants et les enfants réclament. Et, quelque part en elle, la mère en question le sait mais le voir en face serait trop cruel parce que cela impliquerait d'abandonner ses recherches au C.N.R.S. qui la passionnent et qui lui vaudront un doctorat d'État la valorisant à ses propres yeux et dans toute sa famille.

Je connais beaucoup de cas de femmes dans cette situation. C'est un peu celle que je décrivais tout à l'heure et qui m'a concerné il y a douze ans. La vérité crie : vos enfants souffrent, vos enfants souffrent, vous ne vous occupez pas d'eux suffisamment. Vous les confiez à une jeune fille au pair, aux grands-parents, vous les confiez à des gens très bien peut-être, mais vous ne vous en occupez pas vous-même. Puis vous êtes fatiguée quand vous rentrez de votre travail et vous n'êtes plus aussi disponible pour eux.

Si cette mère en question voit la vérité en face, c'est déchirant : « Mais alors, cela signifie qu'après avoir obtenu une licence, une maîtrise, un doctorat du troisième cycle, je dois abandonner tout cela pour m'occuper de mes enfants maintenant que je suis près de faire un doctorat d'État qui est la culmination d'années d'études ! »

Bien sûr, je ne dis jamais les choses aussi brutalement, je ne dis même pas grand-chose dans ces cas-là. Mais cette mère est obligée de nier pour pouvoir vivre, d'oublier qu'il y a un problème si l'enfant pleure ou crie ou se montre nerveux. Quelle illusion pour cette mère de penser qu'elle va réussir à être UN avec des situations ponctuelles, ici et maintenant, qui chaque fois font vibrer en elle ce problème non résolu et refoulé qui n'en est pas moins vivant et dynamique pour autant.

De la même manière que j'ai tenté de prouver à Swâmiji que le divorce et le mariage que j'envisageais étaient heureux pour mon fils et ma fille, de nombreuses mères m'ont expliqué à moi, avec conviction, que le fait qu'elles fassent un doctorat d'État en biologie à l'Institut Pasteur ou qu'elles travaillent au C.N.R.S. était très bénéfique pour les enfants. Je connais bien ce genre de raisonnement. Le premier consiste à dire : « Si je ne fais pas ces études, cela me frustre tellement que je deviens tendue et nerveuse et inconsciemment je le reproche aux enfants (celui qui réussit à placer le mot « inconsciemment » dans la conversation se persuade qu'il a la maîtrise de son inconscient). Tandis que là au moins, quand je leur consacre du temps, je suis entièrement disponible, je deviens une meilleure mère. De toute façon, vous l'avez dit vous-même, vous Arnaud, la qualité est plus importante que la quantité. Donc il vaut mieux que je sois une très bonne mère une demi-heure par jour qu'une mauvaise mère six heures par jour. »

Il n'empêche que la mère en question sait au fond d'elle-même qu'elle n'est pas obligée de travailler et que les enfants pleurent ou sont nerveux. Comment dire OUI, pas à ce qui devrait être mais à CE QUI EST, être UN avec une situation précise qui chaque fois réveille une situation latente que nous avons réussi à réprimer? La mère qui me soutient, comme je le soutenais à Swâmiji, qu'elle fait le bonheur des siens en passant ses journées à l'Institut Pasteur sait que ce n'est pas vrai dans la profondeur d'elle-même. Peut-être fait-elle progresser la biologie et des milliers de personnes seront-elles sauvées grâce à elle – c'est une autre question – mais ce n'est pas bénéfique aux enfants.

Si on réussit à s'installer dans un mensonge pareil, il n'y a plus possibilité de mettre l'enseignement en pratique : « Oui, l'enfant pleure, oui l'enfant est grossier, oui l'enfant refuse de se coucher, oui, oui, je suis UN avec. » Cela ne « marche » pas, cela ne peut pas marcher, c'est impossible. Vous pouvez avoir des entretiens avec Arnaud tous les jours, vous pouvez revivre une vie antérieure, si vous avez réussi à rendre inconsciente la vérité qui crie en vous juste au-dessous du seuil de la conscience, il n'y a aucune possibilité de non-dualité avec les conditions concrètes qui concernent le domaine en question.

Et pour peu que les circonstances existentielles soient un peu complexes, c'est-à-dire qu'il y ait non seulement la situation de l'homme qui divorce pour le bien de ses enfants et de la femme qui travaille toute la journée à l'Institut Pasteur pour le bien de ses enfants, mais en plus une dette non remboursée, une parole blessante dite au beau-frère qui n'a pas été rattrapée, etc., en un mot une vie dans laquelle rien n'a vraiment été tiré au clair, rien n'est à jour, rien n'est transparent, vous ne pouvez plus progresser le moins du monde sur le chemin de la sagesse. Bien sûr, c'est ingrat à entendre. Ce n'est pas mystérieux, ce n'est pas ésotérique, ce n'est pas initiatique, ce n'est pas fascinant intellectuellement; mais si par hasard il y en avait un ou deux ou trois parmi vous qui se soient mis en tête d'aller vraiment jusqu'au bout du Chemin, alors je peux leur dire qu'on ne peut pas éviter de regarder en face cette vérité qui crie même bâillonnée.

On ne peut pas vivre dans la répression, le mensonge, le désordre et en même temps espérer atteindre une sagesse quelconque. Dans ce que j'ai dit aujourd'hui, il n'y a pas de morale au sens habituel du mot : « Ce n'est pas bien, c'est mal. » Mal signifie simplement erreur : vous vous y prenez mal par rapport à votre but qui est la sérénité. Les péchés, ce sont les erreurs que vous faites par rapport à votre véritable but qui est le bonheur suprême, indestructible. Tout être humain porte en lui le désir du bonheur parfait, sublime et pour vous en rapprocher, soit vous vous y prenez bien, soit vous vous y prenez mal. Vous faites des erreurs ou vous n'en faites pas. Ce qu'on appelle les péchés, ce sont des erreurs techniques qui freinent votre progression et qui vous éloignent du bonheur suprême, de la béatitude ineffable.

Je ne parle pas de morale : « Ce que vous avez fait n'est pas bien, il faut demander pardon et réparer le mal que vous avez fait. » Swâmiji tenait un langage plus scientifique. Il s'agit d'un jeu d'actions et de réactions par rapport à la possibilité d'être libéré de toutes tensions physiques, émotionnelles et mentales, complètement réconcilié avec soi-même et capable d'accomplir à chaque instant l'action juste qui est la réponse à la situation, pour demeurer dans cet état de plénitude.

Si vous avez remboursé toutes vos dettes, vous êtes en paix, mais il ne faut pas en contracter de nouvelles. Si vous avez remboursé toutes vos dettes karmiques, si vous avez toujours accompli la réaction qui équilibre votre action, toute votre énergie est disponible, elle n'est pas mobilisée pour réprimer ce qui cherche à crier à la surface. Vous êtes établi dans le Centre sans tension.

Entendez encore cette formule : un être unifié est toujours heureux, un être divisé ou non unifié n'est jamais heureux. Cette parole a une immense valeur parce que tout y est inclus, depuis la psychothérapie jusqu'à la sagesse suprême. Un être unifié est toujours heureux; un être non unifié n'est jamais heureux. Vous pouvez être unifié et heureux en mourant seul dans une salle commune d'hôpital et vous pouvez être non unifié et profondément malheureux en possédant la gloire, la fortune et le succès auprès du sexe opposé. Tout tient dans le mot UN. Unification-réunification-union. Et si vous êtes divisés en deux, selon le mécanisme que j'ai tenté de vous laisser entrevoir aujourd'hui, vous ne serez jamais en paix.

Je sais que c'est ingrat. Il a fallu, pour que je le voie en face et que je l'accepte complètement, la démonstration convaincante de Swâmiji concernant l'action, la réaction et le retour à la détente.

S'il y a la moindre tension quelque part en moi, je ne peux pas être en méditation, je ne peux pas être en samadhi, je ne peux pas être dans l'état dont je rêve. Par conséquent, action-réaction et réunification, c'est fini. Ne plus nier, enfouir, rendre inconscient ce qui crie. C'est la clef qui peut vous expliquer pourquoi si souvent vous n'arrivez pas à dire oui à ce qui est. Vous ne pouvez pas dire oui parce que cette situation frappe en vous à l'endroit précis où vous êtes déjà en conflit avec vous-mêmes. Une part de vous accepte, mais la part inconsciente réprimée ne peut pas dire oui, donc votre oui ne vous engage pas entièrement. Votre oui étant partiel, vous ne pouvez rien et vous êtes emportés par l'émotion.

Une situation se produit, une émotion se lève en vous, et vous voulez comprendre comment cette émotion est née : « Je me suis encore fait avoir, ce n'est pas normal, je suis parti en pleine émotion, malgré ce que je crois avoir compris du Chemin. » La réponse c'est que la situation en question, qui suscite en vous une émotion sur laquelle vous n'avez aucun pouvoir, vient justement frapper une part de vous où se trouvait un problème non résolu : une dette non payée, une unification non établie. Cela peut jouer pour de grandes choses, comme un divorce ou le déchirement d'une mère entre sa vocation professionnelle et la demande de ses enfants et cela peut jouer aussi pour de petites choses. Mais quand les petites choses s'accumulent, elles finissent par tisser une existence.

Quelqu'un vous a demandé un service et vous ne lui avez pas rendu. Vous rencontrez de nouveau cette personne, avec un arrière-plan enfoui : « Il m'avait demandé de donner des

informations à son cousin, j'ai vu le cousin et je ne lui ai rien
dit. Oh, ce n'est pas grave! » Seulement, c'est là à l'arrière-
plan. Donc quand vous rencontrez une personne avec une
situation pas claire mais que vous avez oubliée, vous ne
pouvez pas être détendus puisque le simple fait de la
rencontrer réveille en vous un souvenir que vous avez réussi à
réprimer et que vous vous efforcez de continuer à maintenir
sous la surface. Et naturellement sur ce fond de malaise, de
vulnérabilité particulière, une réflexion quelconque de la
personne peut vous toucher : « Je ne comprends pas ce qui
s'est passé, ce qu'il m'a dit n'est quand même pas terrible;
pourquoi ai-je réagi si fort et ai-je eu si mal? ». Ce n'est pas
ce qu'il vous a dit qui vous a fait réagir si fort et qui vous a
fait si mal, c'est ce que ses paroles ont réveillé dans la
profondeur de vous-même, dans cette zone subconsciente à
la surface de l'inconscient. Cela a touché un point précis qui
n'est pas clair entre lui et vous quand il vous fait une
réflexion, une critique, cela vous est insupportable parce que
cela touche non pas un être unifié capable de dire oui mais
un être qui doit se battre contre son propre inconscient.

Vous êtes trop certains que vous ne pouvez pas mettre
l'enseignement en pratique à cause de votre inconscient qui
devient le bouc émissaire, comme si tout reposait sur une
thérapie primale ou sur les lyings : « Je ne peux pas mettre
l'enseignement en pratique, puisque l'évènement que je
refuse touche mon inconscient. » Je ne peux pas nier que les
lyings auprès de Swâmiji m'ont aidé mais ce n'est qu'une
part du Chemin. Les grands traumatismes d'autrefois que
vous retrouvez en lying ne sont qu'un adjuvant de l'enseignement essentiel.

Vous ne pouvez pas mettre l'enseignement en pratique,
c'est vrai, à cause de votre inconscient, c'est vrai; mais
surtout à cause de ce que j'appelle le subconscient. Vous
pourrez vous escrimer toute votre vie à faire des efforts, vous
n'arriverez à rien de vraiment valable si vous ne voulez pas
tenir compte de cette première réunification.

J'ai connu beaucoup de personnes qui étaient très attirées
par la spiritualité; pendant dix ans, quatorze ans même,

certaines ont été mes compagnons dans l'enseignement Gurdjieff. J'en ai connu beaucoup d'autres en Inde, dans l'Himalaya, qui n'ont jamais tenu compte et ne tiendront jamais compte de ce que j'ai dit aujourd'hui. Une vie entière consacrée à la spiritualité et, à soixante ans, ils ne sont pas en paix, pas unifiés, sans parler de ceux qui, à force de se battre contre eux-mêmes, finissent par craquer comme on dit aujourd'hui. Ce n'est pas flatteur pour celui qui a écrit un livre sur la sagesse de se retrouver en dépression.

Il y a même des hommes et des femmes qui s'imposent beaucoup d'efforts. Dans les groupes Gurdjieff, nous nous donnions du mal. Tous les jours nous méditions, nous faisions des exercices, nous pratiquions un travail en commun qui demandait une extrême attention : nous avions des tâches à accomplir qui étaient dures. Je me revois encore raclant avec des morceaux de verre la surface de parquet d'une très grande salle (pas avec une paille de fer mais avec des morceaux de verre cassés parce que les parquets étaient très grossiers et qu'il fallait d'abord les dégrossir) avec l'idée que si j'accomplissais cet effort dans un certain état d'esprit il me ferait progresser, ce qui est d'ailleurs vrai.

Que d'efforts n'aboutiront pas parce que mille et une vérités sont niées et qu'on continue à vivre dans le mensonge, tournant le dos aux dettes actuelles en tous genres – pas seulement financières – et se soumettant servilement à la nécessité présente de s'aveugler. On vient à bout de tout à condition de relever ses manches et de se mettre au travail. Si vous rangez d'abord le salon puis la salle à manger, puis la cuisine, vous mettrez en ordre la maison la plus en désordre. Ne croyez pas que ce que j'ai proposé aujourd'hui soit impossible. De toute façon, c'est indispensable.

Il existe en français deux expressions désuètes qui ont pour nous un relent désagréable parce que nous les assimilons aux injonctions moralisantes de notre enfance que nous avons mal digérées : « Avoir la conscience tranquille » et « s'endormir le cœur en paix ». Si vous ne mettez pas de l'ordre dans vos existences, si vous n'êtes pas à jour au jour le jour, comment voulez-vous vous sentir à l'aise, bien dans votre peau, disponibles à la vie ? Vous êtes sans cesse tiraillés par une voix intérieure qui vous harcèle plus ou moins : « tu n'as pas fait ce que tu avais à faire ». Comment atteindre cet élargissement auquel vous aspirez, cette ouverture du cœur de plus en plus vaste où vous sentirez en vous une vie riche, intense, tout en maintenant dans ce cœur des zones d'ombre parce que vous refusez de regarder certaines réalités en face ?

Je vous souhaite de tout cœur cette simple expérience : « J'ai la conscience tranquille, je m'endors le cœur en paix. »

7

LE RETOUR DE L'ENFANT PRODIGUE

Le Chemin s'avère toujours d'une extraordinaire simplicité.

Malheureusement notre mental est incroyablement compliqué.

J'ai peine à croire aujourd'hui que j'ai pu entendre si souvent ces mots de la bouche de Swâmiji : *Truth is so simple*, en les trouvant presque insupportables. Car, maintenant, je suis d'accord avec Swâmiji. Mais, pendant des années, entendre Swâmiji dire cela me faisait mal : comment osait-il affirmer : « La vérité est si simple, Arnaud, la vérité est si simple », alors que je me débattais dans mes contradictions, mes incompréhensions, mes souffrances.

Que cherchent les êtres vivants? Qu'est-ce que nous cherchons tous? Uniquement à être heureux. Ces mots « bonheur » ou « être heureux » sont encore plus importants que les grands mots de la métaphysique : Sagesse, Eveil, Libération. Toute la question est là puisque le désir fondamental, qui peut prendre ensuite des milliers de formes différentes, c'est d'être heureux. Plusieurs termes, dans la plupart des langues, tournent autour de cette idée centrale. En français, nous connaissons « bonheur », « joie », « plaisir », « contentement », « satisfaction », et les mots opposés : « peine ». « tristesse », « douleur », « malaise », « frustration ». Il existe un bonheur physique, le bien-être, qui consiste à se sentir bien dans sa peau. Il y a également le bonheur

émotionnel qui dilate notre poitrine. Et il y a enfin les
satisfactions intellectuelles (la joie qu'on ressent à poursuivre
une recherche, à lire un livre qui nous passionne) que nous
donne l'utilisation de notre intelligence. Nous savons aussi la
joie que peut procurer l'épanouissement sexuel et la souffrance, en contrepartie, quand il y a frustration dans ce
domaine.

Le chemin de la sagesse se résume au chemin du bonheur;
la science ésotérique est la science du bonheur. C'est simple
mais en même temps douloureux si vous comparez cette
aspiration généralisée au bonheur, qui existe jusque dans les
formes les plus inférieures de la vie, et la réalité des destins
autour de vous. Quant à votre propre destin, reconnaissez
que vous êtes souvent malheureux et, en tout cas, jamais
aussi heureux que vous voudriez l'être.

Le sanscrit utilise deux mots assez connus mais dont ceux
qui lisent des livres concernant l'hindouisme ne perçoivent
pas toujours la différence. L'un de ces deux termes est
ananda qu'on traduit généralement en français par « béatitude ». Encore faut-il nous mettre d'accord sur ce que nous
entendons, nous, par « béatitude ». Et l'autre, c'est *sukha*
(plaisir), l'opposé de *dhukha* (douleur). Une parole célèbre
du Bouddha affirme : *Sarvam dhukham*, « tout est souffrance ». *Sukha*, au contraire, signifie le plaisir et une certaine
forme de joie que nous aurons à préciser. Et il y a là une
grande différence.

En fait, si le désir du bonheur est le moteur essentiel de
toutes vos existences partout et toujours, vous ne savez
généralement pas comment l'assumer ni vous situer par
rapport à lui. L'être humain ne fait pas la distinction, loin de
là, entre le bonheur non dépendant, celui qui monte de la
profondeur de nous-mêmes et relève de l'être, et le bonheur
qui dépend de l'avoir, de ce que la vie nous donne ou ne nous
donne pas, de ce qu'elle nous laisse ou nous arrache,
autrement dit des conditions heureuses ou des conditions
malheureuses.

Du fait même de la dualité, vous ne pouvez pas être
complètement détendus puisque vous êtes tous soumis, non

seulement physiquement mais psychiquement, à l'attraction et à la répulsion – ce que nous souhaitons et ce que nous refusons. Et la détente peut prendre trois formes : soit s'unir à ce que nous aimons (le prendre, le posséder), soit détruire ce que nous refusons, qui nous fait sentir notre limite, soit enfin fuir ce qui se révèle cause de souffrance. Dans cette tension, sous sa forme de désir de possession, de destruction ou de fuite, il y a toujours recherche d'un état heureux.

Le Bouddha a dit : « Être séparé de ce que l'on aime est souffrance. Être uni à ce que l'on n'aime pas est souffrance. » Vous êtes convaincus que vous n'êtes pas heureux parce que vous n'êtes pas « unis à ce que vous aimez », quoi que ce soit. Cela peut être l'amour entre un homme et une femme mais nous pouvons aussi être unis à une situation, par exemple exercer un certain métier, ou même unis à un titre, celui d'officier de la Légion d'Honneur ou de Président du Conseil d'Administration. Tant que vous n'êtes pas unis à ces accomplissements, vous ne pouvez pas vous considérer comme complètement heureux. Par conséquent votre bonheur n'est pas ressenti « ici et maintenant » mais projeté dans le futur : « Je serai heureux quand ce que je demande me sera donné. »

Au contraire, dans les deux autres modalités, je serai heureux quand je serai libéré, débarrassé, de ce que je n'aime pas; soit que je réussisse à le détruire, à le faire disparaître matériellement ou symboliquement, soit que je parvienne à l'écarter au loin ou à le fuir. Et parfois vous souffrez parce que vous êtes réellement unis à ce que vous n'aimez pas ou n'aimez plus : une situation, un métier, une maladie, un mari ou une épouse. Ou bien vous avez peur qu'une crainte puisse éventuellement se concrétiser; vous ne pourriez être parfaitement heureux que si cette crainte, dans n'importe quel domaine de l'existence, n'avait plus aucune chance de se réaliser, donc si vous étiez complètement rassurés.

Toutes les situations de l'existence et tous les états d'âme entrent inévitablement dans une de ces trois formes de tension : tension « vers » ou tension « contre ». Et la tension n'est jamais ressentie comme une condition heureuse, sauf si nous avons la certitude que cette tension va être relâchée, donc va conduire à un état de paix. Vous ne pouvez être heureux dans la tension que si celle-ci contient la promesse d'un moment de bonheur, par exemple si vous ressentez un désir intense tout en sachant que vous allez parvenir à le réaliser. La preuve en est que si un événement de dernière minute met en cause votre certitude, cette tension devient brusquement douleur.

D'une manière générale, la tension est ressentie comme souffrance. Affirmer que toujours, en toute circonstance, les êtres vivants cherchent le bonheur sous une forme ou sous une autre revient à dire qu'ils cherchent le retour à l'absence de tension. L'existence se résume au jeu des tensions : relâchement d'une tension, nouvelle tension, relâchement de cette tension. Cherchez vos propres exemples de situations dont vous vous souvenez ou qui sont les vôtres à l'heure actuelle ou qui vont se présenter dans les jours qui viennent.

Si nous sommes totalement détendus physiquement, émotionnellement, mentalement, nous éprouvons ce sentiment dénommé *ananda*. Voilà ce qu'il faut bien comprendre à propos de ce mot si célèbre. *Ananda* ne désigne pas seulement la béatitude suprême. Cette béatitude suprême du sage, Swâmiji l'appelait *amrit*, qui signifie « immortalité » ou « non-mort ». Parmi les différents revêtements qui recouvrent le Soi, les différents *koshas*, un kosha extrêmement fin, extrêmement subtil se trouve tout de même classé dans la catégorie des revêtements : *ananda-mayakosha*, le revêtement le plus intérieur, le plus transparent à la lumière du Soi.

Ceci vous concerne, même si vous n'êtes pas encore proches de cette lumière du Soi, car vous éprouvez tous, que vous soyez engagés sur un chemin spirituel ou à cent lieues de celui-ci, le désir de cette ananda, de cette absence de tension, de cette liberté par rapport aux peurs et aux désirs qui vous rend à vous-mêmes. Ni attirés ni repoussés, nous nous retrouvons situés dans notre être réel, non dépendant des circonstances : « Moi en colère » n'est pas vraiment moi et « moi fou de joie » non plus puisque, si une mauvaise nouvelle me tombe du ciel, je vais me retrouver triste. Ces états changeants, instables, sont des modifications de la surface de notre être. Et ananda est ressentie si nous revenons à nous-mêmes. Par contre, « sukha », « bonheur » par opposition à « douleur » correspond à ce qui est éprouvé lorsque vous êtes identifiés à un plaisir, à une joie, c'est-à-dire emportés par l'émotion momentanée.

Même si elle vous paraît un peu théorique, cette distinction entre « sukha » et « ananda » a une utilité concrète pour comprendre comment vous fonctionnez et ce que vous cherchez. Quand l'émotion nous saisit, nous nous sentons tantôt furieux, mécontents, désespérés, tantôt ravis, enchantés, fous de joie, mais sans éprouver la véritable détente qu'engendre le retour à soi-même. Apprenez à distinguer ces deux formes de bonheur qui vous sont accessibles aujourd'hui. Essayez de sentir vous-mêmes la différence de niveau qui existe entre « sukha » et « ananda » pour que votre existence devienne le chemin de la liberté.

Ou bien vous êtes ordinairement heureux, mais de quel bonheur s'agit-il? Et, s'il s'agit simplement de « heureux » par opposition à « malheureux », n'êtes-vous pas lassés de ces états d'âme sur lesquels vous n'avez aucun pouvoir tant ils sont liés aux situations? Même si vous avez un petit pouvoir pour essayer de créer des situations heureuses et éviter des situations malheureuses, vous n'avez pas de pouvoir sur l'émotion elle-même.

Ou bien vous ressentez un état heureux, calme, qui émane de la profondeur de votre être. Certes, au point où vous en êtes sur le chemin il n'est pas définitif mais sa qualité s'avère différente. « Je suis. » Si vous pouviez ETRE, tout simplement, sans rien d'autre, sans que se rajoute « je suis gai ou je suis triste », vous seriez heureux parce que parfaitement détendus. Le bonheur est inhérent à l'être. Tous ceux qui ont quelque peu progressé dans une voie spirituelle le savent; à mesure que les agitations, les poursuites habituelles de l'existence diminuent, chaque fois qu'ils peuvent se retrouver dans le silence intérieur, même en dehors de toute joie dépendante, de toute condition exceptionnelle, ils ressentent un état de plénitude. Seul le mental peut craindre que ce soit là un état terne, monotone et croire que, sans les excitations et les satisfactions extérieures, le sel de la vie va inévitablement nous manquer.

Cette aspiration aux expériences multiples existe en vous; c'est même à cause d'elle qu'on se réincarne d'innombrables fois. Vos demandes ajoutées à la conviction que vous ne pouvez être heureux sans ce qui va vous être donné du dehors vous font choisir la dépendance. Mais quand un désir est satisfait, commencez à apprécier : que se passe-t-il en moi? Là, maintenant, je me sens heureux; mais ne suis-je pas heureux parce que la satisfaction de ce désir ou la disparition de cette souffrance m'a tout simplement ramené à moi-même et que, me retrouvant dans l'état de non-désir et de non-peur, non-attraction et non-répulsion, je me retrouve établi au cœur de moi-même? Par l'expérience vous arrive-rez à le reconnaître assez vite. Il est capital que vous puissiez faire la différence entre le plaisir qui ne concerne que la périphérie de vous-mêmes et la joie qui émane du cœur de votre conscience.

Le désir vous avait arrachés à votre centre et la satisfac-tion du désir vous ramène à vous-mêmes. Vous avez cru que le bonheur résidait dans la satisfaction du désir et en fait vous réalisez que la satisfaction du désir n'est pas la cause réelle de ce bonheur. L'impression de manque provisoire vous avait exilés de vous-mêmes, projetés à l'extérieur; et quand le désir tombe, comme l'enfant prodigue de la parabole *vous revenez à vous-mêmes*. Autrement dit, votre état naturel est fondamentalement heureux. Les désirs, les peurs, les impulsions, les *vasanas* vous écartent de ce bonheur de l'être. Ce n'est pas parce que je possède maintenant cet objet si longtemps convoité que je suis heureux mais parce que le fait d'avoir convoité si longtemps cet objet m'avait arraché à mon bonheur naturel et que la convoitise dissipée ne m'exile plus du bonheur inhérent à mon être.

Tous les êtres aspirent au bonheur qui, en vérité, se trouve en nous et non pas dans les objets extérieurs. Mais vous demeurerez longtemps convaincus que le bonheur viendra du dehors et qu'il est régi par les circonstances extérieures qui vous apporteront la joie ou vous imposeront la souffrance.

Apprenez à reconnaître comment vous êtes arrachés à vous-mêmes et comment vous revenez à vous-mêmes. Familiarisez-vous avec cette idée : tant que vous demeurez établis en vous-mêmes, vous êtes pleinement heureux et, si vous pouvez vous reposer dans ce bonheur comme dans un état de silence, de recueillement, de contemplation, celui-ci s'intensifiera bien au-delà de toute expérience connue. Que de mouvements intérieurs vous empêchent de rester naturellement silencieux, immobiles; que de dynamismes, que de pulsions, que de *vasanas* latentes agissent en vous. Parmi tant d'autres désirs concrets, si divers, puissiez-vous aspirer à ce bonheur qui ne dépend plus de ce que la vie vous donne ou vous refuse : au moins pour l'instant, ici et maintenant, je ne refuse rien, je ne demande rien, je ne projette pas sur l'avenir, je suis là, en moi-même, bien centré. Si c'est le cas, vous ressentez ce sentiment de plénitude désigné par ananda. Si vous éprouvez un manque, si une demande se lève, vous n'êtes plus en paix, vous n'êtes plus satisfaits; il faut une intervention extérieure pour que vous puissiez retourner à cette absence de désir.

Imaginons que vous éprouviez simplement : « j'ai soif ». Remarquez d'abord qu'il serait tout à fait possible d'être établi dans cette plénitude tout en constatant que physiquement vous ressentez une sensation de soif. Il ne suffit pas que la soif se manifeste pour que le sage soit exilé de son propre centre ou de sa propre sérénité. Mais, si vous avez soif, naît, au moins physiquement, une tension qui existe même chez un animal cherchant à se désaltérer. Vous buvez. Votre satisfaction physique est normale et légitime; ne torturez pas votre corps – dans aucun domaine. Je ne parle pas de l'émotion que nous lions, nous, aux sensations : « J'ai soif et c'est pénible d'avoir soif. » Si les circonstances répondent « non, tu ne boiras pas », outre la sensation pénible, vous allez ressentir une émotion. Mais si j'ai soif et que je bois, le désir tombe, je reviens à moi-même. Au moins pour quelques instants, je suis en paix. L'important pour nous, êtres humains, c'est la manière dont nous interprétons ces sensations, ces malaises ou bien-être physiques, c'est-à-dire le jugement que nous portons sur eux et l'émotion qui s'y joint presque inévitablement.

La vie oscille entre de grands bonheurs et de grandes tragédies, entre de petites satisfactions et de petits désagréments. Vous êtes simplement entraînés à gauche, entraînés à droite et, même si les moments prétendument heureux sont intenses, ils demeurent superficiels. L'impression agréable ou pénible que vous ressentez est totalement dépendante; c'est uniquement le reflet en vous de ce jeu de la dualité. Vous demeurez à la périphérie de vous-mêmes, emportés dans un mouvement de balancier qui vous fait basculer de « heureux » à « malheureux », de « malheureux » à « heureux ». Cela ne peut conduire à aucune sagesse, aucun éveil, aucune découverte intérieure.

Ces deux mots célèbres et toujours juxtaposés « sukhadhukha » – bonheur et souffrance – décrivent l'expérience la plus commune de l'homme immergé dans ce que le Bouddhisme appelle sommeil et les hindous ignorance ou aveuglement. Et si nous nous sommes incarnés, c'est parce que nous portions en nous une impulsion très forte à éprouver l'existence dans la dualité. L'être humain ordinaire est mû par la demande d'expérimenter les contraires. Ces dynamismes sont inscrits dans son inconscient. Et un travail approfondi sur l'inconscient – lequel inconscient peut aussi inclure des impressions qui ne viennent pas de cette vie-ci – nous permet même de voir plus clairement la source de ce qui se manifeste à la surface, c'est-à-dire notre besoin de connaître, de goûter, d'éprouver dans la multiplicité. Animés de cette propension, vous voulez vivre des expériences de toutes sortes, ce qui implique, contrairement à ce qu'un examen superficiel pourrait faire croire, que vous avez aussi besoin d'expériences douloureuses.

Des dynamismes vous poussent par exemple à vous punir vous-mêmes. Vous pouvez essayer d'analyser le mécanisme et les causes de ces névroses. Tout le monde a le désir de réussite mais celui-ci peut être contrecarré par une névrose d'échec. Ces idées se trouvent si bien exprimées et prouvées par la psychologie moderne que tout le monde en a au moins un peu entendu parler. De même très nombreux sont ceux qui éprouvent le besoin de faire souffrir, que cette tendance entre ou non dans la catégorie de ce qu'on appelle techniquement sadisme. Que de désirs qui, pour un œil autre que celui d'un psychologue ou d'un gourou, apparaîtraient plus qu'étranges! Pourtant, ces désirs sont bel et bien actifs en vous.

Nous sommes sur terre avec une nécessité intérieure d'expériences dans la dualité. Des hommes ont besoin de prendre des risques et pour finir se tuent à force de tenter l'impossible. Si on les empêchait de commettre ce que les autres qualifient d'imprudence, ils en ressentiraient une grande frustration. Certains ont même besoin d'aller se battre et s'engagent comme mercenaires quitte à se faire tuer dans un combat. Il y a ceux aussi qui ont besoin de détruire. A un jeune délinquant en train de saccager une cabine téléphonique dans la rue, un prêtre qui l'a surpris a demandé : « Mais pourquoi faites-vous cela? » Et il a eu ce cri du cœur : « Parce que je n'ai personne au monde à qui téléphoner. » Pour lui le désir et la souffrance du non-accomplissement avaient pris une forme inversée. Briser une cabine téléphonique détendait une tension insupportable mais ne pouvait apporter qu'un simulacre de détente. Que se passe-t-il dans ce jeu des tensions ou dés pulsions? Chacun, mû par ces mécanismes, agit ou plutôt réagit, se manifeste, s'exprime, écrit, téléphone, supplie, menace, promet, murmure « je t'aime », crie « je te déteste », va, vient, arrive, repart. Certains sont catalogués par les autres comme des saints, d'autres comme des criminels. Mais tous ont été mus par leur recherche plus ou moins habile ou plus ou moins folle du bonheur, de la cessation de la souffrance, grâce à – j'insiste à dessein – la non-tension ou la disparition des tensions. Car l'absence de tension est plénitude et bonheur tandis que toute tension est ressentie comme une souffrance qui doit être dépassée, résolue.

*
* *

Ici intervient la différence entre *bhoga* et *upa bhoga*, correspondant respectivement à « ananda » et à « sukha ».

Si *upa bhoga* représente l'expérience ordinaire, vécue dans le « sommeil », des désirs qui s'accomplissent à nos dépens, *bhoga* est l'appréciation consciente, l'accomplissement délibéré du désir reconnu et assumé. Il faut même tenir compte de l'aspiration profonde à passer par des épreuves cruelles. Nous ne sommes pas d'accord à la surface de nous-mêmes mais, dans la profondeur de notre inconscient, des dynamismes et des tendances cherchent à s'actualiser pour nous plonger dans des situations douloureuses. Nous portons la nécessité d'éprouver la difficulté, c'est inscrit en nous, et ensuite nous en souffrons. Même si nous sommes malheureux et passons notre temps à nous plaindre, nous le voulons puisque nous y revenons, nous le voulons inconsciemment.

Pouvez-vous avoir une expérience réelle et consciente de ces mécanismes? Autrement dit, qu'il s'agisse d'un désir clair, simple, ou d'un désir qui vous paraît déroutant, pouvez-vous admettre la présence de ce désir? Et sentez-vous aussi qu'il vous arrache à ce bonheur qui est votre privilège réel en tant qu'homme, lié au fait même d'être, le bonheur qu'on éprouve dans le silence de la méditation?

Pour l'instant, dans le monde relatif, les désirs se révèlent nombreux et contradictoires et ils vous volent la plénitude. Mais il est fondamental que vous n'essayiez pas de tricher avec ce jeu des désirs, que vous n'essayiez pas de faire semblant d'être plus avancés sur le chemin que vous ne l'êtes, sans pour autant oublier la paix inhérente à l'état libre des désirs qui est celui du sage, l'état profondément heureux que nous cherchons tous et qui vous attend déjà au plus intime de vous-mêmes. Quand certaines d'entre vous me confient qu'elles sont seules dans l'existence, que personne ne les aime, elles sont convaincues qu'elles ne pourront pas être heureuses tant qu'elles n'auront pas trouvé un compagnon.

Bien que l'essence de tous vos désirs quels qu'ils soient revienne toujours à : « je cherche à être heureux »; pourtant, si on vous promettait le bonheur que vous espérez dans cette rencontre sans le compagnon espéré, vous le refuseriez avec véhémence. Une voix très forte crierait en vous : « Non! Non, le bonheur que je réclame je ne peux le trouver que par la découverte de ce compagnon. » Là nous constatons la puissance du mental. Parce qu'en fait, ce que nous voulons c'est le bonheur! Et si nous étions pleinement heureux, l'absence ou la trahison d'un compagnon ne serait plus une souffrance.

Ne quittez pas la réalité d'aujourd'hui. Si le désir recèle une telle intensité sous une forme précise – « Je ne peux être heureuse que si je trouve un compagnon » ou « je ne peux être heureux que si je réussis ce que j'ai entrepris professionnellement » – comment allez-vous vous y prendre? Il y a là une partie à jouer : « Je voudrais bien ne plus être exilé de mon être réel, de ma conscience profonde, par ce jeu d'attraction, de répulsion, donc de tension. Et, tout en tenant compte des désirs, je cherche avant tout le retour, le plus souvent possible, à cette ananda, cette joie calme, paisible qui se révèle quand la tension s'est momentanément dissipée. »

« Bhoga » est l'expérience consciente de ce que vous considérez comme heureux et des situations douloureuses dans lesquelles vous avez réussi à vous plonger parce qu'au plus profond de votre conscience vous vouliez les vivre. Ici et maintenant, je suis dans cette situation et, d'une certaine manière, je suis en train de satisfaire ce désir de souffrir, par exemple le désir de me punir; s'il y a une très forte culpabilité dans l'inconscient, elle prend la forme d'une vasana d'échec, comme s'il fallait rétablir une justice et qu'on n'avait pas le droit d'être heureux! Vous voyez combien la vérité est simple et combien le mental est compliqué.

Si vous ne vivez pas consciemment ces situations, vous ne pourrez pas progresser; si vous vivez consciemment ce jeu des désirs, je vous promets que vous progresserez. Mais souvenez-vous qu'il faut aussi considérer comme désirs les désirs d'échec, les désirs de souffrance, les désirs de punition. « C'est à moi que ça arrive; c'est donc forcément à moi que cela correspond; c'est mon karma personnel. » Vous êtes peut-être trahie par l'homme que vous aimez mais vous n'êtes pas brûlée au napalm dans une guerre civile. Chacun assume un karma différent.

Mais revenons à la situation le plus immédiatement accessible. J'éprouve un désir, quel qu'il soit, grand ou petit. Si je reconnais que ce désir est là, je n'oublie cependant pas qu'il m'exile de mon centre, de ma joie non dépendante (ananda) et ce que je veux, c'est que l'accomplissement de ce désir me ramène à ce centre. Vous éprouvez une tension qui ne disparaît pas par le relâchement, la méditation. Vous avez beau essayer de revenir à vous-mêmes, de considérer que ces désirs sont le jeu d'un monde évanescent et que seul l'éternel est précieux, cela ne suffit pas, bien que vous en soyez relativement convaincus, pour faire disparaître les désirs. Bien! Ne nous affolons pas, ne décidons pas que la sagesse est réservée aux seuls yogis déjà débarrassés de tout désir. Ce désir, je vais tenter de l'accomplir autant et aussi intelligemment que je le peux sans provoquer de catastrophes qu'un peu de bon sens aurait évitées. Mais je prends la peine nécessaire. Tenter d'accomplir ses désirs représente une responsabilité vis-à-vis de soi-même. Au lieu de me contenter de me plaindre, je me donne du mal, je me prends en main, j'agis, j'entreprends, en vue de satisfaire les désirs que j'ai manifestement reconnus en moi.

Vous verrez que, du simple fait de poser un geste, ici et maintenant, la tension disparaîtra momentanément. Vous désirez un accomplissement projeté dans un avenir immédiat ou lointain. Il y a donc insatisfaction et tension. Mais si, ici et maintenant, vous tentez une action qui va dans le sens de ce désir, vous constaterez que la détente se produit momentanément bien que le désir lui-même n'ait pas été assouvi.

Je vais vous donner un exemple. Quand j'avais vingt ans, je rêvais du « grand amour » comme d'autres auraient pu rêver d'une carrière brillante telle que devenir le bras droit du Président de la République ou Chef de Cabinet d'un Ministre. Ce grand amour ne s'était pas présenté et j'en souffrais mais si je faisais quelque chose qui me paraissait aller dans ce sens, j'éprouvais tout de suite une détente. Je me souviens du nombre d'activités que j'ai pu accomplir – et qui n'ont pas été perdues d'ailleurs – avec l'idée que cela allait me préparer à être digne de rencontrer cette jeune fille idéale. De quoi rêve-t-on à vingt ans? De ce qu'on voit dans les films. J'imaginais qu'une femme serait fière d'un homme ayant une certaine allure physique, alors je faisais de la gymnastique pour être plus beau. Je pensais aussi qu'une femme devait souhaiter un homme cultivé; je fréquentais donc les musées, pas seulement pour le plaisir de regarder des œuvres d'art mais aussi dans l'intention de préparer l'avenir. Et, immédiatement, le simple fait d'associer une action à un désir m'apportait la paix. C'est-à-dire que, n'ayant pas plus rencontré le grand amour à midi que je ne l'avais rencontré à huit heures, j'étais pourtant profondément heureux et détendu en sortant de mon musée.

Si vous essayez d'agir en vue de l'accomplissement d'un désir, une détente momentanée se produit. Vous avez accompli ce que vous pouviez accomplir. Vous avez fait ce que vous pouviez faire. Vous vous êtes donné ce que vous pouviez vous donner. La suite, à demain... Ne pas rester inactif dans la tension née de l'insatisfaction et la projection vers le futur est un devoir – je dis bien, un devoir – une exigence sur le chemin : « Ah! *si*... Ah! *quand*... *Si* je pouvais! *Quand* j'aurai... *Quand* la vie... ». Debout. Levez-vous et tentez ce qui vous est possible. Et même si vous n'atteignez pas le but que vous vous étiez fixé (tout jeune comédien ne devient pas une grande vedette), vous aurez, au jour le jour, la satisfaction d'avoir agi, d'avoir fait tout ce qui était en votre pouvoir, et vous vous retrouverez détendus.

***

Le désir est un exil. Il ne vous permet pas de demeurer immobiles en vous-mêmes. Si vous voulez méditer, vous constaterez la pression des associations d'idées; tôt ou tard, vous serez arrachés à cette méditation et la demande réapparaîtra aussi forte. Alors, que pouvez-vous faire pour accomplir ce désir?

Examinez un désir plus circonstancié, moins important que celui de rencontrer le compagnon de votre vie : j'ai envie de voir ce film ce soir, on m'en a parlé, ça m'intéresse. Donc, je mets momentanément mon bonheur dans le fait de voir le film; et, si un contretemps m'empêche d'aller au cinéma, il y a quelque peu souffrance (trouvez un exemple qui soit à peu près probant par rapport à vos propres mécanismes). Pouvez-vous aisément renoncer à voir le film et chercher le succès de votre soirée dans la seule méditation? Après avoir pris de grandes résolutions concernant la séance de 20 heures, pour finir vous irez à la séance de 22 heures! Ce simple désir de voir un film ne vous laisse pas « être ». Un élément adventice se rajoute à « être » : « Il faut que je voie le film. » Bien! Pourquoi ce film-là plutôt qu'un autre? Pourquoi ce soir-là? On vous en a parlé élogieusement et il y a attirance. *Aucun mouvement ne s'avère possible si une attraction ne s'exerce pas.* Être séparé du film qui vous attire est ressenti comme souffrance; être uni à ce qui vous attire est ressenti comme heureux. Vous éprouvez une tension et vous décidez donc d'aller voir le film.

Premier point : je ne gâche pas tout le trajet que je fais pour aller jusqu'à la salle en ne vivant qu'en fonction du film. Ici et maintenant, je suis en train de descendre de chez moi; ici et maintenant, je suis en train de monter dans le métro, je suis en train de faire la queue sur le trottoir, je suis dans la salle, le film n'est pas commencé mais je sais que je suis là et pourquoi j'y suis. Voyez bien, au moment même où vous vivez un événement aussi simple, ce dont est faite votre existence. Je suis venu dans cette salle de cinéma parce que je tiens compte de ce désir mais je n'en suis plus dupe comme autrefois. Je sais que, si ce désir est bien accompli, consciemment unifié, une tension va tomber et que je vais me retrouver tout simplement en moi-même. Et la joie que je vais éprouver ne découle pas exactement du bonheur d'avoir vu le film; c'est la joie qui émane de l'être et se révèle quand une tension a disparu.

Voilà la vraie compréhension nécessaire. Elle ne peut venir que si vous avez la véritable expérience, bhoga, de ce que vous êtes en train de vivre au lieu d'être simplement attiré par le film, de vous précipiter, d'être furieux si la séance est complète et qu'il faut attendre la suivante, de regarder le film : « ça me plaît, c'est merveilleux, je rentre chez moi, quelle belle soirée... ». Ce n'est que sukha, l'opposé de dhukha. Vous n'avez rien vécu vraiment, cela ne peut pas vous faire progresser et le mécanisme de tension qui vous arrache à la plénitude du centre de vous-mêmes se poursuivra indéfiniment. Vous mourrez en proie à ce mécanisme. Et, à en croire les hindous et les bouddhistes, cette poursuite aveugle des désirs va inévitablement continuer à vous obliger à reprendre une autre incarnation en fonction des lois du karma pour expérimenter à nouveau ce que vous avez mal vécu, jusqu'à ce qu'un jour vous le viviez enfin en pleine lumière.

En Inde, on qualifie ces expériences tronquées d'*upa bhoga*, fausse satisfaction, correspondant non pas à ananda mais simplement à sukha : « Ah, c'était réussi! Ah, quel bonheur! Ah, c'est merveilleux! » Et puis? Il n'y a rien de réel dans cette expérience. Vous êtes emportés, identifiés, et vous manquez la véritable détente qui vous ramène à votre propre soi. Cette fausse satisfaction ne fait que mettre de l'huile sur le feu des désirs. Un désir en entraîne un autre, comme une réaction en chaîne. Une fois installé au cinéma, il vous faut absolument un esquimau. Ou vous allez peut-être remarquer à côté de vous un homme très élégamment habillé et vous aurez envie d'avoir la même veste en daim que la sienne. Vous êtes sorti ce soir pour satisfaire un désir de spectacle et voici que le simple fait d'aller au cinéma réactive maintenant en vous une vieille vasana d'élégance. Cinq sièges plus loin une femme assez belle, visiblement seule, ranime certaines rêveries : « Je lui adresse la parole? Non... Si... » Et pour couronner le tout, le film lui-même aura réveillé en vous une série de désirs d'aventure ou de possession, sans parler des publicités de l'entracte dont c'est le but avoué.

Vous allez au cinéma parce qu'une certaine tension ne vous permet pas de reposer dans votre propre plénitude, votre propre ananda; et le simple fait d'aller au cinéma va encore faire naître une dizaine de désirs nouveaux que vous chercherez ou non à accomplir mais qui, de toute façon, vous auront encore exilés de ce complet relâchement de toutes les tensions. Ainsi va la vie : par moments heureux, par moments malheureux. Vous trouvez votre existence tantôt agréable, tantôt pénible, mais elle ne vous apporte aucune expérience réelle. Il s'agit d'une voie sans issue qui ne conduit nulle part, si ce n'est à vieillir et, le moment venu, à mourir.

Tous ces désirs ne disparaîtront pas du jour au lendemain. Vous devez en tenir compte parce que c'est une entreprise dangereuse que de chercher à les nier. Mais, si vous êtes tant soit peu convaincus par la distinction que j'établis entre sukha et ananda, ces deux formes de satisfaction qui diffèrent en qualité, au milieu de tous vos désirs grandira la nostalgie de ce silence intérieur. Vous commencerez à ressentir une réelle aspiration au bonheur non-dépendant : J'ai compris que les désirs représentent une tension et comme je ne peux m'établir et demeurer que dans une situation de détente, cette tension porte en elle la nécessité de se relâcher. Me voilà donc tendu, selon la loi de l'attraction et de la répulsion. Mais je ne suis plus dupe comme je l'ai été si longtemps et je ne crois plus qu'il n'y a rien d'autre pour me conduire au bonheur que la satisfaction des désirs et la tentative d'éviter les événements malheureux ou de les faire cesser le plus vite possible. Je suis toujours à la recherche du bonheur comme je l'ai été depuis ma naissance, mais je n'entreprends plus cette recherche dans la même optique.

*
* *

Si vous n'entendez que le message ultime de l'enseignement, *desirelessness* (absence de désirs), vous n'échapperez pas non plus à votre condition. Comment allez-vous l'atteindre, cette absence de désirs? On ne peut pas dire que la sagesse soit entrée dans votre vie si elle demeure totalement inaccessible pour vous et ne correspond en rien à ce que vous êtes aujourd'hui.

Donc, vous n'êtes vraiment engagés sur le Chemin, ou la Sagesse ne commence à transformer votre vie et votre être, que si, tout en admettant complètement la puissance des désirs, une compréhension nouvelle devient vivante, se confirme, s'affermit au milieu de ces désirs. Vous admettez sans révolte, parce qu'on ne vous demande ni de vous frustrer ni de vous brimer, que le bonheur émane de ce que vous êtes; il se révèle votre vraie réalité. Si vous pouviez demeurer dans cet état de calme, d'intériorisation, ce «parfaitement heureux» s'intensifierait jusqu'à prendre des proportions immenses, infinies, indicibles que vous pouvez appeler divines, surnaturelles, parce qu'elles ne correspondent en rien aux joies et aux plaisirs habituels. Ce bonheur non-dépendant, vous le reconnaîtrez à mesure qu'il grandira en vous à ce critère qu'il ne varie pas au gré des vicissitudes de l'existence.

Comment vous y prendre pour que ce bonheur non-dépendant commence, au moins de temps en temps, à apparaître dans votre vie, vous serve de point d'appui, de référence, vous encourage et vous éclaire? Vous pouvez bien essayer de méditer mais, quand les désirs et les peurs sont encore trop contraignants, vous n'y arrivez pas parce que les pensées, les associations d'idées, les distractions affluent de toutes parts; ou bien vous y parvenez, vous connaissez un état de calme simplement parce que vous êtes déconnectés du mental mais, quand la méditation s'achève, tout recommence comme avant. Et, au bout de quarante ans, l'heure de méditation quotidienne n'aura toujours pas eu raison des

tensions qui resurgissent dans le courant de l'existence;
moins peut-être, car cette méditation créera un certain
courant de paix au cours de la journée, je ne le nie pas, mais
cela ne vous conduira pas vraiment au lâcher prise irréversible.

La méthode consiste à reconnaître les désirs complètement sans aucune tricherie, sans aucune tentative de faire
semblant d'en être déjà libre sans en être dupe et en sachant
qu'il existe une autre issue. Les désirs sont comme des
créanciers. Ceux-ci nous ont prêté de l'argent, nous devons le
leur rendre. Tant que nous ne les avons pas remboursés, ils
nous importunent : « Quand est-ce que tu me rends mes vingt
mille francs? » – « Oui, oui, le 31 du mois, je te le promets. »
Et le 10 du mois suivant le créancier n'ayant rien vu venir,
nous téléphone à nouveau. Le jour où nous avons remboursé
la somme empruntée, nous n'entendons plus parler de lui.
Les désirs sont aussi comparables aux enfants d'une famille
nombreuse qui harcèlent papa et maman : « Dis, papa! Dis! »
Il faut cajoler l'un, regarder le dessin de l'autre, tandis que le
troisième vous explique ce qui s'est passé à l'école. Un père
et une mère doivent tenir compte de tous leurs enfants
jusqu'à ce que ceux-ci, ayant été éduqués, soient mûrs pour
devenir adultes et, sans réclamer l'impossible, sachent prendre par eux-mêmes ce qui leur est offert dans ce vaste
monde, avant de commencer à donner à leur tour. Je cherche
la paix mais les enfants sont là. Je ne peux pas les brimer, les
torturer ni les laisser dépérir comme une fleur qu'on oublie
d'arroser.

Je ne me confonds pas complètement avec ces désirs,
comme l'homme ordinaire qui n'est rien d'autre que ses
désirs et ses peurs. Je reconnais que « je suis » et que les
désirs sont là. Je ne les nie pas et je vois ce que je peux faire.
Soit je tente d'accomplir le désir consciemment pour revenir
à moi-même, réintégrer l'état de non-désir. Soit il ne s'avère
pas nécessaire d'accomplir concrètement le désir pour que
celui-ci me laisse en paix. Un désir satisfait est un désir qui
ne réclame plus. Si le désir revient sans cesse, presque
comme une obsession, d'acheter une voiture de luxe par

exemple, il n'est pas toujours nécessaire d'acquérir la voiture en question pour que le désir soit satisfait. L'intelligence, la *buddhi*, la compréhension, la visualisation de ce que l'accomplissement du désir nous apportera, peut souvent – plus souvent en tout cas que vous ne le croyez – permettre de satisfaire un désir sans l'avoir accompli. Le désir est tombé.

Ne confondons pas les deux mots « satisfaire » et « accomplir ». Le but c'est que le désir cesse de nous perturber – comme le créancier remboursé qui ne se manifeste plus – parfois en l'accomplissant, parfois en trouvant d'autres manières de le satisfaire qui tiennent à la réelle compréhension du jeu de ces désirs. « Est-ce vraiment si important pour moi ? Est-ce fondamental, vital, ou est-ce simplement le mental, avec toutes ses imaginations, qui me convainc que le désir doit absolument être accompli ? »

Ce sur quoi j'insiste, c'est sur le devoir qui vous incombe de tenter de satisfaire vos désirs. Tous les désirs ne sont pas extravagants. Il y a des désirs qui peuvent être accomplis en se donnant un peu de mal. Eh bien, accomplissez-les : « Voilà, je rembourse un créancier, il va me laisser libre. Je donne à un enfant ce qui lui est nécessaire aujourd'hui pour qu'il ne demeure pas un petit être frustré qui ne cesse de réclamer. »

Ces désirs, considérez qu'ils vous sont confiés. Il peut paraître curieux de tenir ce langage bien que cela soit vrai. Vos désirs, c'est à vous qu'ils sont confiés, pas à un autre. Votre *dharma* demande que vous vous en occupiez. Selon la tradition hindoue cela fait partie des quatre grands buts *(purushartha)* de l'existence humaine : *kama, artha dharma, moksha*. *Kama* signifie désir, essentiellement le désir sexuel mais ce terme s'applique ensuite à tous les désirs, ne serait-ce que parce que tous les désirs sont les ramifications du désir sexuel, le plus central de tous, puisqu'il tente de résoudre la dualité par l'union. *Kama*, le désir, est considéré comme un élément fondamental du grand édifice du *dharma* hindou et non comme une faiblesse honteuse dont le sage se détourne. Vient ensuite *artha*, les moyens matériels, finan-

ciers ou autres, nécessaires à l'accomplissement des désirs en
vue de la Libération. Le *dharma* est l'ensemble des lois
justes en harmonie avec lesquelles nous poursuivons nos
buts. Ces lois ne sont pas énoncées pour nous brimer mais
pour nous aider à vivre intelligemment, sans nous mettre en
porte-à-faux avec la réalité, et à satisfaire nos demandes en
tenant compte du contexte dans lequel nous sommes insérés.

Dans ces deux images des créanciers ou des enfants, nous
constatons une certaine dissociation : d'une part moi, d'autre
part mes créanciers qui réclament ou moi et les enfants;
même si je suis « un avec les enfants » parce que je les
accepte complètement tels qu'ils sont, ma dignité intrinsèque
demeure libre, autonome. Même chose avec les désirs; ils
sont là, ils doivent être reconnus et vous commencez à vous
ouvrir, pas seulement intellectuellement mais de tout votre
être, à cette compréhension que la paix et la joie qui
demeurent se trouvent dans la liberté vis-à-vis de nos désirs.
A « sans désirs » je préfère l'expression « libre des désirs »,
car là réside le secret du bonheur non dépendant. Plutôt que
de pouvoir accomplir tous les désirs qui nous passent par la
tête – nous n'y arriverons jamais – le bonheur ultime consiste
à ne plus être soumis au Désir.

Si cette aspiration grandit en vous, la manière dont vous
allez vous situer par rapport aux désirs qui vont continuer à
se manifester va être tout à fait différente. Ce bonheur, vous
comprendrez que vous allez le découvrir en vous-mêmes sans
que cela soit ressenti comme sacrifice ou mortification. Je ne
vous demande pas de renoncer à toutes les merveilles de
l'existence pour avoir droit au Royaume des Cieux ni ne vous
propose une lutte désespérée contre des « tentations » dont on
sort bien rarement vainqueur, même avec l'héroïsme dont
font preuve certains moines. Mais un désir authentique est
né en vous : « Ah, si je pouvais trouver ce bonheur non-
dépendant dont ananda est l'aube! ». Maintenant votre but
est clair et voilà avec quelle compréhension vous allez tenir
compte des désirs qui continuent à lever la tête en vous et à
réclamer.

Cela ne vient pas tout de suite mais le vrai chemin commence quand ce que j'ai dit aujourd'hui devient certain pour vous. Les désirs sont toujours là mais mon plus grand désir, maintenant, ce serait de ne plus avoir de désirs. Vous avez envie de retourner et de demeurer dans ce bonheur non-dépendant. Et c'est avec cette vision nouvelle que vous vous situez face aux désirs qui continuent à monter et à vous arracher de votre centre. Ce n'est plus uniquement la satisfaction des désirs ou la tentative d'échapper à ce que vous craignez qui règne sur vos vies.

Jusque-là, vous n'êtes pas vraiment sur la voie, puisque vous continuez à fonctionner comme tout le monde : « si ce désir est accompli je serai heureux; si je ne peux pas l'accomplir, je serai malheureux! Il n'y a rien d'original en cela. Chacun essaie comme il le peut d'accomplir ses désirs et d'éviter les situations douloureuses. Tout le monde est mû par les trois mécanismes, les trois formes de tensions : s'unir à ce qu'on aime, fuir ce qu'on n'aime pas ou le détruire. C'est la loi de tout être vivant, du ver de terre aux célébrités du xxᵉ siècle que l'on admire autour de nous. Si vous persistez à être mus ainsi, même si vous pratiquez une forme de méditation, même si vous exprimez vos émotions chez un thérapeute, même si vous lisez Krishnamurti ou Ramana Maharshi, où se trouve la différence? Les désirs ne sont plus tout à fait identiques, il s'y mêle des désirs « spirituels » mais en vérité ordinaires : devenir un grand sage – pourquoi pas un grand gourou –, atteindre la Libération sans être le moins du monde prêt à mourir pour renaître. Il ne faut pas se faire d'illusions.

C'est seulement quand vous reconnaissez vos désirs sur fond d'aspiration au non-désir, que le jeu de l'accomplissement des désirs prend tout son sens au lieu d'être une poursuite vaine; vous échappez à *upa bhoga*, la satisfaction tronquée qui ne conduit nulle part, et *le bhoga*, la satisfaction profonde, peut commencer. Là vous accomplirez vraiment le désir, vous ressentirez tout ce qui peut être ressenti; vous vivrez une expérience dans un état de vigilance lucide. Profitez consciemment de l'accomplissement, goûtez-le, savourez-le. Ne vous laissez pas entraîner à vivre mécaniquement un moment agréable, comme passer la soirée au cinéma (ce qui est en effet plus agréable que de se tordre dans son lit avec des coliques néphrétiques). Allez au cinéma, mais allez-y unifiés!

L'accomplissement des désirs devient alors une démarche spirituelle. Tant que subsiste en vous cette idée qu'il y a d'un côté la méditation, Dieu, l'Infini, l'Absolu, l'Atman et de l'autre l'accomplissement profane des désirs qui prouve que vous êtes encore comme tout le monde, le chemin ne s'ouvre à vous que dans le rêve. Oui, bien sûr, je n'imagine pas Ramana Maharshi, l'incarnation parfaite du Sage qui repose dans la plénitude du Soi, tendu vers l'achat d'une Rolls, d'un costume en cachemire, d'une résidence secondaire, ou vers une conquête féminine ou une réussite professionnelle. Mais moi, qu'est-ce que je suis?

Comme si n'avaient de valeur spirituelle que les moments de méditation ou la lecture des Upanishads, ou le « pranam » devant un sage hindou, ou la participation à un rite tibétain... Il est parfois plus important de voir un film que d'aller écouter du grégorien dans un monastère ou de tenter de méditer – et pas seulement « Rencontre avec des hommes remarquables » de Peter Brook sur la jeunesse de Gurdjieff ou « Le Chemin du Soleil » de Zefirelli sur la vie de saint François d'Assise, mais aussi « Il était une fois dans l'Ouest » ou le dernier Christophe Lambert. C'est à cela aussi qu'il est impératif d'arriver : que votre vie entière fasse à vos yeux partie de la voie. Ceci dit et redit, il est évident qu'il y a une manière folle, inconsciente, désordonnée d'être emporté par les désirs, de courir à gauche, à droite, agité, toujours tendu, une manière folle de vouloir, de tenter, d'échouer, qui ne peut en aucun cas se justifier sur le chemin.

*
* *

Dans le complet relâchement de toute tension physique, émotionnelle et mentale, vous réintégrez votre propre nature. Peut-être n'est-ce pas encore le Soi suprême, supra-individuel dont vous pouvez même mettre en cause la réalité, mais au moins vous revenez à votre être essentiel : *svarupa* ou *svabhava*. Il ne s'agit pas encore de l'au-delà de toutes formes, mais au moins de votre propre forme. Si vous comprenez que votre moi réel est un moi heureux, toute la question des désirs et de la recherche du bonheur qui mènent vos vies deviendra claire; vous pourrez agir consciemment, suivre un chemin digne de ce nom, progresser et vous pourrez un jour être libres des désirs, vraiment libres.

Il est tellement plus simple de rentrer en soi-même pour trouver le bonheur que d'aller le chercher je ne sais où. Vous cherchez le bonheur? Mais il est là! *Soyez*! Prenez conscience que vous êtes! Tournez-vous vers le cœur de vous-mêmes, ouvrez-vous à cette béatitude, à cette paix, à cette plénitude qui émanent de l'être. Il n'y a plus de dépendance, il n'y a plus de mauvaise nouvelle ni de bonne nouvelle, plus de contretemps ni de gens qui viennent vous mettre des bâtons dans les roues. Vous êtes enfin libres.

Je sais bien de quoi je parle tout en me souvenant que j'ai mis longtemps à le comprendre. Autrefois mon bonheur était soumis, comme pour tout le monde, à une réponse du Comité des Programmes de Télévision, à la diffusion d'un de mes films en début de soirée, à l'acquisition d'une Land Rover, à la décision d'un contrôleur des contributions, etc. Il fallait toujours quelque chose d'autre qui m'était extérieur pour pouvoir être heureux. Quelle tranquillité de pouvoir reposer dans la paix des profondeurs plutôt que de se battre contre toutes sortes d'événements, d'adversaires, de conditions défavorables!

Et pourtant je sais que le chemin consiste justement à se battre pour tenter d'accomplir ses désirs. Si vous n'êtes pas convaincus, vous n'en sortirez jamais puisque les désirs seront toujours là. La différence réside dans une compréhension nouvelle : J'ai compris le mécanisme du désir, la loi du désir. Ce sont des chaînes d'actions et de réactions qui remontent à la nuit des temps (surtout si vous admettez qu'il puisse y avoir quelque chose avant cette naissance) et qui se perpétuent indéfiniment. « Assez, ça suffit! Ça suffit, suk-

ham-dhukham, heureux-malheureux, je ne peux pas continuer comme cela! Je veux trouver le vrai bonheur. » Et vous
y arriverez car il y a un chemin. Votre bonheur ne sera plus
dépendant.

Alors vous serez libres. Vous pourrez agir. Mais ce ne sera
plus pour échapper à la souffrance d'une tension née d'un
manque. Plus de frustration. Si vous avez soif, buvez; si vous
êtes malades, allez chez le médecin; si vous avez envie de
regarder un coucher de soleil, admirez la beauté du paysage.
Et surtout, n'ayant plus vos propres tensions à faire disparaître, vous aurez une grande disponibilité pour jouer votre
rôle sur cette terre, pour répondre aux demandes des
situations quelles qu'elles soient, que ce soit de saisir
l'extincteur parce qu'un feu a pris quelque part ou que ce
soit de donner votre temps, votre énergie, votre compréhension à d'autres qui, eux, sont encore soumis à cet esclavage
du désir.

Liberté, Libération, qui ne serait pas concerné par ces
deux mots? Qui ne souhaiterait pas être enfin libre?

8

A NOUS DEUX, SOUFFRANCE

Si vous voulez progresser, admettez que vous pouvez entendre une vérité cinquante fois au point de penser la connaître mais sans l'avoir vraiment comprise. Ne confondez pas savoir, connaître et comprendre. La vraie connaissance est une fonction de l'être; on connaît ce que l'on est. Les études scolaires sont avant tout une question de savoir, que ce soit comment on extrait une racine carrée ou quelles étaient les clauses du traité d'Aix-la-Chapelle. Mais ce dont nous parlons ici est à la fois infiniment simple et extrêmement subtil, parce que cela va à l'encontre de nos habitudes mentales.

Et si vous pensez, pour avoir lu un certain nombre de vérités exprimées dans les livres et y avoir cru, que vous les connaissez vraiment, vous vous trompez. Même les vérités simples de l'enseignement, il faut plusieurs années de maturation pour que nous en ayons non plus le savoir, la capacité de les répéter, mais la certitude personnelle. Ceci s'applique à peu près à toutes les paroles importantes que j'ai recueillies de la bouche de Swâmiji et que je peux vous transmettre. Notamment une des plus précieuses, car la plupart des autres s'ordonnent autour d'elle : l'essentiel n'est pas d'acquérir ce qui nous manque – la sagesse, la maîtrise de soi, l'amour universel, la supra-conscience – mais de faire disparaître ce qui est en trop.

Parce que vous avez entendu une parole comme celle-là,

croyez-vous que vous l'avez vraiment comprise? Sûrement pas! Il y a déjà des malentendus possibles sur le sens même des mots. Mais, même si vous ne vous êtes pas trompés sur ce sens, une vérité n'en est pas devenue pour autant votre expérience. Et, je le vois bien en parlant avec les uns et les autres, la mentalité ordinaire récupère ces vérités à mesure qu'elles nous sont dites et nous ramenons ce qu'on nous propose de nouveau à notre expérience habituelle. Il y a – je choisis exprès ce mot vague – quelque chose, psychologiquement, mentalement, émotionnellement, qui est de trop, qui pourrait disparaître, et qui nous empêche de bien comprendre cette parole.

Ce quelque chose, c'est ce qu'on appelle l'égo. Mais même ce mot égo que vous avez entendu si souvent, vous ne sentirez que peu à peu ce qu'il désigne vraiment. En fait, c'est simple, c'est ce qui dit « moi ». Vous en avez le savoir, vous pouvez la répéter sans vous tromper, peut-être même que quelqu'un qui l'entendrait de votre bouche la comprendrait mieux que vous ne la comprenez vous-même, mais vous n'en avez pas encore l'expérience complète, avec votre être entier. Cette expérience, vous ne pouvez la gagner qu'en expérimentant, en voyant. Et il n'y a pas d'autre possibilité de voir ou d'expérimenter que les conditions de l'existence qui vous sont données d'instant en instant. Ne les laissez pas échapper, ne les perdez pas; à chaque instant, tout l'essentiel est présent, la dualité et la non-dualité, l'égo et la possibilité de découvrir le secret de l'égo.

Nous sommes tellement habitués à cet égo que nous ne le voyons pas à l'œuvre. C'est un peu comme la comparaison, si souvent utilisée dans des sens divers et pour des nécessités diverses, de l'homme qui a ses lunettes sur le nez et qui les cherche partout. Je n'ai vraiment compris cet exemple que le jour où je me suis surpris dans cette erreur. Ces lunettes étaient donc ce que j'avais de plus près des yeux, mais je ne les voyais pas. Et l'égo est tellement près, tellement là juste devant nous que nous voyons toujours un peu plus loin que lui et il nous échappe.

Il faut donc que votre vision puisse devenir très intériorisée pour voir vraiment ce qui d'habitude voit, pour sentir ce qui d'habitude sent et pour percevoir ce qui d'habitude perçoit. L'égo est destiné à disparaître parce que ces lunettes-là n'ont absolument rien d'utile. Elles ne nous aident pas à voir mais, bien au contraire, déforment complètement notre vision.

Dans les conditions de l'existence d'un homme ordinaire, qui n'a pratiqué aucune ascèse et qui ne s'est nullement purifié ou transformé intérieurement, toute la vie est vécue à travers cet égo. C'est bien pour cela que je dis qu'il est si proche que nous ne le voyons pas. Et pourtant c'est cet égo que vous devez découvrir à l'œuvre, psychologiquement, mentalement et émotionnellement. C'est l'égo qui entend, qui perçoit, qui ressent, qui apprécie, qui réagit, qui décide, et sans une ascèse rigoureuse, bien menée, persévérante, cet égo ne sera jamais vu, jamais démasqué.

Imaginez qu'on ait placé des lunettes sur les yeux d'un homme et que, depuis l'enfance, il ait pris l'habitude de voir à travers elles sans en soupçonner l'existence, il ne lui viendra pas à l'esprit de les enlever et il poursuivra toute son existence sur le postulat de cet égo sans envisager d'être libre de celui-ci. C'est déjà ardu de le faire disparaître quand on attire notre attention sur sa vanité et son inutilité. Si nous n'avons pas la moindre intention de le faire disparaître ou le moindre soupçon que cet égo existe, il ne sera jamais le moins du monde mis en cause. Et l'intellect seul, la tête seule qui peut vous donner un savoir important et même un savoir technique concrètement utilisable, ne peut pas vous donner l'expérience de l'égo. Vous pouvez lire, sur celui-ci, les œuvres des psychologues, des métaphysiciens, des yogis, c'est lui qui lira, c'est lui qui entendra.

Il est la cause des émotions, il est la cause de la perception dualiste. Aujourd'hui, « qui » sent? l'égo; « qui » perçoit? l'égo; « qui » pense? l'égo; « qui » reçoit les impressions du dehors, « qui » aime ou « qui » n'aime pas? l'égo. La meilleure façon de voir cet égo, ces lunettes si proches de vos yeux qu'elles ne sont pas perceptibles, c'est de voir que « ça vous plaît » ou que « ça ne vous plaît pas », que « ça vous fait plaisir » ou que « ça vous perturbe », c'est-à-dire votre coloration émotionnelle.

Alors, souvenez-vous bien de ce point : le mécanisme mental ou psychologique superfétatoire de l'égo vous est tellement intime que vous ne le voyez plus. Et il faut réussir à le voir en demeurant suffisamment vigilants pour échapper, au moins un peu, au mécanisme que vous voulez observer. Vous pouvez vous poser la question : « Qui ? ». « Qui ? ». Mais, dans ce cas-là, pas le grand QUI SUIS-JE, celui que proposait Ramana Maharshi, ce QUI SUIS-JE auquel la réponse est évidemment le Soi, l'atman, la Conscience suprême. Il faut qu'à cette question QUI la réponse soit justement non pas l'atman mais l'égo, cela même qui doit disparaître. C'est l'égo qui juge, qui refuse, qui apprécie, qui est d'accord, qui n'est pas d'accord. Vous le verrez dans des petits détails, vous commencerez à bien connaître de quoi il s'agit et peu à peu vous pourrez en être libres.

Les mécanismes marqués par la dualité, « favorable ou défavorable », « ça me plaît ou ça ne me plaît pas », représentent 90 % de l'existence. Parlons simplement, au niveau le plus ordinaire : Quand êtes-vous complètement neutres ou quand la réalité vous apparaît-elle complètement neutre ? C'est très rare. Vous aimez ou vous n'aimez pas : un geste que quelqu'un vient de faire, une intonation de voix, l'expression de son visage, la coupe de ses cheveux, le pull-over qu'il porte... Vous aimez ou vous n'aimez pas.

Alors vous pouvez vous poser la question : Qui aime ? Qui n'aime pas ? Qui est content ? Qui est mécontent ? Qui est rassuré ? Qui est inquiet ? Dans des petites circonstances, à n'importe quel moment de la vie. Et voyez-le, voyez-le : QUI, QUI ? C'est cela l'égo. Cet égocentrisme est-il inévitable ? OUI, avec beaucoup de vigilance vous pourriez lui échapper, mais sans vigilance rien n'est possible. Vous oubliez, vous oubliez, vous oubliez... Vous pouvez parler de sagesse à longueur de journée, mais sans vigilance vous ne mettrez rien en pratique.

Il faut donc que vous trouviez des exemples, non dans des conditions extraordinaires, mais dans les situations banales de la vie courante qui sont à votre disposition toute la journée. Vous voilà dans une situation concrète, ici et maintenant – dans le particulier, pas dans le général. Et vous vous voyez réagir. Voilà l'essentiel. Mais cela ne vous paraît pas encore assez grandiose, vous cherchez quelque chose de plus beau, de plus merveilleux, de plus mystérieux et c'est pourtant cette vigilance qui vous conduira à l'extraordinaire.

*
* *

J'ai connu bien des aspirants disciples qui n'ont mis en cause cet égo qu'à certains moments, dans des conditions exceptionnellement intenses. Ils ont peut-être été bouleversés, déchirés, émerveillés, meurtris, mais cela n'a pas été suffisant pour leur donner une compréhension qui imprègne toute leur existence. Et je m'étonnais : « Comment est-il possible d'avoir vécu trente ans en Inde dans un ashram, auprès d'un sage, avec des nuits de veille, des semaines de silence, des jeûnes, des méditations, des répétitions de mantrams et d'être encore capable de tout oublier, de renier ce qui est commun à tous les enseignements *et de refuser à ce point que ce qui est soit, ici et maintenant*? Comment peut-on être, au bout de tant d'années, à ce point mené par le mental, à ce point dans « son » monde et non pas dans « le » monde, à ce point en train de « créer un second » et à ce point prisonnier de soi-même et de ses émotions?.

Je devais être prudent en parlant avec eux pour ne pas les faire réagir, les fâcher, ce qui n'était pas du tout mon intention. Ils avaient retenu tout ce qu'il y a à savoir sur le Védanta, l'hindouisme et les idées qui se diffusent dans les ashrams. Mais ce n'était pas vraiment eux qui me répondaient. Ils illustraient cette parole cruelle de Swâmiji : *Your thoughts are quotations*, « Vos pensées sont des citations ». C'était le Védanta courant ou les idées courantes de l'hindouisme aujourd'hui qui me répondaient à leur place. Malgré trente ans consacrés à l'effacement de l'égo, tous justifiaient leurs émotions comme absolument normales et

naturelles. Tous attendaient que la réalisation du Soi
leur tombe du ciel et que l'Eveil se produise comme un
miracle.

Je commençais à être fort troublé de constater que non
seulement je ne progressais pas mais que les autres autour de
moi ne progressaient pas plus. Dix ans après la mort du
Maharshi je suis allé à Tiruvanamalaï avec une espérance
immense. Dans son célèbre livre, *Search in secrete India*,
« L'Inde secrète », Paul Brunton raconte qu'il passe un mois
auprès du Maharshi et, au bout d'un mois, vit une expérience de samadhi inoubliable qui a fait le succès mondial de
son témoignage. Si un mois sous ce regard magique du
Maharshi a conduit Paul Brunton à une telle réalisation, où
doit mener une année entière auprès du Sage? Et j'ai
rencontré des gens qui, de son vivant, avaient vu le Maharshi
tous les jours, puis avaient vécu dix ans à l'ashram après sa
mort, un ashram encore vibrant de sa présence. Et j'ai été
déçu, effondré même : entre Indiens et Indiens, Européens et
Européens, les « disciples » se jalousaient, se jugeaient, se
critiquaient mutuellement, se laissaient mener par leurs
émotions. Si au bout de vingt ans de Tiruvanamalaï il en est
ainsi, qu'ai-je de plus que ces gens-là? Car on ne pouvait les
taxer de médiocrité. C'étaient au contraire des êtres de
qualité, courageux et sincères. Je commençais à m'inquiéter.

Aujourd'hui, je n'ai rien à perdre, rien à gagner, rien à
protéger, rien à sauvegarder, mais je vous conjure de ne pas
vous tromper. Ce qu'il y a à trouver est simple. Ce n'est pas
parce qu'au lieu de jeûner trois semaines, vous jeûnerez un
mois, ni parce qu'au lieu de passer une journée par semaine
dans le silence absolu, vous en passerez deux, ni même parce
qu'au lieu de répéter mille fois votre mantram, vous le
répéterez dix mille fois que vous changerez. C'est en voyant
avec acuité le mécanisme même de l'égo et de l'émotion,
surpris dans l'instant, juste ici, juste maintenant, que votre
être entier, votre vie entière seront changés. Il n'y a pas
d'autre possibilité que l'instant. Le trajet Paris-Inde en
voiture, dix mille kilomètres – et autrefois il n'y avait pas de

route goudronnée, il s'agissait vraiment d'une aventure – se poursuit de cinq centimètres en cinq centimètres, les cinq centimètres par lesquels le pneu adhère à la route. Le même pneu accroche la rue à Paris, la route entre Téhéran et Meched et la ruelle de Bénarès. Un beau jour, le but est atteint.

Qu'est-ce qui voit? C'est l'égo? Qu'est-ce qui est affecté? C'est l'égo. Et c'est uniquement à l'égo que la vie fait mal.

Chaque instant est une occasion de surprendre l'égo en flagrant délit de séparation entre vous et le réel et, pour commencer, le réel relatif des événements qui se succèdent. Par exemple, aujourd'hui, en parlant avec vous, je tousse. Très important. Très intéressant. Très riche. Tout l'essentiel est inclus là-dedans : je tousse. Or, que se passe-t-il ordinairement? Vous imaginez bien que pour un lecteur des Upanishads qui s'est fait une idée de l'Absolu ou du Brahman, qui cherche « l'au-delà du par-delà de l'au-delà », l'Infini, l'Eternel, le fait de tousser ne présente aucun intérêt. Et voilà où réside l'erreur. Cela ne présente aucun intérêt pour un chercheur spirituel de tousser. L'intéressant serait peut-être d'assister au port de la Coiffe Noire par Karmapa ou de consacrer une nuit à faire le tour de la montagne d'Arunachala en répétant un mantram. Mais tousser, c'est un embêtement et c'est tout.

Non. Pour chacun, il n'y a jamais rien d'autre que votre « ici et maintenant ». Je tousse. Tout le passé, tout le présent et tout le futur, toute la dualité, toute la tragédie humaine sont contenus dans le fait que je tousse ici, aujourd'hui, cet après-midi, en ce moment devant vous. L'eau est la même dans une cuillerée d'eau et dans l'océan Pacifique tout entier, le feu est le même dans la flamme d'une bougie et dans le brasier qui consume une ville entière et toute la tragédie de l'être humain est contenue dans le fait que je tousse cet après-midi. L'essence, le principe, c'est-à-dire l'égo ou la dualité est le même.

Normalement, on n'est pas d'accord pour tousser lorsqu'on doit parler deux heures devant quarante personnes venues de

loin pour vous entendre. Mais QUI n'est pas d'accord? Je
vous en prie, ne l'entendez plus philosophiquement. Je
tousse, je ne suis pas content de tousser, cela ne fait pas
partie du favorable mais du défavorable, de l'heureux mais
du malheureux. C'est simple. Reconnaissez toute l'existence
comme plus ou moins divisée en deux : concave – convexe,
bipolarité, paires d'opposés, les *dvandvas*. Tout a toujours
son contraire. Ici, maintenant, je tousse. Pas la toux d'hier, ni
la toux de cette nuit, ni la toux de ce soir. Regardez les
exemples qui sont les vôtres au moment où chaque exemple
est d'actualité. Ne laissez pas échapper cette occasion, vous
n'avez rien d'autre pour progresser.

Dans la manière de m'exprimer, il faudrait beaucoup de
nuances quant à l'emploi du mot « je ». Si on est libéré de ce
« je », on ne devrait plus employer ce pronom. Mais pour
l'instant, admettez ce mode d'expression. J'ai été, grâce à
Swâmiji, débarrassé du plus terrible fardeau, le fardeau que
nous sommes à nous-mêmes, le fardeau de l'égo, alors que
toutes sortes d'efforts parfois héroïques que j'avais accomplis
ne m'en avaient pas libéré. Cela prouve qu'une ascèse qui,
par moments est dure, même très dure, se révèle très
fructueuse si on mesure les résultats par rapport aux efforts.
Mais surtout, ne laissez plus échapper les petites circonstances quotidiennes essentielles sur le Chemin que nous suivons
ici.

   Il y a quelqu'un ou quelque chose en moi qui perçoit la
toux, qui la perçoit physiquement à travers la sensation « ça
me brûle », qui la conçoit mentalement « c'est la toux ». Mais
y a-t-il ou non réaction émotionnelle? Et, à partir du moment
où il y a le moindre décalage entre ce qui est et ce qui, selon
moi, devrait être, c'est-à-dire « je ne devrais pas tousser », il
n'y a plus de raison pour que ce décalage s'arrête. Il ne cesse
de s'aggraver. Si le feu a pris, il ne cesse de grandir. Mettez
le feu à un tout petit bout du maquis corse pendant l'été, des
hectares et des hectares vont brûler. Le « ça ne devrait pas

être » commence à rendre la situation encore plus pénible, puis le refus du malaise renforce l'attitude négative qui aggrave à son tour l'émotion et ainsi de suite jusqu'à ce que nous ayons réussi à faire un drame d'un phénomène mineur : une toux inopportune.

Il y a chez tous un minimum de conscience de la toux, bien sûr, sans laquelle nul n'aurait l'idée de se renseigner sur un médicament éventuel; mais je vous appelle à une autre conscience, non inféodée aux mécanismes de réaction qui se produisent lorsque vous toussez. Je prends bien conscience que je tousse mais ce n'est plus la même personne en moi ni la même réponse à la question QUI, QUI prend conscience que je tousse? Autrefois c'était l'égo individualisé, aujourd'hui ce n'est plus l'égo. Et vous ne vous débarrasserez de cet égo qu'en l'ayant parfaitement vu à l'œuvre, même dans des exemples simples. Il vous suffit d'une cuillerée d'eau pour connaître la composition de toute l'eau de notre planète et vous savez, avec une cuillerée, ce que c'est que l'eau. Dans un banal échantillon de vie comme dans une crise intense, le même égo est à l'œuvre.

Le fait de tousser comprend à la fois la sensation, la pensée qui reconnaît « je tousse » (et non pas « je vomis » ou « j'ai la diarrhée ») et l'inutile émotion qui qualifie. C'est simple, mais tout est là : QUI qualifie? Nous admettons qu'un enfant qui ne veut pas aller en classe puisse ressentir la toux comme favorable. S'il est malade, on s'occupe de lui, papi et mami viendront lui rendre visite, il deviendra le centre d'intérêt de la famille. Mais normalement un adulte ne qualifie pas de favorable le fait de tousser s'il doit parler pendant deux heures. QUI qualifie de favorable ou de défavorable? Pourquoi cette qualification qui pourrait ne pas intervenir? OUI, il y a toux.

Je vous l'ai dit tout à l'heure : tout le passé et tout le futur sont contenus dans ce cas particulier de l'instant parce que je réfère cette toux à toute l'expérience que j'ai de la toux dans le passé. Ce n'est pas un phénomène absolument nouveau pour moi, comme si pour la première fois de ma vie quelque chose se présente qui ne me soit jamais arrivé. Je viens de toussoter. En soi, cela n'a pas grande importance pour moi mais ce simple fait, ici et maintenant, prend beaucoup plus d'importance que cette petite réaction physiologique si déjà je commence à m'inquiéter : « Si je tousse cette nuit et que je ne dors pas ! » ou, simplement : « Si je n'arrive pas à mener à bien cette réunion, qu'est-ce qui va se passer ? » Je n'ai pas oublié ce que j'étais autrefois. Si je devais faire une conférence – cela m'est arrivé – en ayant envie de tousser, j'étais au supplice.

On s'inquiète et cette inquiétude aggrave encore la situation. Mais QUI ? QUI est au supplice, QUI s'inquiète, QUI trouve terrible de ne pas pouvoir parler, alors que des événements plus tragiques se produisent partout : des gens sont malades, sont accidentés, subissent des épreuves dix fois pires que celle d'un conférencier qui n'arrête pas de tousser malgré son verre d'eau. Ce n'est tout de même pas aussi cruel que d'être blessé, défiguré, ruiné ! QUI souffre ? Le mécanisme même de la souffrance disparaîtra mais il ne disparaîtra que si vous l'avez bien vu. Le conférencier se souvient de toutes les toux de son existence, qu'il a toussé ce matin, hier, qu'il a pris ou n'a pas pris tel médicament. Et parce que se produit à nouveau une sensation de brûlure dans la gorge et les bronches, le mental commence à apprécier une petite réaction physiologique en fonction de tout un passé lointain ou plus récent et projeté sur l'avenir. Tout l'enseignement est contenu dans cette situation banale. Tout le feu est dans la flamme d'une bougie. Demandez-vous, ici et maintenant, comment vous allez utiliser l'instant.

Vous commencez à les voir, cet égo et ce mental, *ahamkar* et *manas*, à les voir vraiment. Et je vous assure qu'une petite toux un peu trop gênante vaut des nuits de prières, de japa, d'ascèses diverses, pourvu que vous arriviez à cerner : voilà le mécanisme faussé, vicieux, que je veux faire disparaître. Et, avec une vigilance suffisante, vous le verrez de plus en plus souvent. La qualification n'est que le refus de la vérité. Vous réussirez à la faire disparaître, par conséquent à voir ce qui se passe quand l'égo s'efface, et vous aurez vu l'essentiel de ce qui peut vous guider jusqu'à ce que la soumission au réel ait imprégné toute votre existence, partout et tout le temps. Les conditions sont plus ou moins difficiles mais, avec une virtuosité suffisante, vous réussirez dans toutes les circonstances le retour à la non-dualité. De toute façon, la difficulté est elle-même créée et appréciée par le mental qui décide que la situation est déchirante alors qu'elle n'est jamais si terrible que le mental nous le dit.

Il faut commencer par le commencement et c'est par le regard sur soi-même que commence la démarche libératrice. Au moment où cela est le plus inopportun, il se présente en vous une propension à tousser. La quinte ne s'est pas encore produite que la condamnation intérieure est déjà prononcée. Vous avez pactisé avec l'égo et le mental, oublié le Chemin, renoncé à mettre en pratique. Vous vous contentez d'être malheureux, de vous débattre, de souffrir, de tenter tant bien que mal de poursuivre votre causerie. Vous avez laissé échapper une opportunité magnifique, pleine d'enseignement. Reprenez-vous, ressaisissez-vous car voilà une précieuse occasion de progresser vers le but. Qui ressent d'une façon subjective, émotionnelle? C'est l'égo. Qui peut voir? C'est le témoin *(sakshin)*, l'aube du Soi. Il y a physiquement une toux et vous constatez que remonte tout de suite le passé : je ne peux pas rester dans le présent.

Certes le passé peut être techniquement utile dans certains cas. Il n'y aurait aucune science, aucun savoir ordinaire si le passé n'avait pas sa valeur pour nous permettre de prévoir l'avenir. Mais *vijnana* n'est pas la connaissance, c'est le savoir, la science dualiste. Ressentant une irritation, vous reconnaissez une trachéite ou une bronchite, vous faites attention à ne pas prendre encore plus froid, vous achetez les médicaments spécifiques et, prévoyant l'éventualité de tousser le soir au cours de votre conférence, vous emportez un flacon de sirop. Ce comportement est indépendant du mécanisme habituel. Ils peuvent se ressembler en apparence mais, fondamentalement, sont tout à fait différents. N'importe quel homme intelligent est capable de ce genre de raisonnement et un sage peut utiliser de façon juste son expérience de l'existence, sa connaissance du passé et sa capacité objective à prévoir l'avenir.

Revenons à l'utilisation du passé par le mental pour quitter le ici et maintenant, s'inquiéter, généraliser, donner plus d'importance aux choses qu'elles n'en ont. Qu'est-ce qui inspire ces cogitations? La crainte. Mais QUI craint? L'égo. Je vous décris, reconnaissez-le, la façon dont vous fonctionnez à longueur d'existence. Vous n'avez qu'à l'appliquer à votre cas particulier à chaque moment. Souvenez-vous de ce que vous avez vécu récemment, hier, ce matin. Prévoyez les occasions qui vont se présenter ce soir, tout à l'heure. Ne les laissez pas échapper.

Quand on ne vit pas consciemment ces situations banales, on ne s'en souvient plus et on ne peut même pas revoir sa journée pour comprendre ce qui s'est passé et comment on s'est laissé abuser. C'est pourtant un travail très fructueux : « Tout à l'heure, j'ai été emporté comme un fétu de paille dans un torrent. A quel moment l'émotion est-elle née? » Mais vous étiez tellement identifiés que vous n'avez rien vu. Et vous ne pouvez pas vous rappeler ce que vous n'avez pas consciemment vécu. En revanche, si vous avez tenté un effort d'adhésion à la réalité, même si vous avez été submergés parce que c'était trop difficile, vous vous souvenez très clairement, tête et cœur, de ce que vous avez ressenti et pensé. Vous pouvez y revenir. Votre tentative vous permet au moins de vous souvenir de votre emportement et c'est déjà beaucoup. Vous pouvez maintenant essayer de comprendre et, la prochaine fois, vous serez plus habiles pour mettre cet enseignement en pratique.

Il faut que vous deveniez des virtuoses de la mise en pratique, des virtuoses du OUI à ce qui est. Si vous voulez regarder, vous allez voir. Swâmiji a dû me dire si souvent : *Arnaud, the way is in the particular, not in the general* : le Chemin n'est pas dans les généralités et la doctrine, mais dans le particulier, dans l'instant. « Maintenant je suis convaincu : il n'y a rien d'autre que cette petite toux, juste ici et maintenant pour vous ouvrir la porte du Royaume des

Cieux et un jour faire de vous un homme ou une femme libre. »

*
* *

Déjà physiquement, le corps n'est pas d'accord pour tousser. Convertissez-vous. Acceptez. Oui, il y a toux! Le corps est marqué par le souvenir de nuits entières passées assis sans arriver à dormir. Et le corps ne dira pas oui mécaniquement. Au cours d'un séjour en Inde, déjà ancien, une nuit j'ai vomi toutes les demi-heures. Quand on a mal au cœur et qu'on vomit une fois, ce n'est pas agréable mais au moins on est soulagé. Mais un quart d'heure après l'envie de vomir reprenait et une demi-heure après les vomissements recommençaient. A la fin, il n'y a plus rien à vomir, que de la bile au goût très amer. L'organisme se tord, secoué de spasmes. Et dans la chambre voisine notre fils Emmanuel, alors âgé de dix ans, se réveille à moitié, m'entend, et croit bon de remarquer : « Et rappelle-toi que c'est uniquement le corps physique qui vomit, l'atman ne vomit pas! » Et il se rendort.

Il avait raison! Et si vous croyez tant soit peu une parole comme celle-là, c'est le moment de s'en souvenir. Je ne discute pas ce qui est, pas de regret, je ne laisserai pas le mental introduire un coin entre la réalité et la conscience de cette réalité. Je dois adhérer sans restriction, passionnément adhérer, de tout mon cœur, à la vérité de ce qui est. C'est un oui absolu. « Je dis oui à quelque chose de pénible », cela ne s'appelle plus dire oui. C'EST, donc je dis OUI. C'EST, *it is*, *asti* en sanscrit, ce qui est, *tattva* en sanscrit hindou, *tathatha* en sanscrit bouddhiste, *isness, thatness, suchness* en anglais. Et « oui », c'est « OUI », un OUI total. Il s'agit bien d'une conversion. Depuis quarante ans, cinquante ans, le corps a pris l'habitude de refuser ce qui lui est pénible. Je convertis ce refus en acceptation. C'est le corps physique qui vomit, ce n'est certainement pas le Soi. Il est possible de faire coexister la sérénité du « témoin » et une expérience pénible pour le corps physique mais qui n'est douloureuse ni émotionnellement ni mentalement.

Donc il y a un premier oui physique : tout le corps est d'accord pour tousser. Mais d'abord, repérez bien ce qui n'est pas immédiatement d'accord, puisque vous n'en êtes pas encore au stade de « l'homme qui dit oui plus vite que ses émotions ». L'ego, vous l'avez sous les yeux. C'est cette façon subjective, personnelle, de prendre un phénomène, en l'occurrence une certaine sensation, que vous interprétez à travers le passé et projetez sur le futur ce qui fait se lever une émotion. Soyez vigilants, éteignez le feu à son début. Un feu a pris, le feu de la qualification par le mental et l'ego. Ensuite, il grandit et ne cesse de grandir. Le mental se nourrit de lui-même. Toutes sortes d'idées noires, de pensées négatives ne font que susciter de nouvelles émotions, de nouvelles perturbations physiologiques. Le dévergondage du mental n'a plus de limites. Il se permet tout, rien ne le gêne, il n'a aucune vergogne, aucune pudeur. Le mental est capable de n'importe quelles divagations qui ne font qu'entretenir l'émotion.

Ce que je vous demande, c'est de cerner tout de suite : « Ça y est, j'ai vu le mécanisme qui pourrait ne pas se produire et s'il n'était pas à l'œuvre tout serait pareil et en même temps tout serait complètement différent. » Tentez-le, tentez-le. La première réaction est encore « Oh, non ! Oh non ? » Ne laissez pas ce non s'affirmer. Transformez tout de suite ce « oh non ! » en OUI.

Tout est dans la qualité de votre oui. Si certains n'ont pas obtenu les résultats qu'ils espéraient, c'est qu'ils n'ont pas compris à quel point ce oui devait être un OUI qui vient du fond du cœur, pas du bout des lèvres.

L'ego, c'est ce qui, en vous, est susceptible de ne pas dire oui à la vérité. L'ego ne vit que du refus. « Je » suis là pour souffrir et ce « moi » qui souffre pourrait s'effacer ; par conséquent, il n'y aurait plus de souffrance. Tout serait changé. Il y aurait bien conscience mais pas de souffrance. La vérité est simple. Si vous espérez vraiment quelque chose d'un peu nouveau, ce n'est pas dans les idées que vous le trouverez mais dans la pratique.

En mettant inconditionnellement en pratique la formule :

« Pas ce qui devrait être mais ce qui est », les émotions se lèvent de moins en moins souvent, elles sont de moins en moins intenses, elles durent de moins en moins longtemps. Mais cette acceptation de ce qui est s'avère parfois au-dessus de vos forces, quelle que soit votre conviction. Une fois encore la souffrance vous étreint. C'est alors cette souffrance qu'il vous est proposé d'accepter, c'est avec cette souffrance que vous pouvez vous situer en non-dualité. Nous allons approfondir ensemble cette deuxième approche

*
* *

Vous l'avez tous lu ou entendu dire souvent, ce n'est pas une idée originale, loin de là : l'obstacle à l'état de liberté intérieure ou de plénitude, à la conscience du Soi, ce sont les peurs et les désirs. Et si vous voulez être libres de vos peurs et de vos désirs, il ne suffit pas d'examiner chacune de ces peurs, chacun de ces désirs, et de voir dans quelle mesure cette peur-là pourrait être rassurée et ce désir-là satisfait et par conséquent vous laisser en paix. Il faut aller plus loin, aller jusqu'à la racine même de la peur et du désir. Bien sûr, ce n'est pas un accomplissement ordinaire, certes pas! La vie de l'homme est menée par les peurs et les désirs. Mais le chemin de la Liberté passe par cette compréhension nouvelle, cette compréhension libératrice de ce que sont LA peur et LE désir.

En ce qui concerne les désirs, ou le désir, essayez de bien voir qu'en fait, aucun désir ne peut être vraiment accompli pour la bonne raison que, si n'intervenaient pas des répressions, des refoulements ou simplement l'expérience de l'existence, si nous écoutons le désir à l'état pur, tout désir est un désir d'absolu. Ce n'est que par l'expérience durement entendue de notre existence, y compris notre existence d'enfant, où la vie nous a beaucoup refusé, que nous nous sommes contentés de désirs relatifs. Fondamentalement, si on est à l'écoute de soi-même, si on essaie de comprendre ce qu'est l'être humain, on voit que tout désir est un désir d'absolu et qu'il n'y a, pour le désir lui-même, aucune raison convaincante de s'arrêter en chemin.

Pourquoi vouloir « un peu »? L'existence nous a amenés à rabattre nos prétentions; mais, en fait, nous ne voulons jamais « un peu ». Si nous voulons, c'est TOUT. Tout ce qu'il y a de plus grand, de plus beau, de plus parfait, de plus magnifique, dans tous les domaines. Et on peut constater aussi, bien que pratiquement ce soit moins important, que tout désir demande sa satisfaction immédiate. C'est uniquement l'expérience de la vie qui nous a appris qu'il fallait parfois attendre. Mais un enfant qui veut quelque chose le veut tout de suite. Pourquoi attendre?

Essayez de le reconnaître pour vous-mêmes, sans cela vous allez perdre beaucoup de temps. La *sadhana* (ascèse) peut durer non seulement vingt ans ou trente ans mais même plusieurs existences, si vous essayez de vous libérer des désirs l'un après l'autre et des peurs l'une après l'autre. Quand on a un peu clarifié la situation en ce qui concerne les désirs et les peurs, on peut commencer à se situer d'une manière nouvelle, en disciple : c'est du désir lui-même que je dois être libre. Je ne dis pas que plus aucun désir ne montera en vous, mais il n'aura pas pouvoir de vous obliger à agir, de vous contraindre à des réactions dont vous aurez ensuite à porter les conséquences.

Et de même pour la peur. Toute peur circonstanciée qui se présente à un moment quelconque et vous fait dire « j'ai peur de ceci ou de cela », a aussi un caractère absolu. C'est la peur de souffrir, c'est tout. Donc, la réalité de l'homme non libéré est fondamentalement très simple : elle se situe entre le désir, qui est le désir de TOUT, tout de suite, et la peur de souffrir, la peur de la souffrance dont nous imaginons qu'elle prendra une forme ou une autre et qui le plus souvent prend une forme inattendue. Voilà ce qui domine vraiment en nous et dont nous ne nous débarrasserons jamais par des moyens ordinaires.

Si vous ne sentez pas qu'il s'agit d'aller jusqu'à la racine, vous n'aboutirez pas au but parce que le chemin sera trop long. A une peur succède une nouvelle peur; quand cela va mieux d'un côté, c'est d'un autre côté que cela va mal et quand on a satisfait un désir, c'est un autre désir qui se manifeste. Vient un jour où vous êtes mûrs pour cette prise de conscience bien plus radicale et qui ne doit pas vous effrayer. Je ne dis rien de terrible; ce que je dis devrait même être entendu joyeusement, comme une promesse de libération et la possibilité de s'établir dans une sécurité inébranlable.

En fait, par les méthodes ordinaires, vous ne pouvez pas aboutir; vous pouvez vivre un grand amour, vous pouvez très bien réussir professionnellement, vous pouvez faire fortune mais vous ne trouverez pas cette paix du cœur et cette sérénité que nous ont promises tous les sages, dans toutes les spiritualités, depuis toujours. Et vous pouvez vous organiser, prendre des précautions, vous ne vous libérerez jamais non plus de cette peur qui demeure latente à l'arrière-plan : « Qu'est-ce qui va m'arriver, quelle nouvelle souffrance vais-je devoir subir? », avec toutes les inquiétudes propres aux uns et aux autres. Vous ne vous libérerez jamais de la peur, même en organisant très habilement votre vie : en mettant de l'argent de côté ou en quittant l'Europe par peur des troubles sociaux ou d'un conflit atomique et en allant vous installer dans un pays plus rassurant, que ce soit le Canada ou l'Australie.

Alors, y a-t-il oui ou non une libération possible? Maintenant, il faut vous poser la question de cette manière-là. Jusqu'à présent, vous vous êtes intéressés, parfois avec courage, à une certaine peur qui vous gâchait l'existence, qui vous rendait la vie impossible. Vous vous êtes intéressés à un certain désir que vous tentiez à tout prix d'accomplir. Vous ne vous êtes pas suffisamment intéressés à *la* peur, la peur au singulier et le désir au singulier. Derrière tous les désirs au pluriel, vous le vérifierez, vous le verrez, il y a LE désir tout court, le désir de tout. C'est ce désir fondamental qui sous-tend et anime tout désir particularisé; et aucun désir – aucun, jamais – ne peut être vraiment accompli parce qu'il y a toujours une demande plus grande derrière celle qui s'exprime. Dès qu'un désir a été accompli, nous nous rendons compte que ce n'est pas suffisant, que nous n'avons pas encore trouvé ce bonheur que nous cherchions. Momentané-

ment, vous avez éprouvé une grande joie mais elle n'est pas
durable.

Donc, plutôt que de dire « les désirs » et « les peurs », je
préfère dire le fait même DU désir et le fait même de LA
peur vous exilent du Soi. Et être établi, résider, demeurer
dans notre être essentiel, c'est être libre du désir au singulier
et libre de la peur au singulier. Réfléchissez, tournez la
question dans tous les sens, examinez-la de tous les points de
vue possibles, vous ne pouvez pas aboutir à une autre
conclusion.

Bien sûr, c'est étonnant à entendre, puisque votre vie est
faite d'insatisfactions, demandes d'une part, craintes de
l'autre. Chaque fois que vous éprouvez une peur particularisée, circonstanciée, essayez de voir « il y a là une manifestation de LA peur. Et quand j'aurai déraciné la peur, je serai
libre une fois pour toutes ». Et dans chaque désir, quel qu'il
soit, sentez : « Il y a là une manifestation DU désir, et quand
j'aurai déraciné le désir, je serai libre une fois pour
toutes ».

Quand je parle du « désir », je ne pense pas en premier
chef au désir sexuel, malgré la place que les considérations
concernant ce désir tiennent dans les différents enseignements; et le mot sanscrit *kama*, qu'on traduit par « désir »
désigne en particulier le désir sexuel. C'est une fonction
importante qui régit toute la nature et qui régit l'être
humain. Il est possible d'être libre aussi de ce désir mais cela
ne doit pas être ressenti comme une frustration ni comme un
prix douloureux à payer pour obtenir la liberté. Quand je
parle du désir — pour l'instant je laisse de côté le désir sexuel
qui existe plus ou moins fort chez les hommes et chez les
femmes, suivant les tempéraments et les périodes de la vie —
je parle de tous les autres désirs d'ordre familial, financier,
professionnel, qui ne répondent pas de la même manière à
une loi biologique avant d'être interprétés par le mental.

Et, bien entendu, ce que nous appelons « les souffrances »
au pluriel, c'est aussi l'expresion de LA souffrance. Et c'est
de la souffrance que vous pouvez être libres et non peu à peu
vous libérer d'une souffrance et puis de nouveau d'une autre

souffrance et puis d'une autre encore. Et c'est la possibilité même de souffrir qui peut être extirpée d'une existence humaine. Voilà une première façon bien concrète de comprendre ce qu'est la Libération. A défaut d'être une approche complète, c'est en tout cas une approche parfaitement exacte, qui ne vous induit pas en erreur et que vous reconnaîtrez comme vraie si un jour cet Eveil intérieur se produit pour vous.

*
* *

Mais en attendant cette liberté, les désirs sont là, les peurs sont là et les souffrances sont là, je le sais bien. Ce que je vous demande simplement, c'est d'oser tenter une nouvelle approche et de ne pas croire que cette nouvelle approche soit réservée uniquement à quelques ascètes ou quelques yogis exceptionnels. Ce passage des mille et une feuilles de l'arbre au tronc unique qui peut être déraciné est même la seule approche possible.

Alors, en tentant cette approche qui vous demande une certaine forme d'intelligence pour comprendre comment vous fonctionnez, voyez ce qui se passe à chaque instant. Je ne parle pas de la souffrance physique, c'est une autre question, je parle de ce qu'on appelle souffrance morale, désespoir, chagrin, peine, inquiétude, angoisse, malaise, appréhension, toutes ces émotions cruelles, pénibles auxquelles les hommes essaient d'échapper tant bien que mal et comme ils peuvent. Chaque fois, reconnaissez : « Bien, voilà une souffrance ». Elle a peut-être des causes inconscientes; elle a aussi une cause apparente : une mauvaise nouvelle, une rupture sentimentale, un deuil, une menace, un désaccord, des difficultés juridiques ou fiscales. Je parle des souffrances terre-à-terre qui font les existences.

Chaque fois, allez plus loin que la souffrance elle-même et l'examen des conditions pénibles que vous voulez modifier, plus loin que la situation à laquelle vous voudriez échapper. Rendez-vous compte : « Voilà, c'est *la* souffrance qui pour moi aujourd'hui, ici, maintenant, se manifeste de cette manière-là. » Si vous pouvez être convaincus de ce que je dis, vous verrez que cela changera quelque chose. Et à travers cet échantillon de souffrance, cette souffrance-ci, c'est la souffrance-tout-court que je peux comprendre. Mais vous n'avez de possibilité de comprendre ce que sont le désir, la peur et la souffrance qu'à travers les échantillons de désir, de peur et de souffrance que l'existence vous apporte.

Donc, quand une souffrance vous étreint, faites face à elle à ces deux niveaux : « Voilà une souffrance particulière, je vois bien à quoi je l'attribue, à quelle crainte, quelle menace, quelle mauvaise nouvelle. Mais je veux aussi comprendre, à travers cet échantillon, l'essence même de la souffrance », le fait qu'il soit possible de souffrir puisque, ne l'oubliez pas, les enseignements dits « spirituels » vous font cette stupéfiante, vraiment stupéfiante promesse qu'on peut être libre du désir, de la peur et de la souffrance, définitivement et une fois pour toutes.

Et je précise : c'est même la seule possibilité d'être libre. Vous ne serez jamais libres des désirs; vous serez libres un beau jour DU désir. Vous ne serez jamais libres des peurs; vous serez libres un beau jour de LA peur. Vous ne serez jamais libres des souffrances, il y en a trop, il y en a tout le temps de nouvelles; vous serez libres de LA souffrance. Sans frustrations, sans vous mutiler, sans faire des sacrifices incompréhensibles avec l'idée qu'ils vous vaudront le Paradis après la mort. Libres! C'est tout. Quelque chose vous tient et vous lâche, la porte de la prison s'ouvre.

Il faut que vous entendiez ce mot « liberté » d'une manière totalement positive; c'est pourquoi je ne dis plus « sans désir » mais « libre du désir ». Si un désir se lève, s'il est tout à fait facile de l'accomplir, pourquoi vous martyriser? A moins que vous n'ayez une raison bien précise, technique elle aussi, pour votre progression, de surseoir à la satisfaction d'un désir. Mais d'une manière générale, si un désir naît et qu'il est possible de le réaliser, pourquoi vous en priver?

En revanche, si le désir ne peut pas être accompli ou, en tout cas, pas immédiatement, il est tout de même heureux que cela ne vous fasse plus souffrir. Si la peur n'est pas rassurée immédiatement, il est tout de même heureux que cette peur puisse disparaître avant même d'avoir été dissipée par le cours des événements. S'il y a souffrance, il est heureux aussi que cette souffrance puisse disparaître même si la cause n'en a pas encore disparu. Il n'y a là aucune frustration ni aucune mortification.

Quand la souffrance est présente, souvenez-vous que cette souffrance, aussi répandue soit-elle, est un phénomène anormal, pathologique, mais que cette maladie peut être guérie. Quelle que soit votre souffrance, quelle que soit la situation, souvenez-vous : un sage, à votre place, exactement dans les mêmes conditions extérieures que les vôtres, ne souffrirait pas.

Tout l'édifice du chemin et de la Libération qui est au bout du chemin repose sur cette simple affirmation. Ne l'oubliez pas. Ne niez pas la souffrance ; vous ne pouvez pas la nier, elle est là. Mais n'en soyez pas dupes non plus en la considérant comme une manifestation inévitable dans les circonstances où vous vous trouvez. Ce fonctionnement que nous appelons techniquement le mental réussit à vous prouver que, dans les situations où vous êtes, on ne peut pas ne pas souffrir. Et c'est à vous d'être plus habiles que le mental.

Sur la base de cette compréhension, essayez de dissocier la situation elle-même, quelle que soit cette situation, et la souffrance. Ou, si vous préférez, dissociez la souffrance et la situation, quelle que soit la souffrance. Il n'y a pas que les souffrances claires, nettes, comme la mort d'un enfant ; il y a toutes les souffrances plus confuses, plus complexes, nées de situations dont nous ne savons pas très précisément en quoi elles consistent, comment elles vont évoluer, ce que nous avons à en craindre. Il y a toutes les souffrances courantes qui font la trame d'une existence ; ne pensez pas uniquement à certaines tragédies qui frappent un être humain deux fois, trois fois au cours de sa vie, mais deux fois, trois fois par jour. Examinez le vaste éventail des souffrances diverses, ce terme recouvrant tout ce qui est pénible, gênant, triste, inquiétant, ennuyeux, cruel, douloureux et dont on voudrait bien se débarrasser.

Je peux vous donner la clé qui ouvre la porte de la prison. Personne ne limera les barreaux de cette prison à votre place; mais on peut vous faire passer une scie, cachée dans une savonnette ou un gâteau comme aux prisonniers de guerre lors du dernier conflit. Et c'est à vous d'utiliser la scie ou la pince à sectionner les barbelés qui vous est donnée. La clé, c'est cette affirmation : il vous est tout à fait possible de dissocier la souffrance elle-même de la situation douloureuse. A part les moments anodins où il ne se passe rien et où vous ne sentez rien, chaque situation que vous vivez contient, soit un élément de désir, soit un élément de peur et, en vérité, les deux à la fois : la peur que le bonheur ne dure pas, le désir qu'un élément rassurant vienne abolir la crainte. Les deux sont liés.

Chaque situation que vous pouvez vivre, est toujours un échantillon de l'émotion douloureuse au singulier ou l'émotion heureuse dont vous avez aussi à être libres si vous voulez trouver la paix stable de la Réalisation intérieure. L'émotion heureuse, à distinguer de la véritable joie, est aussi, chaque fois, un spécimen de l'émotion, une caractéristique de l'être humain non régénéré. Les nombreuses et diverses émotions sont les facettes d'un unique phénomène. Et heureusement, parce que c'est notre chance d'une Libération définitive.

Tout en vous demandant d'être très vigilants lorsque vous êtes emportés par une émotion heureuse, je vais revenir à la souffrance, d'abord parce qu'elle n'est que l'autre face de l'émotion heureuse, ensuite parce qu'on la remarque plus clairement que celle-ci. On peut se tromper sur cette dernière, la confondre avec la vraie joie ou la sérénité et, en cas de bonheur momentané, oublier complètement l'enseignement. Certes, ce n'est pas le moment d'oublier le chemin mais je préfère revenir une fois encore au thème de la souffrance, parce que c'est d'abord dans la souffrance que vous vous souviendrez de l'enseignement.

Quand la souffrance se présente, quand vous êtes en état de souffrance, faites cette distinction : il y a la situation – du moins, la manière dont je la ressens –; il y a l'écho des situations douloureuses similaires dans le passé qui est réveillé en moi, y compris des situations dont le souvenir n'est conservé que dans l'inconscient comme les situations de la toute petite enfance; et il y a la projection du passé sur le futur, c'est-à-dire la peur de continuer à souffrir : je souffre et j'ai peur de souffrir encore ce soir, je m'endors avec l'idée que je vais retrouver ma souffrance au réveil, parce que je vais retrouver au réveil la situation qui me fait souffrir.

Cette situation ne va pas se résoudre miraculeusement pendant la nuit. Cela peut arriver que le courrier du lendemain vous apporte la lettre inespérée vous montrant que la situation s'est transformée mais ce n'est pas courant et cela ne représenterait aucune liberté réelle. Ce que je vous propose, ce ne sont pas seulement des espoirs possibles, mais une certitude. Ou, si vous me permettez de parler très concrètement, je vous propose quelque chose qui « marche » à tous les coups, donc qui a une valeur absolue, donc qui est la seule réponse à ce caractère en vérité absolu de tout désir et de toute peur.

La prochaine fois que vous vous trouverez dans une difficulté quelle qu'elle soit, voyez bien que cela vous est possible, avec un peu de décision, de distinguer la cause de la souffrance et la souffrance. *Et pour l'instant, vous ne vous occupez pas de la cause de la souffrance, vous vous occupez uniquement de la souffrance elle-même.* Une peur n'est pas rassurée, un désir n'est pas satisfait. Chaque malaise, chaque souffrance momentanée, celle du 25 mars à 11 heures du soir ou celle du 10 février à 9 heures du matin a sa grandeur. C'est le témoin de la condition humaine non régénérée, non transformée par un enseignement libérateur. Voilà votre chance de faire une découverte. Comment voulez-vous faire une découverte, quelle qu'elle soit, si on ne vous donne pas le matériau nécessaire? Pouvez-vous mener une recherche sur le cancer si vous n'avez jamais un tissu cancéreux entre les mains? Tout laboratoire de recherche se procure les échantillons qu'il a besoin d'étudier pour découvrir la loi générale. Chaque tissu cancéreux représente pour le chercheur la possibilité de découvrir le secret du cancer une fois pour toutes.

Donc, toute situation dans laquelle vous vous trouvez, au lieu de la voir seulement comme pénible ou affreuse, voyez-la comme un échantillon grandiose – je dis bien, grandiose : « C'est à moi que cela arrive, mais là je suis au cœur de mon esclavage. Tout autre que moi, à ma place, souffrirait ; et tous les hommes souffrent autour de moi – sauf, justement, les sages. »

Que se passe-t-il? La situation crée l'émotion douloureuse. Si cette situation est durable et risque même de durer plusieurs semaines ou plusieurs mois, vous prenez peur en pensant à l'avenir, comme si vous veniez juste de pénétrer dans un tunnel interminable. Et là, vous pouvez déjà intervenir : « Ce futur, je n'y suis pas encore, je ne m'occupe que de ma souffrance immédiate. » Cette émotion douloureuse vous impose les pensées correspondantes. Soyez vigilants, ne soyez pas identifiés à ces pensées, emportés par elles. C'est le moment de mettre l'enseignement en pratique, de « voir ». Voyez, sans jugement, sans vous indigner, que l'émotion vous impose certaines pensées. Si vous voulez penser à autre chose, vous n'y arrivez pas; si vous voulez ne plus penser du tout, vous y arrivez encore moins. Il faudrait vraiment que votre attention soit captivée – le mot est éloquent mais ce n'est pas une forme de liberté – pour que vous puissiez momentanément penser à autre chose. Ce sont des pensées, des malaises récurrents; on oublie pendant une heure, deux heures, puis cela revient. Très souvent, cela revient le soir ou au milieu de la nuit et on se réveille avec, très présente à l'esprit, la situation, l'émotion douloureuse correspondant à la situation et son cortège de pensées.

Et ces pensées nourrissent l'émotion. L'émotion produit d'abord les pensées douloureuses; vous ressassez – cela ne peut pas être autrement pour commencer – ces pensées douloureuses concernant une situation qui existe en effet et que vous ressentez négativement, et ces pensées douloureuses ravivent l'émotion. L'important est d'admettre que la situation pourrait être la même mais que vous pourriez, vous, être libres de la souffrance. L'important, c'est d'être plus habile que les pensées. Je ne dis pas plus fort qu'elles, parce que vous ne devez pas considérer le Chemin comme un combat, mais plus habile que les pensées. C'est ce qu'on appelle généralement la maîtrise de soi ou la maîtrise du mental. Il y a à cet égard des citations connues et bien éloquentes, qui viennent du Bouddha lui-même : « Celui qui est le maître de ses pensées est plus grand que celui qui est maître du monde. »

Voilà la souffrance qui m'étreint, qui m'impose des pensées, lesquelles viennent renforcer la souffrance. Et si je veux progresser dans cet échantillon précis, il faut que j'élimine les pensées. Comment m'y prendre? Il existe un secret pratique.

Je suis sous le coup d'une émotion. Cela vous est arrivé; probablement même, certains d'entre vous sont-ils en ce moment « sous le coup d'une émotion »! Pas forcément parce qu'ils ont brutalement reçu une mauvaise nouvelle hier ou ce matin mais parce qu'ils sont impliqués dans une situation pénible qui traîne en longueur, qui pèse lourd, dont on sait qu'on n'en sera pas sorti demain ni dans huit jours et que, si cela continue comme ça, on y sera encore dans six mois. C'est aussi un type de souffrance. Mais c'est ici et maintenant que je la ressens, cette souffrance; ce qui s'est passé il y a huit jours ne m'importe pas et ce qui se passera simplement demain ou après-demain ne m'importe pas non plus.

Et vous regardez en vous-mêmes. Qu'est-ce que vous allez voir? C'est, comme je viens de le dire, que l'émotion impose des idées noires, des pensées inquiétantes : « Qu'est-ce qu'il faut faire, je n'y arrive plus, c'est trop difficile », avec tout le vocabulaire de l'émotion : « Si, seulement... si seulement il n'avait pas dit ça! Oui, mais il l'a dit... » Ou bien : « Quand? » Et voici l'avenir, le futur, qui vous entraîne au loin. Avec des « si » et des « quand » le mental mène le monde.

Il faut impérativement que vous échappiez à l'obsession

*de ces pensées, puisque ces pensées nourrissent l'émotion,
que l'émotion sécrète à son tour de nouvelles pensées et que
les pensées attisent encore l'émotion. C'est très exactement
un cercle vicieux.*

Que fait-on habituellement quand on veut maîtriser son
mental et qu'on n'est pas un yogi très avancé sur le Chemin?
On essaie de concentrer sa pensée sur un thème donné. Le
mot « concentration », si utilisé, traduit le plus souvent un
terme bien connu du yoga, dharana. Je concentre ma pensée
sur un mantram, j'essaie de ne pas permettre d'autres
pensées que « Seigneur Jésus-Christ, ayez pitié de moi,
pauvre pécheur » si je suis chrétien, ou « Om shri Râm jai
Râm, j'ai jai Râm » si je suis un disciple de Swâmi Ramdas,
ou tout autre mantram. Ou bien, j'essaie de concentrer ma
pensée sur une représentation : je visualise par la puissance
de l'imagination la divinité tantrique Avalokiteshvara, avec
sa posture, ses gestes des mains, ses attributs. Ce sont des
techniques peu usitées en Europe, mais dont vous avez
entendu parler. Ou bien, j'essaie de concentrer mon attention
sur un objet concret : la flamme d'une bougie. Quand vous
ne voulez plus être emportés à gauche et à droite par les
pensées qui s'imposent, vous essayez de trouver un thème sur
lequel vous puissiez vous concentrer.

A cet égard, et je ne vais pas en faire l'énumération
exhaustive, il existe de nombreux supports pour cette concentration. Les chrétiens vous en proposent certains, les
hindous vous en proposent d'autres, les bouddhistes d'autres
encore, mais il s'agit toujours de contrôler le vagabondage
des pensées en accrochant l'attention intellectuelle à un
thème unique.

Eh bien, voici le secret tout simple : sur quoi pouvez-vous
le plus facilement concentrer votre attention pour ne plus
penser lorsque vous souffrez? A la souffrance elle-même!
C'est une manière très concrète de comprendre la parole que
j'ai souvent citée : « Comment échapper à la fournaise de

l'enfer? Sautez dans les flammes là où elles sont les plus hautes! » Lorsque vous vous trouvez dans une situation dite douloureuse, comprenez que la souffrance, elle, est en trop, comme une excroissance inutile. C'est pourquoi j'ai dit tout à l'heure qu'elle était pathologique.

La manifestation la plus claire de la souffrance, c'est le fonctionnement du mental qui s'inquiète, qui rumine, qui se préoccupe de l'avenir, qui répète indéfiniment les mêmes choses. Vous le savez déjà : les commentaires sur la concentration de la pensée ou sur la maîtrise du mental foisonnent. Mais là je vous montre comment certains éléments sont liés. La situation qui vous fait tant souffrir ce soir, cette nuit, c'est d'avoir un trou financier terrible; vous ne pouvez plus emprunter parce que plus personne ne veut vous prêter et vous avez de très grosses dettes à payer. Si d'une manière merveilleuse un notaire vous téléphone en vous avisant que vous avez hérité d'une arrière-grand-tante que vous connaissiez à peine et que vos problèmes financiers sont brusquement résolus, votre émotion disparaît aussitôt, plus de souffrance! Le contrecoup de la souffrance, c'est une joie débordante qui vous emporte elle aussi, parce que vous êtes miraculeusement libérés de cette situation angoissante. Et de cette manière-là, vous ne sortirez jamais de ce que j'ai appelé aujourd'hui « la condition humaine ».

Mais pour l'instant, le miracle ne s'est pas produit; il ne se produit qu'avec vos « si », vos « quand », vos rêves et vos regrets. Vous y êtes jusqu'au cou dans cette souffrance et la situation paraît bien réelle, quelle qu'elle soit. Souvenez-vous alors *que, du simple fait qu'il y a émotion, vous ne voyez plus telle qu'elle est la situation qui vous fait souffrir*. Car voilà aussi un cercle vicieux! La situation me fait souffrir parce que je ne la vois pas telle qu'elle est; mais du fait que je souffre, cela m'empêche de la voir telle qu'elle est. Et je commence à « penser » – d'autres diraient à réfléchir, à raisonner ou à cogiter – mais le mental peut seulement errer, vagabonder ou, en bon français, gamberger. Vous imaginez des solutions qui n'en sont pas, auxquelles vous ne croyez pas vraiment et, finalement, vous abordez les actions concrètes aussi sottement et stupidement que possible, c'est-à-dire menées par l'émotion. Avec cette manière d'agir, les difficultés ne font que s'aggraver, jusqu'à ce que les chaînes de causes et d'effets sur lesquelles vous n'aviez en fait aucun pouvoir finissent par apporter un changement mécanique en attendant la prochaine souffrance. Vous n'allez pas passer votre vie dans une alternance d'émotions heureuses et d'émotions malheureuses!

Donc, me voilà en pleine souffrance. Ce n'est pas la situation qui m'importe, c'est l'émotion. Je ne verrai la situation telle qu'elle est que lorsque l'émotion aura disparu. Cette situation je la conçois à travers des pensées diverses qui m'assaillent et, vous le remarquerez, qui répètent toujours la même chose jour après jour et nuit après nuit tant que les conditions n'ont pas enfin changé. Il faut que j'échappe aux pensées. Tous les maîtres le disent et je commence à me rendre compte par moi-même que ce sont ces pensées qui ravivent l'émotion; donc, il faut que je pense à autre chose. J'essaie de concentrer ma pensée sur la flamme d'une bougie; cela dure deux minutes et puis l'idée de la situation douloureuse me harcèle à nouveau.

Que pourrais-je bien prendre comme thème de concentration de mon attention pour ne plus penser quand je suis sous le coup d'une émotion? Je vous ai donné le secret : l'émotion elle-même, autrement dit, la souffrance. Et vous concentrerez tout votre intérêt dans la souffrance en tant que souffrance; provisoirement, vous ne vous occupez plus de la situation. Si certaines situations demandent d'agir tout de suite, comme une phrase terrible dite au téléphone et à laquelle il faut bien répondre quelque chose, la plupart des situations – contrairement à ce que va vous dire ce menteur de mental – n'exigent pas une action immédiate; vous avez deux heures ou deux jours devant vous. Oui! C'est le mental qui vit dans l'impatience : il faut tout de suite, tout de suite, faire quelque chose!

J'ai un peu de temps devant moi. Vous avez d'autant plus de temps devant vous que beaucoup d'émotions pénibles se manifestent avec une acuité la nuit et vous réveillent; vous regardez l'heure : une heure du matin! Encore, si c'était six heures et demie, vous pourriez décider de vous lever mais qu'allez-vous faire à une heure du matin? Téléphoner? Prendre votre voiture et vous précipiter chez « elle » (ou « lui »)? Allons...

Vous concentrez tout votre intérêt dans la souffrance elle-même pour la ressentir, la connaître, la vivre consciemment, l'apprécier, en avoir l'expérience. Et vous allez faire cette extraordinaire découverte : il est très facile de se concentrer dans l'émotion douloureuse et, du coup, de ne plus penser. Vous ressentirez donc l'émotion en tant qu'émotion, la souffrance en tant que souffrance, mais il n'y aura plus les pensées. Et c'est le but à atteindre coûte que coûte.

Toute votre attention se passionne pour l'échantillon de souffrance que vous êtes en train de vivre. Je ne m'occupe pas de la situation, je ne répète pas indéfiniment : « si seulement ma sœur n'avait pas téléphoné! » ou bien : « bon, je vais écrire... Non, il ne faut pas écrire, je vais téléphoner dès demain. Non, il ne faut pas téléphoner, il vaut mieux y aller... » Et puis? Combien de temps va durer ce mécanisme aberrant de la pensée?

Vous vous concentrez dans l'émotion et vous ne pensez plus. Vous verrez que je ne vous mens pas. Plus de pensées ; la tête est uniquement occupée à ressentir l'émotion et comme celle-ci s'impose, il est beaucoup plus facile de se concentrer sur elle que sur la flamme d'une bougie ou la visualisation d'une Divinité tantrique, tentative de concentration à laquelle l'émotion vous arrache en vous ramenant sans merci à la situation douloureuse. Si vous vous concentrez directement dans l'émotion, que peut faire l'émotion pour détourner votre attention? Elle n'a plus à vous distraire de votre concentration sur un thème étranger : toute votre attention, vous la lui avez déjà donnée. Donc, vous ne pensez plus.

Ne pensant plus, vous ne nourrissez plus l'émotion douloureuse par vos idées noires et vos cogitations. Moralité : du fait qu'il n'y a plus de pensées, l'émotion s'apaise peu à peu, comme un feu qui brûle mais dans lequel on ne rajoute pas de bois : les bûches se consument puis le feu s'éteint. La situation est toujours là, telle quelle, mais l'émotion a diminué ou a même disparu. Cela vous donne la preuve que l'émotion peut être dissociée de la situation douloureuse.

Quand l'émotion a disparu, vous revenez à l'appréciation de la situation. Bon, alors maintenant, qu'est-ce que je fais? Réfléchir à la situation fait de nouveau lever l'émotion, mais un peu ou même beaucoup moins intensément. Vous refaites le même exercice, la même pratique. Bien, je me concentre de nouveau dans l'émotion, je ne « pense » plus, je ne suis plus victime de pensées douloureuses qui me torturent. Et l'émotion qui avait peut-être mis une heure à disparaître ne met plus qu'un quart d'heure à se dissiper. Vous voilà de nouveau calme. Il suffit d'un échantillon, un seul, de souffrance pour faire cette découverte fondamentale : il est possible de disjoindre la situation et l'état intérieur. C'est une expérience inoubliable; toute la souffrance vient de cette non-dissociation et toute la libération vient de cette dissociation.

Découvrez par vous-mêmes cette étonnante vérité. Vous avez vécu jusqu'ici sur une conviction erronée : la conviction que les situations douloureuses font inévitablement souffrir. Il faut bien que vous sortiez des petites recettes habituelles, connues, et qui ne mènent pas bien loin, ou de votre obsession de la psychanalyse et de la psychothérapie. Même si vous faisiez la plus belle des thérapies primales et que le Docteur Janov vous cite en exemple dans son prochain livre, votre problème ne serait pas résolu pour autant. Le problème fondamental de LA souffrance, au singulier, ne serait pas résolu. Vous auriez simplement gagné une amélioration dans certains domaines de votre vie. C'est déjà appréciable mais, si nous ne parlons certes pas contre les psychothérapies, nous parlons d'une autre démarche qui est l'enseignement fondamental de la Sagesse.

Personne ne peut faire pour vous ce que je vous propose. Je vous procure la lime; c'est à vous de limer les barreaux de la prison. Je vous donne la pioche; c'est à vous de creuser sous les barbelés un tunnel souterrain. Et j'ai essayé de décrire cette expérience nouvelle aussi concrètement que possible, en m'appuyant sur le souvenir de ma propre mise en pratique, même si voilà bien des années que les souffrances ont disparu de mon existence alors que les situations qui, autrefois, m'eussent semblé douloureuses ou pénibles se présentent toujours. Ne tenons pas compte, si vous voulez, des pires tragédies – encore que la vérité soit toujours la vérité et que ce dont je parle s'applique aussi aux pires tragédies – mais envisageons toutes les situations cruelles, inquiétantes, dont on voudrait tant qu'elles ne se produisent pas ou qu'elles disparaissent. Je peux vous assurer que si je regardais mon existence actuelle de la manière dont je fonctionnais autrefois, je ne dormirais pas la nuit à force de soucis et d'inquiétude ! Je fonctionnais autrefois comme ceux qui me font inlassablement part de leurs souffrances et qui essaient de vivre tant bien que mal, au jour le jour, au lieu de percer une fois pour toutes le secret de la souffrance. A travers tout échantillon, vous pouvez découvrir ce secret. Peut-être un seul échantillon ne suffira-t-il pas, mais il n'en faut pas des centaines ; bien vécus, il en faut des dizaines mais pas des centaines. Et la vie vous en offre, sinon à longueur de journée, du moins à longueur de semaine.

***

J'espère que vous avez bien entendu ce que j'ai essayé de vous transmettre simplement, que vous ne l'oublierez pas et que vous le mettrez en pratique loin d'ici. Vous vous trouverez peut-être seuls à trois heures du matin dans votre chambre, réveillés avec le cœur qui gémit et la tête qui s'affole, mais j'espère que vous vous souviendrez : « Ne retombons pas dans les mécanismes habituels. Il m'a été dit quelque chose que tout le monde n'a pas entendu, que tout le monde ne connaît pas : premièrement la situation pourrait exister sans l'émotion, ce qui me permettrait de voir la situation d'une manière totalement différente ; sans l'émotion, je verrais qu'il n'y a pas de quoi souffrir, qu'il n'y a pas

de quoi s'inquiéter. C'est l'émotion qui me montre la
situation comme si douloureuse. Deuxièmement, l'émotion
m'impose tel type de pensées. Troisièmement, ces pensées
réactivent l'émotion; donc, c'est le moment d'échapper à la
ronde folle des pensées et de mettre en pratique. » Et là, je
vous ai donné une clé : du fait que vous concentrez tout votre
intérêt sur l'émotion elle-même, celle-ci n'est plus là pour
vous détourner de votre concentration. L'émotion est com-
blée puisqu'elle a réussi à accaparer tout votre intérêt. Et, du
coup, vous ne pensez plus; vous ressentez seulement. Votre
tête elle-même est occupée à ressentir l'émotion.

Bien entendu, ce n'est possible que sur la base du « oui à
ce qui est » et de l'adhésion à la réalité. Vous êtes *advaïta,*
« non deux », ici et maintenant. L'émotion n'étant plus
nourrie par les pensées, s'est dissipée. Et je me rendors
tranquillement. Ou bien je profite de ce que je suis calme
pour revoir la situation. Qu'est-ce que je fais? Comment
vais-je agir? Revoir la situation fait se lever une fois encore
l'émotion douloureuse. Je recommence le même travail, sans
discuter et sans me décourager. Ce qui m'a demandé une
heure tout à l'heure ne me demande plus qu'un quart
d'heure et me revoilà paisible.

Tant et si bien que vous arriverez à « voir » la situation
sans émotion. Vous ne serez pas libres en une seule fois; il
faut s'exercer. Nous savons bien qu'il n'y a aucun accomplissement humain sans pratique. Voilà à quoi vous pouvez
vous exercer, qui donnera des résultats réellement libéra-
teurs et qui gravera en vous de nouvelles convictions. Et
surtout, vous arriverez vous-mêmes à cette conclusion dont
vous n'êtes pas encore certains vous-mêmes : il est possible
de ne plus souffrir dans les situations dites « douloureuses ».

La situation douloureuse, envisagée sans l'émotion de
souffrance, ne se présente plus comme elle s'est présentée
pour vous jusqu'à présent. C'est aussi clair et précis que
d'enlever une paire de lunettes à verres déformants, image
bien connue. Jusqu'à présent, vous avez vécu les situations
dites « douloureuses » à travers une émotion de souffrance.

C'est comme si vous aviez vécu toutes ces situations avec des verres colorés. Et pour la première fois, vous vivez une situation dans sa vérité non déformée. « Cela ne correspond plus à ce dont j'étais certain. » Eh oui! Le mental a une certitude, les sages ont la certitude inverse. Qui va gagner en vous? La sagesse ou le mental?

La sagesse a une certitude et votre mental en a une autre. Et ces deux certitudes sont diamétralement opposées. Ce n'est pas un réajustement, c'est un retournement complet. Les deux points de vue sont contradictoires. Seulement, l'un des points de vue vous établit au cœur de ce Royaume des Cieux qui est au-dedans de vous, et l'autre point de vue vous maintient dans une vie chaotique, ballottée, insatisfaisante, même s'il y a des joies et des succès.

Je ne nie pas qu'il y ait aussi des moments heureux dans les existences. Mais je parle d'un bonheur stable, inébranlable, définitif, éternel et qui ne vous interdit ni de vous réjouir avec ceux qui se réjouissent ni de compatir avec ceux qui souffrent, qui ne vous interdit même pas de constater que vous préférez le vin de Bordeaux au vin de Bourgogne. Il n'y a rien de morbide dans ce que nous offre la Sagesse. Elle nous propose seulement la liberté, celle dont nous avons besoin pour être heureux, en paix. Si l'on vous fait choisir entre deux vins et que vous choisissez celui que vous préférez, pourquoi pas? Le jour où vous n'aurez rien d'autre à boire qu'une boisson imbuvable, il sera bien temps de mettre l'enseignement en pratique et de dire oui à ce qui est.

Mais il faut que vous entendiez encore ceci. Jusqu'à présent, vous avez écouté ce que j'ai pu dire et ce que d'autres disent à travers l'écran des vieilles expériences et en étant persuadés que tout ceci est très beau mais que ce n'est pas vrai. La conviction enracinée dans votre être affirme, proclame, répète que les situations douloureuses font souffrir, un point c'est tout. Ce qui est dit ici contredit trop radicalement l'expérience gravée en vous. Vous n'y croirez qu'après avoir fait l'expérience, ne serait-ce qu'une fois. Une fois suffit.

Mettez en pratique dès la prochaine situation difficile dans laquelle vous vous trouverez, quelle qu'elle soit. Ne tolérez pas les pensées qui affirment que c'est trop difficile dans cette crise professionnelle angoissante ou cette trahison amoureuse si cruelle. Ou que vous seriez fidèles à cet enseignement dans une situation ponctuelle – la douleur d'avoir brisé un objet que vous trouviez si beau et que vous aviez payé si cher à la Salle des Ventes – mais que c'est « trop dur » s'il s'agit d'une situation longue, qui dure depuis des années et qui, selon vous, n'est pas près de se régler.

Quelle erreur! Cette situation longue qui dure depuis des années et qui, selon vous va durer des années encore, c'est ici et maintenant que vous en souffrez. Les souffrances passées ne sont plus et les souffrances à venir n'existent que dans votre imagination. Il n'y a donc pas d'exception à ce que je vous propose; s'il y avait une seule exception, tout l'édifice de la sagesse s'écroulerait et aucune libération ne serait possible.

Ici et maintenant : avant tout, ne pas penser, ne plus tenir compte de la situation; pour ne plus penser, concentrer l'attention dans la souffrance. Et vous faites une découverte, une découverte de dissociation, une découverte de liberté. Si vous mettez vraiment en pratique, la transformation totale de vous-mêmes, donc de votre existence, peut s'accomplir en deux ou trois ans. Et je ne vois pas quelle autre mise en pratique directe et vraiment efficace je peux vous proposer que celle-ci. Alors, vous allez faire LA découverte. A travers un échantillon, vous ferez la découverte qui concerne toute souffrance. Et comme toute souffrance est liée à un désir et à une peur, inévitablement, vous découvrirez l'essence même du désir et l'essence même de la peur.

Ne pas rassurer une peur est souffrance; ne pas satisfaire un désir est souffrance. En découvrant, dans une situation donnée, la possibilité de ne plus souffrir, vous découvrez qu'il est possible de ne plus souffrir même si un désir n'est

A NOUS DEUX SOUFFRANCE   215

pas accompli. Et vous découvrez qu'il est possible de ne plus
souffrir même si une peur n'est pas rassurée, en ce sens que
la menace plane toujours à l'horizon, que votre ennemi par
exemple continue à dire partout du mal de vous. Le
« secret », dans la mesure où c'est difficile à entendre, réside
dans ce passage du pluriel au singulier : les désirs, le désir. Il
consiste à comprendre que tout est contenu dans un « échantillon ». Vous analysez une cuillerée d'eau : H_2O. Terminé!
Vous n'avez pas besoin d'analyser des milliers de litres d'eau
pour en connaître la formule. Chaque échantillon d'existence
un peu intense contient à lui tout seul le secret de la
servitude et de l'émancipation. La bibliothèque entière d'un
monastère bouddhiste est implicitement contenue dans chaque échantillon de votre existence, quelle que soit cette
existence, du moment qu'ici et maintenant vous ressentez
quelque chose.

Et ainsi vous pouvez progresser vite et vous pouvez
vérifier par vous-mêmes la véracité de ce qu'enseignent les
sages sur la découverte libératrice et la possibilité d'un éveil.
Puisque vous avez découvert la méthode, il n'y a plus qu'à
l'utiliser chaque fois, ce qui deviendra de plus en plus facile
parce que votre conviction sera de plus en plus grande. Au
début, c'est dur. Il vous faudra être courageux, peut-être
héroïques. Vous aurez à lutter pied à pied : « Je souffre,
j'essaie de me concentrer dans la souffrance, mais le résultat
promis ne se produit pas. » Bien sûr, cette nouvelle attitude
est tellement inhabituelle que cela ne « marchera » probablement pas tout de suite. « Je me décourage, je suis de nouveau
pris par les pensées, les idées noires »; votre cœur gémit,
votre cœur saigne, l'enfant en vous appelle « au secours » un
papa fort et solide, une maman aimante et consolante. Peu à
peu, cette démarche devient de plus en plus facile. Vous êtes
imprégnés d'une espérance, pas d'un espoir : « Oh! si seulement...! » Non. D'une espérance, l'espérance que les grandes
promesses se réaliseront pour vous, l'espérance de ne plus
être prisonniers, l'espérance de vivre « dans le monde sans
être de ce monde », l'espérance que les situations n'auront
plus le pouvoir de vous imposer leur loi, celle de l'émotion,

des pensées correspondantes et, par conséquent, des réactions correspondantes.

J'aimerais que des centaines de pages de livres puissent se condenser pour vous en une attitude simple dont vous soyez suffisamment convaincus pour persévérer. Dès que ça marche mal, si le simple fait de dire « oui » du bout des lèvres ne produit pas un miracle, il ne faut pas vous décourager. Il s'agit d'une action très particulière, celle du disciple qui comprend ce qu'il y a de grandiose dans un échantillon d'existence. Et l'échantillon, ce n'est pas mystérieux, c'est la situation dans laquelle vous êtes momentanément plongés quelle qu'en soit la forme.

Qu'est-ce qui va se passer? D'abord, avant même d'être arrivés au bout du Chemin, cette espérance va devenir l'élément dominant de votre vie. Ce n'est pas seulement : « Arnaud dit que... ». C'est vous, chacun de vous qui peut dire : « maintenant, c'est moi qui en suis sûr ». Il n'y a plus de vie monotone, il n'y a plus de vie fastidieuse, il n'y a plus de métro-boulot-dodo, il n'y a plus de frustration. Vous êtes tous engagés dans une aventure passionnante : celle de la Libération.

C'est l'aventure la plus exaltante, la plus gratifiante. J'ai vécu l'aventure du voyage, de l'exploration même, l'aventure professionnelle, l'aventure amoureuse. J'ai connu à la fois l'aspect douloureux de l'existence à différents âges et sous différents aspects et j'ai connu aussi l'aspect heureux. J'ai vraiment eu, au moins pendant quelques années, une vie très riche où à peu près tous mes rêves se sont réalisés. Quand je vous dis : c'est l'aventure qui peut le plus vous combler, je sais bien de quoi je parle.

*
**

Si vous faites ce que je vous ai proposé, vous allez très vite vérifier que le monde demeurant « le monde », le monde dans lequel, vous, vous vivez, n'est plus du tout le même; ce n'est plus un monde de peurs, de frustrations, de conflits. Vous allez avoir la preuve de cette dissociation possible. Encore des situations, qui sont ce qu'elles sont, mais vous, vous avez changé. C'est beaucoup plus important que le changement du monde. Tant mieux si l'inflation baisse, si le chômage diminue; et tant mieux si les autres, loin de nous, souffrent moins, s'il y a moins de faim dans le Tiers Monde, moins de combats des grandes puissances par petits peuples interposés, moins de villages détruits au napalm en Afrique ou en Asie, tant mieux, tant mieux, tant mieux! Si vous pouvez faire quelque chose pour diminuer la souffrance dans le monde, faites-le, donnez votre temps, votre énergie, votre argent.

Mais il y a longtemps qu'on rêve de ce monde transformé et on ne l'a pas encore vu, ni en Russie Soviétique, ni dans l'Amérique capitaliste. Le monde sera toujours « le monde ». Il y aura toujours des gens pour vous créer des difficultés, des gens simplement emportés par leur mental et leurs émotions. Mais vous, vous vivrez « dans ce monde sans être de ce monde »; autrement dit, vous vivrez comme tout le monde et pourtant, vous vivrez dans un autre monde. Dans un monde où il n'y a plus de gens méchants, mais seulement des êtres qui souffrent; dans un monde qui est en fait le monde réel mais qui n'est pas celui dans lequel vivent les autres ni dans lequel vous avez vécu jusqu'à aujourd'hui.

Par la mise en pratique que je vous propose, vous allez vérifier ce que je promets aujourd'hui; car vous aurez accès à l'essence même de la condition humaine. Un jour viendra où vous serez suffisamment convaincus pour qu'une « métanoïa » s'opère à l'intérieur de vous, un retournement, une conversion. Le mental, l'ancienne vision, a définitivement abandonné la place et maintenant c'est le gourou intérieur qui s'est établi en vous. Il vous sera devenu impossible de ne pas mettre en pratique, d'oublier de mettre en pratique. Alors qu'aujourd'hui, tous les mécanismes du mental, je le sais bien, jouent encore contre cette mise en pratique.

Le mental ne pourra plus vous imposer sa vision mensongère. Le moment le plus grand de toute votre existence est la découverte qu'il y a une issue, parce que vous avez découvert le secret du désir, de la peur et de la souffrance au singulier.

J'ai envie de dire – mais ne l'entendez pas comme une boutade – « C'est tellement affreux de souffrir ! » A quoi vous allez répondre : « Je le sais bien ! » Vous n'en êtes pas assez convaincus. C'est affreux de souffrir, c'est affreux que les situations aient plein pouvoir pour nous faire mal, que la vie puisse jouer avec nous comme un chat s'amuse avec une souris, la relâche et la rattrape. C'est affreux de souffrir, c'est horrible.

Et c'est possible de ne plus souffrir.

Ne pensez pas seulement aux grandes tragédies. Pensez à toutes les souffrances qui s'accumulent parce qu'il arrive que vous ayez à la fois un problème avec la maladresse du cousin dont la parole ce soir-là a des répercussions en chaîne, un problème avec la scolarité des enfants, plus un problème de santé, un problème conjugal ou avec votre amant, sans que ce soit des tragédies que tout le monde reconnaîtra comme vraiment atroces telles que de voir mourir son enfant sous ses yeux. La vie est souffrance. C'est affreux mais c'est fondé sur un aveuglement, un faux mécanisme, une fausse conviction qui est celle du mental.

Quand cette espérance est née en vous, vous ne pouvez plus ne pas mettre en pratique. Si vous savez nager et que vous tombez à l'eau, vous nagez ; celui qui sait nager ne se noie plus.

Cela aura d'abord comme effet de changer votre être. L'être d'un homme qui ne peut plus souffrir est tout différent de l'être d'un homme qui souffre dès que cela va mal. Votre être changeant, votre action va changer. Elle ne sera plus une réaction née de votre aveuglement émotionnel mais une action née de votre vision pacifiée, détendue, une action juste ou, si besoin est, une absence d'action. N'accomplissant plus ces actions inutiles par lesquelles vous envenimez les situations, vous économiserez beaucoup d'énergie et supprimerez bien des conséquences fâcheuses. Et vous vivrez dans un climat de certitude.

C'est un point essentiel, lié à tous les autres. Les certitudes

au pluriel, le mental n'en a jamais; la *buddhi* peut en avoir.
Vous avez des certitudes dans des domaines techniques,
scientifiques, qui sont les vôtres; sans certitudes on n'aurait
pas envoyé des hommes dans la lune et on ne les aurait pas
ramenés sur la terre. Je ne parle pas de ces certitudes
scientifiques ou techniques dans lesquelles le mental ne joue
aucun rôle. Je parle des circonstances de vos vies, des
situations existentielles dans lesquelles le mental règne en
maître. Il n'y a pas de certitude mais des fausses certitudes
dans lesquelles vous ne pouvez pas être unifiés parce qu'une
part de vous sait bien que les affirmations du mental ne sont
pas véridiques. Alors, vous vivez dans un monde inquiétant
parce que vous ne pouvez pas être sûrs de vous, ou très
relativement. « Oh, je suis bien sûr que si je ferme le
radiateur, dans quelque temps il fera moins chaud dans la
pièce », mais dans des situations plus complexes, vous n'êtes
pas sûrs de vous. Vous ne savez pas vraiment quelle action il
faut accomplir et quelle action il ne faut pas accomplir;
donc, vous ne vivez pas établis dans LA certitude au
singulier.

Les certitudes, il y en a que vous n'aurez jamais, même
libérés. Le Sage est tout à fait capable de dire « je ne sais
pas ». On a même énoncé cette parole : « Le Sage est celui
qui sait qu'il ne sait pas. » Toutes les fausses certitudes du
mental tombent. Les opinions tombent. En même temps que
vous verrez naître et grandir en vous un élément nouveau,
l'espérance, vous verrez naître et grandir en vous une réalité
nouvelle, la certitude, comme si vous étiez vraiment guidés
de l'intérieur. Vous pouvez l'exprimer en termes religieux et
cela a été fait abondamment : « C'est Dieu qui agit en moi »;
je suis devenu l'instrument conscient de Dieu, je n'agis plus
sans prier intérieurement pour comprendre quelle est la
volonté de Dieu. » Et vous pouvez aussi l'exprimer sans
utiliser le moins du monde ce langage religieux.

L'émotion vous enlève le droit à la certitude; l'émotion
oscille du « pour » au « contre », pense une chose à midi, le
contraire à quatorze heures, pense autre chose encore vers
seize heures et revient le soir à la première solution. Tandis

que la non-émotion vous promet la certitude en ce qui concerne l'action : voilà ce que j'ai à faire. Et cette action vous maintient dans la paix; plus rien n'est un problème, plus rien. Tout ce qui se présente est simplement un événement. Les chaînes de causes et d'effets sont à l'œuvre et certaines conditions étant réunies, un événement se produit. Mais un événement ne peut plus être un problème, c'est fini. Et vous, vous sentez ce que vous avez à faire. Vous le faites, et c'est dans l'action même que vous trouvez la paix. Et cette manière d'être et d'agir qui ne vous arrache plus jamais à la plénitude des profondeurs ni à la paix est votre droit de naissance.

Et vous vivez libérés du doute, tout en reconnaissant aisément vos limites. Tel que je suis, avec mes limites, voilà ce qui m'est demandé. Si j'étais beaucoup plus intelligent, si j'étais beaucoup plus habile ou si j'étais beaucoup plus brillant, peut-être que d'autres actions seraient possibles. Mais moi, voilà ce que je suis, voilà ce qui m'est possible. L'important n'est pas d'être intelligent, l'important n'est pas d'être brillant, l'important n'est même pas d'être efficace. L'important est d'être établi dans la paix du cœur et de ne plus être arraché à cette paix. Et l'action n'est un problème que parce que le mental pense; et le mental pense parce qu'il y a émotion, et ainsi de suite...

Tout va être changé : votre être, votre vie, votre fonctionnement, dans ce même monde qui continuera avec des hauts et des bas, de bonnes et de mauvaises nouvelles, des réussites et des échecs, des approbations et des critiques, des amis qui vous aiment et des ennemis qui vous attaquent. Vous économiserez toute l'énergie gaspillée en émotions et en pensées. Et cette énergie, qui est maintenant à votre disposition, se raffine, s'affine d'elle-même. Vous avez de plus en plus souvent la disponibilité pour méditer sans effort. Tout est lié. Et cet état de non-émotion, de sérénité, devient de plus en plus intense. On a le droit de dire qu'il devient un état de béatitude, de bonheur indicible, de joie qui demeure à travers toutes les vicissitudes. Mais la découverte du Royaume des Cieux qui est au-dedans de nous n'est pas possible si vous vous contentez seulement de méditer; cette découverte est possible quand le premier éveil dont je parle aujourd'hui a été effectué par chacun à titre personnel. Vous avez compris ce qu'il y a à comprendre. La concentration dans l'émotion elle-même vous libère des pensées, qui, puisqu'elles ne se produisent plus, cessent de vous présenter une vision fausse de la situation. Peu à peu, au lieu de vivre dans un monde irréel vous vivez dans le monde réel.

Mais pour voir cette réalité fondamentale qui s'appliquera ensuite à toutes les situations possibles, il faut utiliser une première situation, puis une seconde, puis une troisième, toutes celles que la vie vous offre.

Ma vénération pour plusieurs sages hindous, tibétains, japonais, soufis, est totale, mon amour pour eux est indicible. Mais je sais que leur chemin ne pouvait pas me convenir personnellement. Et vous ne pouvez pas compter sur moi pour vous indiquer un chemin dont je n'ai pas l'expérience et dont je n'ai, par conséquent, pas le droit de parler. Je peux uniquement témoigner pour le chemin que j'ai concrètement suivi auprès d'un maître indien, Swâmi Prajnânpad. Je ne nie pas la valeur des autres voies. Simplement, il est normal, quand on veut vous convaincre d'un chemin, qu'on en parle avec insistance comme si c'était « le » chemin.

Peut-être que pour vous tous ou beaucoup d'entre vous, le chemin que je propose est en effet « le » Chemin, votre chemin. J'ai partagé avec vous une expérience. C'est l'ancien disciple de Swâmiji Prajnânpad qui vous parle, ou plutôt le disciple éternel de Swâmi Prajnânpad. Ce que je vous ai proposé, je l'ai fait; au début ce fut difficile, il fallait « s'accrocher » comme on dit. Puis peu à peu, c'est devenu plus facile. Plus tard, c'est devenu passionnant, passionnant comme une belle partie peut l'être pour un amateur d'échecs. Enfin, la liberté est devenue stable. Quand un bateau a atteint le port, la navigation est terminée et vient un moment où l'enseignement se met en pratique de lui-même; si les circonstances sont particulièrement intenses et que vous ne pouvez plus naviguer au pilotage automatique, vous reprenez les commandes. Vous ne pouvez plus ne pas mettre en pratique.

9

L'INALTÉRABLE

Il existe, à première vue, deux aspects de l'enseignement que je vous transmets : un aspect psychologique qui paraît tout de suite compréhensible et un autre aspect plus inhabituel, métaphysique, bien qu'en employant le mot « métaphysique » je ne parle pas de philosophie mais uniquement d'une expérience et d'une réalisation.

Même avec les années qui passent, la presque totalité d'entre vous est convaincue qu'il faut d'abord se préoccuper du niveau psychologique et qu'on s'occupera ensuite du niveau métaphysique, et c'est cela qui n'est pas juste. Dans un enseignement spirituel, le niveau métaphysique intervient dès le premier jour, dès le premier pas, et le niveau psychologique intervient après comme une aide, un point d'appui, une méthode, pour atteindre le but réel.

Si nous voulons bien voir de quoi il s'agit, il faut commencer par la métaphysique et faire ensuite appel à l'aspect psychologique de l'enseignement. Sinon, vous consacrerez des années à une pratique qui relève beaucoup plus des différents types de psychothérapie que d'une voie initiatique. La sadhana vous propose un but radical et c'est par la compréhension de ce but qu'il faut commencer.

Ce but, c'est la libération de la conscience de soi par rapport aux situations extérieures et intérieures dans lesquelles nous sommes insérés minute après minute, seconde après seconde. Swâmiji employait les mêmes mots que l'on trouve dans « Fragments d'un Enseignement inconnu » : identification et non-identification. L'identification est l'absorption du sujet par l'objet, autrement dit se confondre avec ce que l'on n'est pas réellement, se prendre pour ce que l'on n'est pas réellement.

Il existe en sanscrit deux mots très connus que l'on entend à longueur de journée dans les ashrams et que l'on peut lire dans tous les livres sur l'hindouisme : *nama-rupa*, traduits par « le nom et la forme », correspondant au monde relatif dont nous sommes prisonniers.

Je connaissais certes ces mots bien avant de rencontrer Swâmiji mais j'ai remarqué un jour que celui-ci traduisait avec moi *nama-rupa* par perception et conception; perception pour la forme, conception pour le nom. Et cela m'a beaucoup aidé car la réalité relative se ramène en effet à ce *nama-rupa* ou à cette perception et cette conception.

Chaque sensation et chaque organisation de nos sensations déterminent une perception. C'est un mot si vaste qu'il englobe toutes nos expériences à travers les cinq sens. Et la conception représente ce que nous croyons, pensons, savons; c'est la manière dont se présente intérieurement le monde dit extérieur. J'ai une perception de mon corps physique si j'ai mal au ventre ou si je pratique un exercice de sensation de soi. J'ai aussi une perception de mon corps si je me regarde dans la glace. Et la conception, c'est considérer que je me prénomme Arnaud, que je suis diplômé des « Sciences-Po » de Paris, que j'ai voyagé en Asie, que j'ai écrit des livres. Toute idée est une formulation à partir de mots, de désignations, de concepts. Les mots *nama-rupa* avaient quelque chose de solennel pour moi parce que ce sont des mots clés de l'enseignement védantique; mais si on ne se laisse pas émerveiller par la respectabilité du sanscrit, ces termes « perception » et « conception » sont accessibles à tous et les formes que prend notre conscience se ramènent soit au mot perception, soit au mot conception.

On pourrait imaginer une perception sans conception si le mental ne fonctionnait pas, si le passé n'intervenait pas pour donner un éclairage particulier au présent. Dans des circons-

tances exceptionnelles, il arrive que la pensée s'arrête
pendant un instant; on ne conçoit plus, on perçoit seulement.
C'est le cas si nous sommes surpris dans une situation
inhabituelle, si nous éprouvons une joie particulièrement
intense ou si nous sommes face à face avec un spectacle
qui nous émerveille comme les temples de Karnak en
Égypte.

Nous avons l'habitude de dire : « je suis resté le souffle
coupé », ou : « je suis resté bouche bée ». Effectivement,
quand la respiration s'arrête, la pensée s'arrête; c'est une
constatation fondamentale dans le yoga. Si vous voulez
arrêter de penser, suspendez votre respiration; seulement
vous ne pouvez pas cesser de respirer plus de deux ou trois
minutes, même si vous êtes spécialement entraînés, et le but
c'est d'arrêter la pensée à volonté et indépendamment des
exercices respiratoires.

Donc dans certaines situations exceptionnelles où nous
avons le souffle coupé, la pensée s'arrête; il y a perception
sans conception. Ensuite la pensée reprend : « Ces temples
de Karnak sont plus impressionnants encore que je ne l'avais
imaginé; ils ne ressemblent à rien de ce que j'ai connu » ou,
au contraire « ils me rappellent l'architecture du Parthénon,
de Notre-Dame ou d'Angkor ».

C'est de ces deux domaines, celui de la perception et celui
de la conception, que la conscience de soi peut être libre,
indépendante, non-affectée. Si vous regardez un peu plus
attentivement, vous verrez que le domaine de la perception
n'est en fait que la série des perceptions successives, seconde
après seconde, qui composent notre existence, et qu'il ne
peut pas y avoir simultanément plusieurs pensées dans le
cerveau. La pensée peut fonctionner très vite et les pensées
se succéder rapidement. Lors de circonstances particulières,
la pensée fonctionne même avec une rapidité inhabituelle. Il
y a différents temps pour la conscience. Certaines plongées
dans l'inconscient, que ce soit à la faveur d'une syncope ou
par l'utilisation de drogues (ou toute autre méthode) peuvent
nous donner l'expérience d'une multitude d'images, de
souvenirs revécus en quelques secondes et, si on voulait les

raconter, cela prendrait beaucoup plus de temps. Mais le fait est que nous ne pouvons pas avoir deux pensées simultanément même si celles-ci se succèdent très vite. Le monde du nom et de la forme n'a que la réalité de l'instant, n'est que la perception de l'instant et la pensée de l'instant.

***

Le fonctionnement de la pensée, de la conception, est nourri du passé et il nourrit les projections sur le futur. Il arrive souvent que vous pensiez en fonction d'expériences anciennes qui déterminent vos conceptions actuelles ou de craintes pour le futur ou, tout simplement, que vos pensées concernent ce qui s'est passé autrefois ou ce qui se produira plus tard. Il n'en reste pas moins, si nous regardons bien, que même une pensée concernant le passé se présente toujours ici et maintenant avant qu'une autre ne lui succède et qu'une pensée concernant le futur lui succède encore mais se présente aussi ici et maintenant.

Le but qui vous est proposé dès le premier jour, c'est la non-identification de la conscience aux perceptions et aux conceptions. Pour vous établir dans cette non-identification, il vous faudra peut-être des années. Mais c'est une autre question. Si vous jouez au tennis, le but qui vous est proposé c'est, dès le premier jour, de rattraper les balles de votre adversaire et de lui renvoyer celles-ci de manière à ce que lui ne puisse pas les rattraper. Le tennis est le tennis, que vous soyez un débutant ou que vous disputiez une coupe du monde à Wimbledon ou à Roland Garros. Vous savez tout de suite de quoi il s'agit, même si vous restez muets d'admiration en regardant jouer Mac Enroe ou Noah.

Sur le chemin, ce n'est pas aussi clair et il arrive que pendant des années, le but ne soit même pas entrevu. Comment alors s'étonner qu'on tâtonne dans la confusion? Essayez d'imaginer, malgré l'absurdité de cette comparaison, un sportif jouant au tennis depuis cinq ou six ans et qui n'aurait pas compris que le jeu consiste à rattraper les balles, à les renvoyer de l'autre côté du filet, à l'intérieur des bandes blanches et à un endroit du terrain qui rende difficile à l'adversaire de les lui renvoyer à son tour. Poursuivez l'absurdité apparente de cette proposition : imaginez un joueur qui pratique le tennis depuis six ans, dont le professeur a soigneusement corrigé la manière de tenir la raquette, la souplesse du poignet, l'utilisation non seulement de l'avant-bras seulement mais du bras entier, et que vous découvriez au bout d'une demi-heure d'entretien avec lui qu'il n'a pas du tout compris la règle du jeu.

N'est-ce pas également absurde que certains, au bout de cinq ans ou six ans de familiarité avec un enseignement spirituel n'aient pas compris de quoi il s'agit, se soient emparés de détails tels que la manière de tenir la raquette ou de fléchir la jambe mais n'aient pas assimilé l'essence même de leur activité.

Beaucoup de ceux que je rencontre pensent que l'enseignement de la libération de la conscience est quelque chose de très difficile, réservé aux sages hindous, qui demande des sacrifices et des renoncements héroïques et qui viendra plus tard. « Ils sont modestes », « ils ne visent pas si haut », tout ce qu'ils demandent c'est d'avoir une vie professionnelle moins frustrante, une vie amoureuse moins chaotique, des angoisses moins fréquentes, une certaine paix et un peu de joie de vivre.

La non-identification au nom et à la forme vous est proposée dès le premier jour. Mais elle ne se démontre pas aussi clairement que l'art du tennis. Il faut tout de même essayer de comprendre ; c'est le but que j'ai retrouvé partout pendant mes années de voyages et d'études, dans toutes les traditions spirituelles que j'ai approchées. Si ce but n'est pas clair, vous profiterez bien mal des efforts que vous ferez ou que vous croirez faire.

A cette non-identification, il faut aussi s'exercer dès le premier jour. C'est par là que tout commence. Alors pourquoi est-ce que le premier jour où vous vous engagez sur ce qu'on appelle un chemin, l'essentiel n'est pas clair ? Tout l'édifice de la religion, dans la mesure où elle n'est pas morte ou dégénérée, se rattache à ce dont je viens de parler. Le védanta n'en est pas moins grand, et même grandiose, n'en est pas moins imprégné de sacré, même si les Upanishads n'impliquent ni rites ni cérémonies. Elles sont le commentaire de la parole du Christ : « Le moment est venu où les véritables adorateurs adoreront Dieu en esprit et non plus dans les temples. »

De même que l'aspect psychologique de la voie, aussi intéressant soit-il, est secondaire au sens de venant en second, de même les rites et les cérémonies, aussi précieux, efficaces soient-ils dans certains cas et pour certains tempéraments, sont secondaires. L'essentiel est de chercher premièrement le Royaume de Dieu et sa justice, le reste doit être considéré comme un moyen.

Ce que nous nommons *yoga* ou *marg* (le mot sanscrit que nous traduisons par voie ou chemin) commence par une prise de conscience : « Je suis constamment happé par mes perceptions et mes conceptions. » Ce que vous appelez être conscient n'est que l'identification aux formes de conscience qui se succèdent de seconde en seconde, c'est tout. Et nous, Occidentaux, qui avons donné beaucoup moins d'importance à l'étude du sommeil sans rêves que ne l'ont fait les hindous, nous sommes enclins à penser que pendant le sommeil profond nous ne sommes pas conscients. Un des aspects intéressants du védanta consiste à attirer notre attention sur le fait que nous avons une certaine forme de conscience pendant le sommeil qui n'est ni un néant ni une mort dont nous ressusciterions tous les matins! Le défilé de perceptions et de conceptions, comparable à un film de cinéma, ne cesse jamais et, si nous demeurons absorbés par ces instants de conscience successifs, notre vie entière se déroulera sans vigilance avec des moments heureux et des moments malheureux, des réussites et des échecs, des actions et des réactions. Et, même si nous laissons un nom célèbre dans l'histoire, nous aurons manqué l'essentiel.

Cet essentiel, que des êtres qui n'ont jamais entendu parler de spiritualité ou qui affirment ne pas s'y intéresser le laissent échapper, c'est normal. Mais que ceux qui se considèrent comme engagés depuis plusieurs années sur un

chemin spirituel le laissent aussi échapper, c'est plus étonnant.

Le védanta vous appelle à faire grandir en vous la
conscience-témoin que désigne le terme sanscrit bien connu
sakshin. Par rapport à cette croissance, tout le reste est
secondaire. Or, trop souvent, les questions qui me sont
posées ne concernent pas, même indirectement, le dégage-
ment de la conscience-témoin par rapport aux phénomènes
mais tournent autour des événements satisfaisants ou insa-
tisfaisants, de ce que vous aimez ou de ce que vous n'aimez
pas, de la manière de diminuer ou dénouer les situations
douloureuses et de multiplier les situations heureuses ou de
faire durer celles-ci.

Je ne dis pas que ce type d'entretien n'a pas sa place mais,
si vous êtes engagés sur le chemin, toutes les situations de
votre existence, toujours, sans exception, doivent être envi-
sagées en fonction de cette position de Témoin, de cette
non-identification de la conscience ou, si vous préférez, de
l'esprit, par rapport à ces formes et à ces pensées. Ce qui est
sprituel c'est ce qui n'a pas de forme, ce qui ne change pas,
ce qui n'est pas convenable, ce qui ne peut pas être pensé, ce
qui EST. Découvrez que vous êtes « Cela », cette réalité
spirituelle et que tout le reste est matériel même les plus
nobles pensées et les plus hauts élans de l'âme puisqu'ils ne
concernent pas directement la Conscience non-affectée si
souvent comparée à un écran sur lequel on projette un
film.

Ce langage ne vous est pas inaccessible. Il n'est pas
réservé aux swamis hindous. Il vous concerne tous et dès
aujourd'hui. Vous serez plus ou moins habiles, vous réussirez
plus ou moins facilement, vous rencontrerez peut-être des
obstacles et des difficultés importantes, mais nous parlerons
de la même réalité. Celui qui s'engage sur un chemin et qui
emploie des mots comme « spiritualité » ou « spirituel »,
devrait leur donner un sens clair et convaincant et non un

contenu imprécis tenant un peu de la religion, un peu de la sagesse, un peu de la philosophie. La spiritualité se résume à l'indépendance de l'esprit par rapport à tout ce qui est changeant, limité, mesurable, autrement dit tout ce qui relève du nom et de la forme.

Que vos vies soient faites de cela, qu'elles aient été une suite de perceptions et de conceptions depuis votre naissance, peut-être même avant cette naissance dans la vie intra-utérine, nous sommes d'accord, mais le but est justement d'un autre ordre, d'un autre niveau. L'affirmation est très claire à ce sujet quelle que soit la spiritualité que vous abordiez. Dans le christianisme, le Christ annonce tout de suite : « Mon Royaume n'est pas de ce monde. » Même s'il peut être découvert dans ce monde, il est d'un autre ordre de réalité : « Vous aurez des tribulations dans ce monde, mais prenez courage, j'ai vaincu le monde. » Les hindous ou les bouddhistes enseignent l'irréalité du monde tel que nous le concevons et nous proposent une réalisation, une nouvelle vision, un éveil.

Vos états d'âme se succèdent et ils sont comme des colorations changeantes projetées sur tout ce que vous percevez, en même temps qu'ils vous séparent de votre être essentiel. Vous êtes semblables à un faisceau de lumière blanche, incolore, devant lequel on placerait tantôt un verre bleu, tantôt un verre jaune, orange, violet... Dans vos existences, ces verres colorés déforment constamment ce faisceau de lumière; vous ne connaissez en fait que le faisceau de lumière colorée mais jamais le faisceau de lumière pure. C'est l'état de conscience ordinaire. Vous vous connaissez identifiés à une pensée, à un souvenir, à un espoir pour le futur. Et, pour l'instant, vos perceptions et vos conceptions sont toujours accompagnées d'une émotion, d'une certaine résonance affective, heureuse ou malheureuse, plus ou moins forte. Entre les grandes joies et les grands désespoirs, il y a place pour des moments joyeux, des soulagements, des satisfactions, des agacements, des déceptions, des contrariétés. Mais vous pouvez ignorer toute votre existence le faisceau de lumière blanche, c'est-à-dire votre réalité fondamentale, vous pouvez ignorer toute votre existence votre seule véritable identité, le Soi, n'avoir jamais connu autre chose que ces états d'âme, ces pensées, ces moments de conscience.

Ici, maintenant, est-ce qu'il vous est possible de vous situer en témoin neutre, non concerné, non affecté, par rapport à la situation dans laquelle vous êtes insérés ou, plus précisément, par rapport à la conscience que vous avez de cette situation? Est-ce qu'il vous est possible de vous situer un peu en deçà – je ne dis pas au-delà, je dis en deçà – de cette conscience particularisée, colorée, pour retrouver la Conscience d'origine, la Conscience pure? Voilà exprimé simplement de quoi il s'agit : c'est la non-dépendance, la liberté, la glorieuse liberté, la souveraine liberté. Tout le reste est non seulement secondaire mais même très secondaire.

La Bible nous dit que l'homme est créé à l'image de Dieu. Il est dit aussi que Dieu est plein d'amour et tout-puissant. Nous allons découvrir que notre nature originelle est elle aussi pleine d'amour et toute-puissante, même si les amours ordinaires ne sont que des fascinations, l'autre versant de la haine ou de la peur, et ont recouvert jusque-là notre réalité essentielle. Ce que les hindous qualifient d'ignorance ou d'illusion et les bouddhistes de sommeil, est ce que nous appelons « péché originel » ou « chute ».

Vous pouvez retrouver cette ressemblance puis cette identité. C'est aussi le message des mystiques chrétiens : nous vivons dans le royaume de la dissemblance mais nous pouvons retourner à la ressemblance avec ce Dieu à l'image duquel nous avons été créés et même retrouver notre identité avec Lui. Maître Eckhart en tout cas et l'ensemble des mystiques rhénans ont osé l'affirmer clairement. Quant aux enseignements dits non dualistes, ils s'expriment encore plus librement. Mais que signifie cette parole : « Dieu est à la fois plein d'amour et tout-puissant? » C'est l'affirmation sur laquelle ont buté tous ceux qui se sont détournés de la religion ou s'y sont même violemment opposés. La laïcité, l'anticléricalisme peuvent aussi être l'apanage d'hommes courageux, intelligents, généreux et pas seulement d'êtres inspirés par Satan. De toute façon, « l'enfer est pavé de bonnes intentions » et Satan n'est pas autre chose que le mental.

« Dieu est à la fois plein d'amour et tout-puissant. » Cette parole paraît révoltante. Ou Dieu n'est pas tout-puissant, alors pourquoi dire qu'Il l'est, ou s'Il est tout-puissant comment ose-t-on dire qu'Il est plein d'amour alors qu'Il tolère les martyrs, les atrocités, les cruautés, les guerres, les camps de déportation, les persécutions, les tortures, toutes les infamies qui ravagent la planète? La valeur de cette parole dépend de la manière dont vous la comprenez. Et si vous voulez comprendre cette étrange proclamation « Dieu est tout-puissant », vous verrez tout à l'heure en quoi elle vous concerne tous même si vous n'êtes pas du tout religieux de tournure d'esprit.

Entendez-la ainsi : rien n'a pouvoir sur Dieu en vous, rien! De même qu'aucun film d'incendie n'a le moindre pouvoir de roussir ne serait-ce qu'un coin de l'écran, ni aucun film de naufrage le moindre pouvoir de mouiller celui-ci, aucune perception et aucune conception n'a pouvoir d'atteindre la Conscience suprême, n'a pouvoir sur le Soi, sur l'Atman. Retrouver Dieu en vous – ce que cherche le mystique – ou retrouver votre propre Soi au sens ultime de ce mot, c'est découvrir en vous cette Conscience d'être sur laquelle rien n'a prise et que vous pouvez aussi appeler Esprit. « Spiritualité » est un autre terme pour indépendance et non-dépendance. Rien, aucun phénomène, aucun événement, aucune situation n'a pouvoir sur cette Conscience suprême. Et cette vérité peut être prouvée, ressentie comme une expérience et une réalisation et non pas crue comme un acte d'adhésion à un dogme. Voilà la différence.

Quand un sage affirme être établi dans cette conscience, il arrive qu'on soit convaincu, qu'on n'ait aucun doute sur la véracité de ses propos. Tant que j'ai eu des doutes, je me suis tu. Quand je n'ai plus eu aucun doute et que cette absence de doute s'est confirmée de jour en jour et d'année en année, j'ai témoigné. Je n'avais pas encore la preuve personnelle mais je l'avais par l'intermédiaire des sages que je rencontrais car j'éprouvais en face d'eux la certitude qu'ils étaient établis dans cette Conscience sur laquelle aucune situation n'a pouvoir. Une telle liberté est le but, le vrai but, la réponse absolue.

Cette expérience, bien des hommes et des femmes l'ont partagée, de siècle en siècle, y compris dans ce siècle. Celui qui s'est établi dans cette conscience, au cœur de lui-même vit dans un climat d'amour. Ce que nous avons entrevu quand nous avons senti un élan du cœur généreux, désintéressé, et quand nous nous sommes sentis rassurés, libérés de la peur par l'amour, n'est qu'un avant-goût de l'amour dont il est question en affirmant que Dieu est Amour. Si je vous demande « Quel est le contraire de l'amour ? », beaucoup d'entre vous me répondront tout de suite : « c'est la haine ». Si on me posait aujourd'hui cette question, je répondrais : « c'est la peur ». La haine est un effet de la peur. Si vous êtes libérés de toute peur, vous demeurez dans cet océan d'amour qui est un aspect de la conscience d'être. Vous connaissez tous la formule « sat chit ananda » : « être-conscience-béatitude », mais le mot ananda implique ce climat d'amour ; on pourrait dire aussi bien « être-conscience-amour ».

Tous les hommes cherchent ce climat d'amour. La souffrance consiste à en être exilé, à ne pas se sentir aimé, à ne pas aimer, le plus cruel étant de ne pas s'aimer soi-même. Qu'est-ce qui nous protège de toute souffrance, c'est de nous sentir aimés et, quand nous nous sentons aimés, la peur fondamentale – la peur de souffrir – disparaît. Si un homme est très amoureux d'une femme – je ne dis pas est emporté par une passion dont il est le jouet mais éprouve un profond sentiment d'amour – et qu'il en est aimé, la peur disparaît ; c'est une observation que vous avez peut-être faite. Mais à la première déception, la première trahison même légère, les pensées de peur resurgissent.

La peur prend la forme de la crainte d'une souffrance

particulière mais fondamentalement il s'agit simplement de la peur de souffrir. Avoir peur signifie avoir peur de souffrir, d'une manière ou d'une autre. C'est le climat général dans lequel nos existences se déroulent car nous savons bien que nous ne sommes nullement garantis contre les épreuves. Ni le mariage, ni les diplômes, ni les bonnes situations professionnelles, ni la santé aujourd'hui, ni une collection de polices d'assurances ne nous protègent à coup sûr contre la possibilité de souffrir. Nous vivons donc dans un climat de peur qui est l'exact opposé de l'amour. Si l'amour se révèle, la peur disparaît et si la peur disparaît, l'amour se révèle.

Donc, quand nous disons « Dieu est amour » et « Dieu est tout-puissant », cela signifie qu'il existe une Réalité que des rishis, des sages, des éveillés, des prophètes, ont découverte et au nom de laquelle ils ont le droit de témoigner. Sinon, s'il n'y a aucune vérification possible, rien ne prouve en effet que les dogmes auxquels les croyants adhèrent ne sont pas aussi illusoires et infantiles que certains penseurs l'affirment. N'oubliez pas que le mot « foi », en grec, signifie « certitude »; c'est le même mot qui a donné naissance à « épistémologie », la méthodologie de la certitude en science.

Quelle que soit la variété des langages, la but ultime est la découverte du fondement de votre être. Tout le reste est secondaire. Le but essentiel n'est pas d'améliorer votre situation dans le relatif, le but essentiel est de découvrir cette Conscience toute-puissante, non pas au sens de faire la pluie et le beau temps comme avec une baguette magique, mais au sens de « absolument non affectée », sur laquelle rien ne peut avoir prise que ce soit au niveau grossier, subtil, psychique ou causal.

Voilà le salut, voilà l'accomplissement de votre destin d'homme sur la terre, voilà la réussite de votre existence. Tout le reste passe à côté de l'essentiel même si vous deviez être aussi célèbres dans l'histoire que Napoléon ou Michel-Ange. Vous êtes restés identifiés aux perceptions et aux conceptions. Et la conception fondamentale elle se résume en un mot : moi, avec tout ce que cela sous-entend. Moi, Arnaud; donc, si je suis Arnaud, je ne suis ni Alain Boiron ni

Paul Dumas. L'égocentrisme est fait de conceptions issues de nos perceptions sensorielles et de l'apparente séparation des corps physiques les uns par rapport aux autres. Les psychologues ont insisté sur la distinction du corps physique du bébé par rapport à celui de sa maman qui s'établit dans les premiers mois. Ensuite nous sommes identifiés à notre propre nom et notre propre forme, grossière ou subtile, à la perception que nous avons de nous, comme intelligent, peu doué, sportif, instruit, ignorant, diplômé, pauvre, riche, célèbre, inconnu... La plupart des existences humaines se résument à ces identifications et l'essentiel est oublié.

Il se trouve que la réalisation de cette Conscience non affectée est tellement incommensurable par rapport au monde des opposés, de la création et de la destruction, que pour exprimer ce que je viens de dire en mots simples et presque pauvres, on a souvent employé un langage grandiose. A l'encontre de l'expérience habituelle dont la quasi-totalité des hommes est prisonnière, la découverte de cette conscience indestructible est sublime, divine, indicible, De là vient le sens du sacré face au monde profane, de là naissent la beauté, la grandeur, la noblesse des images, des symboles qui veulent exprimer ce que je viens de dire avec nos pauvres mots. La plus admirable de toutes les cathédrales gothiques n'est rien d'autre que le commentaire architectural de ce que je tente de vous transmettre.

Ne perdons pas de vue la sobriété de l'essentiel ni que cet essentiel ne concerne pas seulement Dieu au fond du Ciel ni quelques saints et sages d'autrefois mais qu'il vous concerne vous, et vous concerne tout de suite. Je ne dis pas que, si vous vous consacrez au tennis, vous jouerez tous à Roland Garros et à Wimbledon mais j'affirme que le débutant qui prend sa première leçon ou qui joue pour la première fois avec des amis a quelque chose en commun avec Noah ou Mac Enroe et que celui qui s'engage sur le Chemin devrait avoir dès le premier jour quelque chose en commun avec le plus grand sage ou le plus grand mystique de l'histoire. Sinon nous ne parlons pas le même langage.

Dès les premiers instants où vous vous considérez engagés

sur le chemin de la sagesse, vous devez être conséquents avec vous-mêmes et vous considérer comme cherchant à découvrir la Conscience ultime que vous êtes tous déjà, aussi contraignantes que soient vos émotions, vos angoisses, vos complexes, vos névroses. Tout cela fait partie des colorations, des perceptions et des conceptions, nama-rupa.

Il ne suffit pas de s'intéresser intellectuellement à la métaphysique védantique. Reconnaissez un jour votre gourou et partagez avec lui vos tentatives pour retourner à la Conscience non-dépendante, la Conscience-témoin, dans les circonstances les plus diverses : « En ce qui concerne la non-identification par rapport aux pensées et aux émotions, voilà comment je m'y prends, voilà les résultats que j'ai obtenus, voilà sur quoi je bute ». Ne vous limitez pas à : « En ce qui concerne mes difficultés avec ma femme », « en ce qui concerne mes difficultés professionnelles », « en ce qui concerne ma santé précaire ».

Beaucoup de « chercheurs de la vérité » (*seekers of truth*) sont bien au fait de leurs émotions, de la difficuté de dire oui à ce qui est et ils constatent souvent que leurs progrès, même au bout de plusieurs années, sont limités et qu'il y a encore bien des situations où la compréhension est submergée et où il n'y a plus rien d'autre qu'un homme qui souffre ou un homme qui réagit. Cette prémisse, la conscience en fait si simple, n'est plus très claire ni certaine. Il ne s'agit pas là d'un stade qui viendra ultérieurement. On ne dit pas à un débutant qui prend sa première leçon de tennis : « Frapper une balle et l'envoyer de l'autre côté du filet, ce sera pour plus tard, pour l'instant vous vous contentez uniquement de pratiquer le saut à la corde comme les boxeurs. » Même si un joueur de tennis fait des exercices annexes pour augmenter son souffle et sa résistance, s'il suit des régimes pour ne pas s'alourdir, s'il évite de boire trop d'alcool, de fumer, s'il dort convenablement la nuit au lieu de passer son temps dans les discothèques, ce sont des techniques secondaires pour lui permettre d'atteindre le statut de champion.

Dire oui à ce qui est, adhérer à ce qui est, vivre consciemment son émotion ne prend son sens que par rapport à cet inlassable recherche du Centre. Et si ce que j'ai dit aujourd'hui est clair pour vous et devient votre but, tout le reste de l'enseignement deviendra beaucoup plus convaincant et nettement plus facile à mettre en pratique, parce que vous saurez de quoi il s'agit, pourquoi vous voulez le faire et vers quoi vous allez.

En ce moment même, quelle est ma perception? Quelle est ma conception? Autrement dit : Qu'est-ce que je ressens? Qu'est-ce que je pense? Qu'est-ce que j'aime? Qu'est-ce que je n'aime pas? De quoi ai-je peur? Heureux ou malheureux sont des modifications de la conscience d'être mais l'être fondamental, où est-il? C'est « Cela » (*tat* en sanscrit) qu'il s'agit de trouver, c'est le but, la réponse à tout et la liberté. La « Libération », c'est la libération de la conscience « je suis », « j'existe », par rapport à tout ce qui la détermine, la polarise négativement ou positivement. En ce moment même, où est-il l'écran non affecté par le projection du film? Où est-il votre propre Soi, *your own Self*? Dans cette acception du terme on met une majuscule à *Self* ou à Soi, pour bien montrer qu'il s'agit d'une réalisation inhabituelle transcendant les catégories du temps, de l'espace et de la causalité à l'intérieur desquelles fonctionne le mental.

Il n'y a pas d'autre religion que la quête de l'éternel. Ou la religion est mystique ou elle est dégénérée. Elle devient légalisme, morale, magie, opium du peuple, elle se mue en arme entre les mains du clergé ou d'une caste qui s'appuie sur le clergé. Ou bien la religion appelle tous les êtres religieux à se rapprocher de l'expérience mystique ou bien cette religion a perdu son sens. Tirez-en les conclusions que vous voudrez.

En ce qui concerne l'origine du christianisme, il n'y a aucun doute, tout être humain était appelé à la réalisation : « Dieu s'est fait homme afin que l'homme puisse se faire Dieu. » « Il y a beaucoup d'appelés mais peu d'élus », c'est un fait. La possibilité de trouver Dieu en soi existe pour tout être humain. La probabilité, elle, dépend de conditions et de circonstances. Les Orientaux ont sur nous l'avantage d'être convaincus qu'il y aura des vies futures où nous pourrons poursuivre la tâche que nous n'aurons pas accomplie dans cette existence, persuadés qu'à force de souffrir, les êtres humains s'engageront tôt ou tard sur le vrai Chemin.

Réponse typiquement orientale. En 1959, lors de la première interview accordée par le Dalaï Lama avec l'autorisation du gouvernement indien qui venait de l'accueillir, au risque de mécontenter la Chine alors alliée de l'Inde, un journaliste américain a demandé au moine souverain en exil : « Que pensez-vous de Mao Tsé Toung? », ce qui équivalait à demander en 1942 à un Juif : « Que pensez-vous d'Adolf Hitler? » Et le Dalaï Lama a simplement répondu : « *He also will reach Buddhahodd one day* », « Lui aussi atteindra un jour l'État de Bouddha ». C'est la seule réponse que le Dalaï Lama ait donnée et elle est exemplaire pour comprendre le contexte culturel, disons même le contexte mental, dans lequel vit un Oriental encore fidèle à sa tradition.

Même si vous admettez l'idée d'existences futures, ce n'est pas une excuse pour être paresseux dans celle-ci. Si vous ne faites aucun effort dans cette incarnation-ci, pourquoi en feriez-vous plus dans la prochaine? Si vous admettez l'idée d'existences futures, alors admettez tout ce qui est impliqué, c'est-à-dire que vous naîtrez dans la prochaine existence au niveau d'être où vous serez mort dans celle-ci. Par conséquent, progressez dans cette existence. Et si vous n'admettez pas les vies futures alors, d'autant plus, ne gaspillez pas celle-ci dont les années s'écoulent et passent inexorablement. Et on a l'impression, c'est bien connu, qu'elles s'écoulent de plus en plus vite à mesure que l'on vieillit.

C'est ce qu'ont dit dans un langage ou dans un autre tous les maîtres : « Vous ne vous occupez que du relatif, vous ne vous occupez que de ce monde changeant, vous ne vous occupez que des phénomènes, vous ne vous occupez que de ce qui vous rend heureux et malheureux. Quelle erreur vous faites. Aussi fascinant que soit ce monde, aussi forte que soit la puissance d'identification, cherchez le détachement, la position de témoin, cherchez à vous situez dans l'axe ou au centre de votre être. »

On retrouve le thème du Centre ou de l'Axe dans beaucoup de mythes et beaucoup d'œuvres d'art. Qu'il s'agisse symboliquement de l'axe des pôles autour desquels tourne la planète terre ou du centre d'une basilique, c'est la conscience axiale de chaque être humain qui est signifiée. Même à l'intérieur du relatif des perceptions et des conceptions, souvenez-vous, en face de la plus vaste des mosquées, du plus impressionnant des temples, de la plus admirable des cathédrales : « Il s'agit de moi ». Cette cathédrale et ses sculptures parlent de moi, de mon identification au monde des perceptions et conceptions et de ma possibilité de découvrir en moi ce niveau de conscience qui est amour, un océan d'amour. Pourquoi la recherche de votre être essentiel ne serait-elle pas votre but dès le départ du Chemin? Chaque ashram est un lieu destiné à lutter contre la puissance de sommeil qui vous fait oublier votre être réel pour vous perdre dans les apparences : « Souviens-toi, ne te confonds pas avec cette jouissance, ne te confonds pas avec cette tristesse, ne te confonds pas avec cette joie, ne te confonds pas avec cette angoisse, tu es la Conscience bienheureuse, tu es l'écran intouché de la Réalité sur lequel se projette le film toujours changeant des apparences. ».

Ces images, ou ces grands mots philosophiques, ont un sens très concret. Tout de suite, et dans une seconde ce sera encore tout de suite, et dans une nouvelle seconde ce sera encore tout de suite, vous avez un certain choix possible entre vous souvenir de l'enseignement ou l'oublier complètement et vous oublier vous-mêmes. Y a-t-il vraiment une différence entre vous et une autre personne qui n'aurait jamais entendu parler de spiritualité ou qui nierait même celle-ci? Aucune différence si la manière dont vous décrochez le téléphone et la manière dont vous vous exclamez : « Quoi! mais c'est pas vrai! » sont identiques.

Et, à chaque seconde, il y a aussi la possibilité de se souvenir de l'enseignement et de ce que le védanta dénomme : conscience-témoin, position de témoin, Conscience pure, car tous ces termes désignent la même possibilité qui vous est toujours offerte, toujours. Et ce « toujours » doit être entendu dans un sens absolu : il n'y a aucune situation qui vous interdise de vous souvenir que vous vous considérez comme engagé sur le chemin de l'éveil et de tenter cette démarche fondamentale. La Réalité métaphysique est aussi à portée de votre main que l'objet le plus proche. Elle est là tout de suite pour chacun de vous, ici et maintenant ; c'est la possibilité de vous situer sur un niveau de conscience au-delà du plan physique et du plan subtil.

Un jour où j'utilisais le mot « métaphysique », Swâmiji m'a demandé : « Quel en est le sens ? », *Beyond physical*, au-delà du physique. « Qu'est-ce que physique ? » – « Euh » – « Swâmiji ne vous demande pas un long discours ». Et lui-même me répond : *Physical means attraction and repulsion*, « physique signifie attraction et répulsion ». Il incluait dans le plan physique ce que les hindous appellent le plan subtil qui est aussi un plan matériel. Les hindous distinguent une matérialité grossière et une matérialité fine que ne reconnaît pas de la même manière la science occidentale. La matérialité grossière – ce que nous appelons la matière – est imprégnée de matérialité subtile. C'est une matérialité parce qu'elle est mesurable mais plus fine. On peut peut-être considérer les ondes de radio ou de télévision comme matérialité subtile par rapport aux molécules des corps simples et des corps composés.

Le domaine physique dans lequel Swâmiji incluait donc toute la « Manifestation » – Manifestation qui pour nous se ramène toujours à la perception et à la conception – est soumis à une première grande loi primordiale dont découlent toutes les autres lois que peuvent étudier les différentes sciences, l'attraction et la répulsion : s'il y a dualité, s'il y a deux, deux sont en relation d'attraction ou de répulsion. Métaphysique signifie donc tout simplement au-delà de l'attraction et de la répulsion, c'est-à-dire véritablement au centre. La conscience égocentrique ordinaire ne fonctionne qu'à l'intérieur de l'attraction et de la répulsion et voit le

monde en fonction de ce que nous considérons comme
sécurisant et désécurisant, frustrant et gratifiant, heureux et
malheureux...

C'est vrai que nos existences sont faites de cela; c'est vrai
qu'il y a dans la vie des moments merveilleux et des
tragédies, des êtres courant affolés sous les bombes au
napalm, des tortures, des meurtres, des massacres; et c'est
inlassablement vrai qu'il y a l'attendrissement d'une mère
émerveillée par son nouveau-né. Ce n'est pas moi qui vais le
nier et mon histoire a oscillé comme la vôtre entre heureux et
malheureux, émerveillé et désespéré. Vous me direz : « C'est
le monde normal, c'est le monde ordinaire! ». NON, car nous
surimposons aux événements une manière maladive de
percevoir le monde et ce monde des joies et des peines n'est
que la surface de la réalité.

En outre, nous le savons bien, ce monde-là, qu'il s'agisse
de tragédies ou de joies, est sans cesse changeant. Pour finir
nous mourons, le corps physique auquel nous sommes
identifiés se décompose et ce qui est poussière retourne à la
poussière. Tous les enseignements spirituels ont fait les
mêmes promesses. Leur langage a pris des formes différentes, des formes froides, austères, des formes chaleureuses,
éloquentes. Ce langage a même pris la forme d'œuvres d'art,
de danses rituelles, de musique sacrée; mais ce message,
quel qu'il soit, répète toujours la même vérité : « Il n'y a pas
que cela, il y a une autre possibilité de conscience. » Et vous
connaissez aussi la parole : « Je t'ai appelé par ton nom. »
Cette affirmation « il n'y a pas que cela » s'adresse à chacun.
Est-ce que vous l'entendez ou ne l'entendez-vous pas? Est-ce
qu'elle vous touche ou vous laisse-t-elle indifférents? Et
après avoir entendu le Bouddha, après avoir entendu le
Christ, après avoir entendu Mâ Anandamayî, Ramana
Maharshi, Ramdas, sentez-vous un commencement de foi
naître et grandir en vous?

Sinon, vous ne savez pas quels efforts vous faites, pourquoi
vous les faites, vers quoi vous allez. Et vous pouvez ramener
indéfiniment la sadhana à l'intérieur de vos cadres mentaux
habituels et ressasser les mêmes tristesses, les mêmes opinions, pendant une vie entière.

Ceux qui se demandent : « Pourquoi n'ai-je pas plus changé depuis que je suis familiarisé avec les idées ésotériques ? » peuvent se poser une fois encore cette question avec une acuité nouvelle. Réjouissez-vous sans arrière-pensée des changements qui demeurent à l'intérieur du domaine psychologique : « Je me sens beaucoup mieux dans ma peau, je ne ressens plus les angoisses qui m'étreignaient, au lieu de trembler en face des hommes je suis mariée et épanouie sexuellement, fini d'errer de petits boulots minables en petits boulots miteux, j'ai trouvé une situation qui m'intéresse et je gagne ma vie normalement. » Mais est-ce que cela vous suffit ? Vous pouvez aussi vous poser cette question : « Pourquoi ne suis-je pas plus radicalement transformé ? » Parce que vous avez voulu prendre l'enseignement sans ce que j'ai dit aujourd'hui, persuadés que la conscience-témoin, c'est trop compliqué, trop difficile.

Vous n'avez pas été touchés par l'essentiel. Vous portez en vous une source d'eau vive que vous emmenez partout où vous allez. Libre à vous de mourir de soif à côté d'une source. L'eau qui désaltère, l'eau de vie, l'eau promise par le Christ et la Samaritaine coule en vous. Tournez-vous à l'intérieur de vous-mêmes et buvez à cette source.

La spiritualité est la non-dépendance par rapport à tous les phénomènes, la non-identification aux états de conscience passagers. Quand vous avez compris que cette non-identification peut être tentée quelles que soient les circonstances et quel que soit votre état d'âme, la voie s'ouvre devant vous. Il n'y a aucune condition, aussi tragique soit-elle, qui vous interdise de vous rappeler l'essentiel. « Je suis en ce moment dans un état d'angoisse indicible parce que ma fille qui devait revenir à neuf heures du soir n'est toujours pas rentrée à trois heures du matin. » Je suis d'accord avec vous que dans le relatif c'est une situation angoissante, je suis moi-même père de deux enfants. Ce que je maintiens – et c'est cela que vous entendez ou que vous refusez d'entendre – c'est qu'aussi angoissante que soit cette situation, à l'intérieur de cette angoisse vous pouvez chercher la position-de-témoin. Mais, quand l'angoisse est trop forte, vous refusez : « NON! Je ne veux pas de la liberté intérieure, je veux souffrir. Ma fille de seize ans m'avait dit qu'elle serait rentrée à neuf heures du soir; il est trois heures du matin, elle n'est pas de retour et je n'ai reçu aucun coup de téléphone. Et vous voudriez que dans une situation pareille j'aille m'occuper de chercher la position-de-témoin? »

Voilà ce que le mental vous dit et comment il vous tient. Oh, je le connais cet argument. Vous écoutez, vous lisez, vous êtes d'accord. Seulement, quand c'est le moment de mettre en pratique, il y a une voix plus forte non seulement qui oublie mais qui refuse : « Je suis dans un état d'angoisse indicible, et vous venez me parler de la position-de-témoin, de non-identification? Mais je m'en fous! Je m'en fous! La seule chose qui m'importe c'est de savoir où est ma fille! » Et quand vous êtes amoureux à en crever et trahi par la femme que vous aimez, c'est pareil. Et, finalement, c'est tout le temps pareil : « Je m'excuse mais, moi, j'ai une famille à nourrir; or le mark vient d'être réévalué, la nouvelle loi sur les bénéfices commerciaux est un désastre... » Mais oui! C'est du matin au soir comme cela : « Je m'excuse, mais..., il n'est pas question de mettre votre enseignement en pratique, votre position-de-témoin ne m'intéresse pas, votre conscience de soi non-affectée ne m'intéresse pas, votre yoga vers l'atman ne m'intéresse pas. » Autrement dit, rien de ce que vous avez lu ou entendu, parfois depuis bien des années, ne vous intéresse. Ce qui vous intéresse, c'est le contrat que vous allez signer cet après-midi, c'est le retour de votre fille ou, si je prends mes propres exemples, c'est le fait qu'un projet d'émission de télévision qu'on m'avait oralement garanti comme admis vient d'être refusé par le Comité des Programmes, que cela représente un long chômage devant moi et aucune espérance de gagner de l'argent, à moins d'un miracle – situation que j'ai abondamment connue.

Je sais bien de quoi vous parlez quand vous souffrez. Comme tout le monde, j'ai connu des souffrances, des difficultés professionnelles, affectives, sentimentales, des échecs répétés. Et, comme vous, j'ai été fou de joie, enthousiasmé, émerveillé, j'ai vécu des minutes divines, en

Inde, en Afghanistan, dans la réussite professionnelle, à travers l'art, le sentiment de la nature, l'amour. Tout cela est autre chose que la conscience témoin ou l'atman, la Réalité absolue au cœur même du relatif.

Vous avez la possibilité de découvrir en vous une Conscience de soi éternellement vierge, sous-jacente à toutes les formes relatives de ce que vous appelez aujourd'hui la conscience, au sein de toutes les situations que vous pouvez exprimer avec les mots « je suis » et qui se ramène toujours à des perceptions et des conceptions. Le vrai JE SUIS, le vôtre, est inaltérable. Ce message s'adresse à tous et, qui plus est, tout de suite.

Engagez-vous dès maintenant sur le chemin des sages, des saints, des mystiques, des éveillés, des Bouddhas, et pas seulement sur un chemin préparatoire de psychologie, d'expression des émotions, de purification de l'inconscient. Si vous avez joué autrefois au tennis, vous vous souvenez peut-être justement qu'une des grandes joies, lorsqu'on est encore un débutant, c'est de pratiquer le sport même des héros que l'on est allé admirer à Roland Garros. Et, après avoir vu jouer les plus grands champions de l'époque, quand nous pénétrions sur le terrain avec nos raquettes et nos balles, nous savions que nous allions nous livrer à la même activité.

Vous aussi, tout de suite, sentez que vous êtes engagés sur le même Chemin que le Bouddha : « Je tente la découverte en moi de cette Conscience et je m'efforce de m'y établir le plus souvent possible et d'y demeurer le plus longtemps possible. » Ensuite vous verrez quelles sont vos difficultés. Et c'est à propos de ces difficultés que tant de réponses vous attendent pour vous être données au fur et à mesure de vos questions, que tant de moyens pour vous aider vous sont proposés. Mais ce sont des réponses à des difficultés, des moyens pour dépasser ces difficultés qui ne prendront leur sens que le jour où vous aurez enfin décidé de découvrir cette Conscience ultime que vous êtes déjà sans le savoir.

Vous pouvez souscrire à toutes les assurances que vous proposent les compagnies d'assurances, cela ne vous garantira jamais contre l'éventualité d'une souffrance. Et cela ne vous permettra jamais de découvrir l'Éternel au cœur du changeant, l'Infini au cœur du fini, l'Illimité au cœur du limité, le Divin au cœur de vous-même. Les grandes écritures sacrées vous parlent du divin en perceptions et en conceptions auxquelles vous avez d'abord accès. Mais elles n'ont pour but que de vous conduire en-deça du monde psychique des conceptions et des perceptions, dans la Conscience non polarisée en attraction et en répulsion qui est la plénitude parfaite.

10

LA VIE CONSISTE A MOURIR

Si le Soi est inaltérable, seul le Soi est inaltérable.

Il n'y a pas de chemin spirituel, de sadhana digne de ce nom, qui ne demande pas le courage et la détermination de traverser certaines épreuves ou certaines crises. Vous laisser espérer uniquement des jours de plus en plus heureux, simplement parce que vous vous êtes engagés sur un chemin, serait vous mentir.

En revanche, la promesse ultime – il faut tout le temps vous en souvenir – est totalement heureuse, absolument heureuse.

Mais, ici ou là, si vous lisez des témoignages hindous, bouddhistes, soufis, vous rencontrerez des paroles inhabituelles, étonnantes, choquantes peut-être, dont vous vous demanderez si elles sont vraies et si vous êtes réellement d'accord, vérités que l'on n'a pas tellement envie d'entendre. On aimerait mieux que le chemin ne nous parle que de paix, d'amour, de sérénité, et nous promette : « Vous allez voir, tout va aller de mieux en mieux pour vous, jour après jour, tous vos rêves vont s'accomplir, toutes vos peines vont se dissiper. »

Parmi les vérités dont il faut pleinement prendre conscience, il en est une sur laquelle je voudrais insister aujourd'hui, c'est que la vie consiste à mourir. Ce que nous appelons la vie, consiste à mourir. Non seulement tout meurt autour de nous, mais nous aussi nous ne cessons pas de mourir. Ceci

mérite d'être vu de plus près jusqu'à ce que vous en soyez
convaincus et ne tentiez plus de nier le réel. Mais vous
pouvez dépasser ce devenir pour déboucher de l'autre côté,
sur la lumière, sur l'immortalité, sur la vie éternelle. Cette
affirmation de mort est une manière d'affirmer le changement. S'il y a changement, il y a mort d'une forme et
apparition d'une forme nouvelle. Et le changement est
incessant.

Plusieurs des mots sanscrits qu'on traduit par le monde
signifient très précisément changement permanent, glissement continuel, comme une rivière qui n'arrête pas un
instant de couler. Vous le constaterez autour de vous si vous
ne vous protégez pas, si vous ne vous arrêtez pas à la
première émotion, « cela me fait mal ». Peut-être que, pour
l'instant, cela vous fait mal, mais les choses changent. Nous
ne retrouvons plus les paysages que nous avons aimés dans
notre enfance, les petites routes sur lesquelles nous pouvions
rouler à bicyclette sont remplacées par de grands échangeurs
ou d'immenses buildings. Et le changement s'accélère à
notre époque de façon bien plus flagrante qu'autrefois.

Un arbre que nous aimons particulièrement gèle, meurt et
disparaît. Et puis..., et puis..., vous le savez bien, c'est ainsi
dans tous les domaines. Ce que nous avons aimé, ce à quoi
nous étions attachés, la vie nous l'a enlevé. Il n'y a pas
d'apparition sans disparition, il n'y a pas d'union sans
séparation, il n'y a pas de naissance sans mort, tel est
l'enseignement commun à toutes les grandes traditions,
qu'exprime le mot français évanescence. Le petit bébé, le
petit garçon, la petite fille, que sont-ils devenus? On dit d'un
enfant à l'âge ingrat, plus ou moins grossier : « Ah! Il était
tellement mignon quand il était petit! » Peut-être était-il
tellement mignon, mais nous n'avons aucune possibilité
d'arrêter le développement physique et affectif d'un enfant
et de le garder à l'âge d'un an pour l'éternité.

Seulement, cela le « mental » – ce fonctionnement si
erroné, si mensonger de notre psychisme, de notre cœur, de
notre intellect – le refuse. Et plus le mental refuse, plus il se
renforce. Si on voulait tenter une définition brève de ce

mental dont je parle sans être toujours certain que vous avez bien compris de quoi il s'agit, le mental se résume au refus. Il n'existe que par le refus, le refus du réel tel qu'il est, le déni de la réalité. Il subsiste uniquement par le « non » à ce qui est. Le non à quoi? Avant tout, au changement : « Ce n'est pas ce à quoi je m'attendais. » Le mental a commencé avec le premier refus du changement. Or le changement équivaut à la mort d'une forme et à la naissance d'une autre forme.

La loi de la réalité relative, c'est le changement. Seule la Réalité absolue ne change pas, seule la Réalité absolue peut être considérée comme vie éternelle. Ce que nous appelons la vie, ce dont nous avons normalement l'expérience est un processus permanent de destruction et de re-création, de morts et de naissances simultanées.

L'origine du mental est tout à fait simple. La formation de celui-ci commence physiquement par le refus de sensations, le plus souvent lors de la naissance. La naissance du bébé représente la mort du fœtus. Le fœtus vivait relié par un cordon ombilical, le bébé vit sans cordon ombilical. Le fœtus vivait dans un milieu protégé des lumières vives, des sons trop forts et des chocs, le bébé vit exposé aux agressions, marqué par ce qu'on appelle communément le traumatisme de la naissance. Venir au monde consiste à mourir. Mourir à quoi? A l'état de fœtus pour naître à l'état de nourrisson, de nouveau-né. Et déjà cette mort et cette naissance sont refusées, parce que si, d'un point de vue, le bébé veut naître, de l'autre sa venue au monde représente une épreuve plus ou moins douloureuse suivant qu'elle se passe plus ou moins facilement. Conscient de la difficulté de naître, Frédéric Leboyer a réorienté toute son existence de médecin non plus sur l'accouchement mais sur l'accueil du nouveau-né. Si la naissance s'est déroulée aisément, si l'attitude de l'accoucheur, des infirmières, de la sage-femme a été pleine d'attentions, le refus est moins grand. Mais, dans tous les cas se produira très vite le refus de certaines sensations par le bébé. Par exemple, refus d'un certain comportement de la mère qui retire le sein et donne une tape au bébé parce que

celui-ci l'a un peu mordue. Donc le mental commence avec
le refus de sensations éprouvées comme douloureuses ou
simplement désagréables. Ensuite, avec la mémoire de
sensations précédentes, la comparaison et l'appréhension du
futur, le mental devient plus complexe. L'aspect émotion
apparaît puis l'aspect proprement conceptuel sous forme de
pensées impliquant interprétation, référence, refus et pas
seulement sous forme de *vision* : « je prends conscience de ce
qui est ».

Tout ceci n'est pas révolutionnaire et vous le savez bien.
Mais osez appeler les choses par leur nom : le changement
est une mort. Ce qui était n'est plus. Et tant qu'on fonctionne
au niveau de conscience habituel, cela fait souvent mal. On
s'attache, on voudrait que l'agréable dure. Et si l'état de
fœtus a été agréable pour le bébé, il ne comprend pas
pourquoi cette expérience n'a pas duré, pourquoi il a fallu
sortir dans le froid, dans la lumière, le bruit, être manipulé
par le médecin, les infirmières, lavé, pesé, habillé.

Vous connaissez tous le cri du cœur de l'être humain, le cri
du cœur du mental : pourquoi cela ne dure-t-il pas? Pourquoi
cela n'a-t-il pas duré? Je trouvais ça si bien, si beau, si
heureux, pourquoi est-ce déjà fini? Souffrez-en, révoltez-
vous, écrivez des poèmes qui feront pleurer les générations
futures, vous n'y changerez rien. Les philosophes l'ont dit,
les poètes l'ont déploré : « Ô temps, suspends ton vol. » Le
temps ne suspend pas son vol. « Mais je demande en vain
quelques moments encore, Le temps m'échappe et fuit »,
comme l'a déploré Lamartine. Victor Hugo décrit la même
nostalgie dans *Tristesse d'Olympio* : « Que peu de temps
suffit pour changer toute chose. Nature au front serein,
comme vous oubliez Et comme vous brisez dans vos méta-
morphoses Les fils mystérieux où nos cœurs sont liés. » Le
paysage a changé, le chêne qui avait joué un si grand rôle à
l'époque de votre jeunesse, de vos fiançailles, a été abattu, il
a disparu. Et j'ai bien vu, quand nous avons coupé deux
grands cyprès dans le jardin de Font d'Izière, combien cela a
pu faire mal à certains de ceux qui se trouvaient là.

Le changement est la loi et vous-mêmes vous ne pourrez

pas ne pas collaborer et ne pas participer à cette loi. Vous ne pourrez pas ne pas être aussi les agents du changement. Shiva le destructeur va se manifester à travers vous. Ce à quoi vous pouvez être attachés meurt mais vous aussi vous mourrez. Cela mérite d'être regardé de près. Votre vie consiste à mourir. Vous ne cessez pas de mourir, que vous le vouliez ou non. Nous mourons à une condition pour naître à une autre condition, et à l'instant même nous mourons à ce nouvel état pour naître encore à un autre état.

Je vais même vous dire plus : un être humain n'est vivant que s'il est encore susceptible de mourir et de renaître. « Si le grain ne meurt il reste seul mais s'il meurt il fructifie abondamment », dit Jésus dans l'Évangile de Jean. Mais faites bouillir vingt minutes un grain de blé, il est véritablement mort *parce qu'il ne peut plus mourir*. Plantez-le dans de la bonne terre, arrosez-le, nourrissez-le d'engrais, il ne renaîtra pas sous la forme d'un épi. Il en est de même pour vous si vous refusez le changement. De tout votre cœur, choisissez la mort, donc la naissance, donc la vie.

Parfois, cette mort et cette naissance vous font envie. Une célibataire qui souhaite se marier voudrait bien mourir à l'état de célibataire pour naître à celui d'épouse. Mais souvent cette mort d'une condition qui est la vôtre, non seulement ne vous fait pas envie mais vous fait peur parce que, dans le passé, mourir à une condition pour naître à une autre vous a été douloureux et vous l'avez refusé.

Alors, revenez à vous-mêmes, revenez à l'origine. D'un point de vue, le bébé, à la naissance, refuse l'extérieur qui l'agresse, mais il éprouve aussi un refus intérieur : « je refuse de ne plus être ce que j'ai été », c'est-à-dire un fœtus. « Je refuse d'être maintenant un petit bébé. » Et en même temps, parce que la loi l'exige, le fœtus, quand il a atteint neuf mois, demande à quitter le sein maternel qui dorénavant ne serait plus une protection mais deviendrait un tombeau. De la même manière, vous êtes poussés inexorablement à grandir, poussés à vieillir, la manifestation du changement la plus évidente étant le vieillissement, la transformation du bébé en enfant, de l'enfant en adolescent, de l'adolescent en jeune homme ou jeune femme, de la jeune femme à la femme dans toute sa plénitude, et puis apparaissent les rides, les flétrissures de la peau, les cheveux blancs et le vieillissement physique est à certains égards aussi psychologique. On ne ressent plus les mêmes ferveurs, les mêmes enthousiasmes à soixante ans qu'à vingt ans.

Vous allez observer l'incessant renouvellement avec de plus en plus de finesse. Vous le verrez d'abord d'une manière plus immédiatement visible, qui ne demande ni un microscope ni même une loupe. « Je ne suis plus ce que j'ai été, je ne suis plus ce que j'ai été; est-ce que je regrette le passé? Est-ce que j'ai la nostalgie de la fixité? », fixité qui n'existe nulle part, si ce n'est au centre même de votre conscience, de votre être. On peut admettre que la vigilance, la « position-de-témoin », la vision du changement, elle, demeure identique, permanente, immuable. Mais ce qui est vu se révèle tout sauf permanent, tout sauf immuable. Il n'y a aucune fixité. Comme le disent les hindous, l'univers s'exprime dans un festival de nouveauté.

Comment vous situez-vous au cœur de cette vérité? L'observation montre qu'une des caractéristiques du mental – ou si vous préférez de l'erreur fondamentale – réside dans cette imposture qui tente d'affirmer la fixité : « Je suis et je ne change pas. » C'est faux. Je n'hésite donc pas à employer le mot imposture. Le mental est un menteur. Il veut figer la vie d'une manière illusoire. La tragédie des existences vécues dans le sommeil et la souffrance – et parfois la souffrance atroce – s'explique par le conflit entre le mouvement et la prétention à la fixité, le conflit entre cette mort incessante et le refus de cette mort : « Je suis immuable. » Au niveau ultime, oui, mais certes pas au niveau ordinaire des prétentions de l'ego et du mental. Or, pendant longtemps, vous êtes comme les autres hommes, ceux qui n'ont jamais entendu parler ni de Ramana Maharshi, ni des soufis, ni du tantrayana. Vous fonctionnez encore selon le pli que vous avez pris depuis la naissance, dans cette inévitable souffrance. « Je ne peux pas changer. Je ne change pas, je suis une entité fixe appelée... ». Chacun peut prononcer son propre nom.

Ce n'est pas vrai. Ça n'est vrai, si je puis m'exprimer ainsi, ni en gros ni en détail. Malheureusement, la conscience réelle s'identifie sans cesse à une forme appelée à disparaître. Si vous cherchez la fixité dans cette identification, vous êtes condamnés à souffrir. Envisagez-le selon différentes approches : le vieillissement ne saute pas aux yeux de seconde en seconde; en revanche, nous pouvons voir que certains états physiques, eux, se modifient : un matin nous nous réveillons raides, nous avons perdu notre souplesse, nous nous sentons mal à l'aise dans notre peau, nous nous demandons si nous allons prendre ou non de l'aspirine. Nous étions tellement en forme à la fin des vacances et un mois seulement après la rentrée, chaque réveil semble lourd le matin. Il y a eu un changement, donc il y a eu une mort. Où se trouve l'homme bronzé, souple, non essoufflé d'il y a un mois? Simplement parce que la rentrée s'avère difficile, que quelques problèmes se sont accumulés, ce même homme a l'impression d'avoir vieilli de dix ans en quatre semaines.

Tout ce que vous interprétez en terme d'avoir, peut être interprété en terme d'être : « J'ai ceci », « Je suis le propriétaire de ceci. » Et si vous perdez une chose que vous avez, quoi que ce soit, d'ordre grossier ou subtil, celui qui possédait est mort. Perdre un objet, cela relève de l'avoir. Mais si vous vous identifiez au possesseur de l'objet – et cet objet peut être aussi un enfant bien-aimé, pas seulement un objet matériel –, la perte de l'objet coïncide avec la mort du possesseur. C'est aussi le jeu de la vie et une souffrance pour le mental qui réclame la fixité. Tout ce que nous pouvons interpéter en terme d'avoir : « J'ai des enfants charmants, j'ai une épouse exquise, j'ai une très belle situation chez Rhône-Poulenc, j'ai une grosse clientèle dans ma profession libérale », tout peut être aussi interprété en terme d'être : « Je suis cet homme qui... » Si vous vous êtes identifiés au possesseur, vous êtes tués par la perte d'un avoir quel qu'il soit : l'amour d'une femme brusquement amoureuse d'un

autre homme, la mort d'un enfant ou votre situation professionnelle compromise par le contexte économique actuel.
C'est une véritable mort.

Il faut que vous trouviez vos propres exemples. Pour les
grandes époques de votre vie, quelque chose est réellement
fini, vous n'êtes plus celui que vous avez été. Vous devez
ensuite regarder cette réalité de seconde en seconde. Selon
une expression anglo-saxonne passée dans le vocabulaire
français, on dit de quelqu'un : c'est un *has been*, littérale-
ment un « a été », qui a fait son temps, qui n'est plus dans le
coup. Il est fini, on l'a mis sur la touche, sur une voie de
garage ; comme cela coûterait trop cher de le licencier, on l'a
relégué à un poste sans responsabilités. On ne veut plus de
lui, il n'a plus aucune autorité, plus aucun poids, les gens ne
prennent plus la peine de lui dire bonjour dans l'ascenseur ou
dans les couloirs. Il était rayonnant, fort, il savait s'affirmer.
Maintenant, la page est tournée, place aux jeunes.

Cette expression est cruelle, mais véridique. Nous sommes
tous et tout le temps des *has been*, des « ont été ». Le bébé,
l'enfant, le jeune homme, le célibataire si nous sommes
mariés, l'homme marié s'il est veuf, le propriétaire de telle
ou telle forme d'avoir : nous sommes tous des *has been*. A
chaque seconde nous ne sommes plus ce que nous étions.

Seulement le mental, assoiffé de fixité et refusant le
changement souffre. Il essaie de recréer ce qui a été, de le
retrouver, au lieu de participer de tout son cœur au jeu de la
nouveauté, de danser avec le mouvement de la vie. Le
mental se cramponne à ses rêves, mais c'est le contraire d'un
danseur. Il refuse l'inévitable, le déploiement même de la
réalité : Brahma, Vishnou et Shiva. Interprétez votre existence en termes de mort de ce que vous avez été et que vous
n'êtes plus. Passez du plan de l'avoir au plan de l'être.
Chaque fois que vous ressentez « je n'ai plus », essayez
d'éprouver « je ne suis plus », parce que tout le chemin se
résume à une question d'être.

Ce qui paraît si cruel dans la mort d'un enfant, ce n'est
pas la mort de l'enfant en elle-même, c'est la mort de la
mère. Ceci est lié au thème du dharma : Être ce que je suis.

Dans le relatif je suis une mère; j'ai non pas le devoir mais le privilège de m'occuper de mon enfant. Si mon enfant meurt, je n'ai plus le privilège de pouvoir m'occuper de lui, de jouer mon rôle de mère, d'accomplir mon dharma de mère, puisque l'enfant a disparu. La mère a été tuée. Naturellement, si cette mère exerce la profession de médecin et qu'elle continue à soigner les malades, le médecin n'est pas tué, seule la mère est tuée. Ne ressentez pas uniquement « j'ai perdu mon enfant bien-aimé, mon petit qui me regardait en souriant » – j'ai perdu, du verbe avoir. Sentez : « Je suis morte en tant que mère; j'ai été une mère, je ne le suis plus. »

La vie consiste à mourir quel que soit le point de vue que vous adoptiez pour regarder le courant de l'existence. Cela demeure vrai pour tous les rôles auxquels vous vous identifiez. Cette mort peut être ressentie comme heureuse; si un sous-directeur devient directeur, le sous-directeur est mort, le directeur est né à la place. Seulement, quand le directeur va être mis impitoyablement à la retraite, malgré quelques indemnités, cette mort-là qui vient pourtant en continuité des morts précédentes ne sera pas ressentie comme heureuse.

Si vous regardez plus intimement dans le détail, dans la profondeur, ce n'est pas seulement qu'en un jour tragique la mère est morte par la mort du bébé, en un jour douloureux, le directeur général est mort par la mise à la retraite, mais c'est d'instant en instant que vous mourez. Vous mourez par le changement même, le vieillissement, et vous mourez aussi dans chaque détail, par ce passage possible de l'avoir à l'être. A chaque instant, quelque chose que nous avons nous est enlevé. Donc, le possesseur de cette chose est mort, même dans de petites circonstances qui ne vous apparaissent pas douloureuses. Vous vous rasez le matin, vous rentrez chez vous le soir, vous êtes invités à dîner, vous vous regardez dans la glace; il faut que vous vous rasiez une deuxième fois, un peu de temps perdu, vous vous irritez légèrement la peau. L'homme bien rasé de huit heures du matin a disparu à huit heures du soir pour faire place à nouveau à un homme mal rasé. Il semble évident qu'un détail comme celui-ci ne comporte rien de tragique. Mais même cela n'est pas complètement accepté : « Je serais mieux si ma barbe n'avait pas repoussé, donc si ce soir je voyais encore l'homme que je regardais ce matin dans la glace. » Même dans les détails insignifiants le mental réclame cette fixité qu'il ne peut pas trouver et qu'il s'obstine pourtant à chercher et à essayer de maintenir.

La manière dont je parle ne peut être bien sûr que théorique et ne prendra de valeur que si vous faites vos propres observations, si vous regardez de près la manière dont vous ressentez et réagissez au cours d'une de vos journées. Le jeu du mental consiste à inventer mille et une ruses, toutes vaines, pour tenter de ne pas mourir, pour tenter de demeurer en l'état. « Je demeure, dans ma forme actuelle, je demeure ce que je suis, dans la mesure où ce que je suis me convient. » Quand ce que vous êtes ne vous convient pas, vous ne demandez pas mieux que de mourir à cette condition pour naître à une autre, comme la guérison par exemple qui représente la mort de l'homme malade. Où est-il cet homme affaibli au teint jaune, amaigri, toussant, parlant d'une voix faible et qui titubait pour aller de son lit à son lavabo? Où est-il dans cet homme guéri que je vois plonger et nager le crawl? Ce changement-là, nous l'acceptons, bien sûr. Mais je parle de tous les changements beaucoup plus nombreux, même s'ils semblent souvent moins apparents, que nous n'acceptons pas. En regardant vos existences et l'existence des autres bien sûr sous un certain éclairage, vous verrez la manière dont tout est vécu à travers le mental, la manière dont on vit dans son monde au lieu de vivre dans le monde, en refusant « le devenir », « le flux », « l'évanescence », tous ces termes signifiant mort, et il y a mille et une manières de refuser cette mort.

Un des aspects du mental, si vous voulez comprendre ce dont vous devez vous libérer, réside dans cette tentative à peu près permanente pour figer le cours des choses, pour nier le changement de toutes les manières possibles. Regardez en vous-mêmes tout ce à quoi vous vous attachez pour essayer d'établir une stabilité illusoire. Il s'agit d'une apparence, de l'aspect Vishnou de l'univers. Les réalités durent un certain temps : une maison a été construite, tôt ou tard elle tombera en ruine ou elle sera démolie mais elle dure malgré tout un certain temps. Seulement il s'agit d'une apparence de fixité sur laquelle nous ne pouvons pas compter.

Pourquoi ne pas aller avec le mouvement? Pourquoi celui qui se trouve dans une barque, sur une rivière, devrait-il refuser de descendre avec le courant et ramer à contre-courant pour essayer de rester sur place? Pourquoi? Vous serez tellement plus heureux de descendre avec le courant et, pour finir, de vous retrouver dans l'océan. Pourquoi refuser? Il faudra un jour lâcher, lâcher, comme quelqu'un qui aurait essayé de s'amarrer avec une ancre pour ne plus bouger ou qui aurait toujours ramé à contre-courant pour demeurer sur place, toujours à la même position par rapport au sapin qu'il aperçoit sur la rive. Il faudra bien un jour lâcher, aller avec le courant. « Je meurs, je nais, tout change, je change. » C'est une danse. Dansez. Mais une danse représente un devenir, elle n'est pas fixe comme une peinture. Est-ce que vous allez accepter un jour d'aller avec le mouvement de l'univers tel qu'il se manifeste dans vos vies, ce que Swâmiji qualifiait de *festival of newness*, une fête de nouveauté?

Acceptez les passages, les transformations. Entre la chenille et le papillon, il y a un passage que nous appelons la chrysalide. Peut-être qu'entre le petit garçon si mignon qui vous disait : « Tu es la plus belle de toutes les mamans » et l'homme de quarante ans qui peut devenir une source de rayonnement pour ses semblables, il y a aussi un passage de chrysalide : l'âge ingrat, la grossièreté, la révolte. Attendez, le changement n'est pas fini, le mouvement n'est pas terminé. Il y a le passé, il y a le présent et le futur qui sera le présent de demain. Ne regardez pas le jardin de Font d'Isière en ce moment. On ne l'a jamais vu aussi désastreux. La pelouse est défoncée, les grands carrelages dispersés, les cyprès à planter couchés dans leurs pots, les trous non rebouchés. Attendez la suite. Seulement quand cette suite aura pris une forme qui vous convient, sachez que cette forme ne va pas non plus être définitive, elle va mourir à son tour et déboucher sur autre chose. Acceptez, jouez le jeu, cessez de vous accrocher à vos repères et vos habitudes.

*
* *

A cet égard, il est intéressant de remarquer que le mot « habitude », *a habit* en anglais, a la même origine que habit, un vêtement. Les habitudes sont des revêtements de notre être réel, de Cela en nous qui ne change pas, de Cela en nous qui demeure le Témoin, le Soi, sans forme particulière. Dans le monde des formes, il n'y a que changement et le mental est constitué d'habitudes qui vous sécurisent illusoirement.

Bien sûr, dans le relatif, certaines habitudes – l'aspect préservation de Vishnou – s'avèrent justifiées. Si, sous prétexte d'être libre des habitudes on changeait tous les jours dans une clinique la disposition des médicaments dans les placards, le jour où l'on chercherait du sérum pour une transfusion sanguine on découvrirait des pansements et on perdrait un temps précieux pour retrouver ce que l'on cherche. Ne changez pas de place les extincteurs d'incendie, tant et si bien qu'au moment où le feu prendra personne ne saura où ils sont. Pour qu'une existence heureuse soit possible, l'ordre s'avère indispensable. Le bon sens dit que si on veut retrouver les objets dont on a besoin, que ce soit dans un atelier de menuiserie, une cabane à outils ou dans un hôpital où l'existence humaine est en jeu, il faut avoir pris l'habitude de ranger les choses à leur place.

De cette nécessité évidente, le mental s'empare pour rationaliser son esclavage au passé et son refus d'adhérer à la loi du changement. Si vous êtes honnêtes, vous allez découvrir les habitudes que vous ne pouvez pas justifier par des nécessités concrètes et, à leur niveau, indiscutables. Le fait de voyager bouleverse sans aucun doute des habitudes. Par exemple, dans certains pays, dans certaines conditions, obtenir un café à la fin du repas devient un exploit : vous pouvez facilement avoir du thé, mais vous n'aurez pas de

café. J'ai vécu une vie de voyages et j'ai observé des
étrangers autour de moi : Français, Italiens, Allemands,
Autrichiens, que ce soit en Afghanistan, en Iran, en Inde...
qui sont perdus parce que leurs habitudes se trouvent mises
en cause : ils n'ont plus leur apéritif, leur whisky, leur
café, etc.

Je vais vous donner un exemple qui peut vous concerner.
Swâmiji considérait qu'en plus du régime végétarien de
l'ashram, il nous fallait quelques protéines animales parce
que nous sommes, nous Occidentaux, habitués à un régime
carné. Donc, en Inde, Swâmiji avait décidé que j'adopterais
le régime végétarien de l'ashram mais que je mangerais un
ou deux œufs tous les matins. Quand nous avons établi un
régime végétarien au Bost, j'ai imposé des œufs au petit
déjeuner. Autant les Anglais et certains voyageurs interna-
tionaux sont habitués à voir des œufs sur le plateau du petit
déjeuner, autant cela représente un événement pour les
Français. « Quoi, un œuf à la coque au petit déjeuner ! C'est
contraire à mes habitudes ; je mange uniquement des tartines
beurrées. » Et si vous deviez manger du riz froid et des
haricots au petit déjeuner comme j'en mangeais dans les
ashrams ! Vous croyez qu'on me servait du café au lait avec
du pain grillé et du beurre ? L'étonnement de certains au
Bost, « des œufs au petit déjeuner ! » m'avait beaucoup
intéressé. Voilà un exemple de rigidité. J'aurai le même petit
déjeuner à l'ashram que j'avais chez ma maman à l'âge de
six ans. Comme ça, j'ai montré que je ne changeais pas, que
le monde ne changeait pas, et j'ai échappé à l'horreur du flux
du devenir incessant qui me conduit tout droit vers le
vieillissement, la perte de ce que j'ai été et la mort.

J'essaie de m'exprimer aussi simplement que possible,
avec des faits concrets. Mais il suffirait d'un petit glissement
de langage pour que nous soyons au cœur de la métaphysique bouddhiste. « Pendant toute mon enfance, chez ma
maman, il y avait du café au lait et des tartines grillées et, si
je peux consommer le même petit déjeuner à quarante ans,
l'absorbeur de nourriture demeure identique. A quarante
ans, je suis toujours cet enfant de quatre ans, au moins dans

cet aspect-là de mon existence; le mangeur de petit déjeuner n'a pas changé. Tandis que si le petit déjeuner est modifié, on change l'avoir donc on change l'être. Encore un aspect de moi que j'ai été et que je ne suis plus. Je suis mort en tant que mangeur de tartines beurrées. Que suis-je devenu? Un mangeur de riz et de légumes pour le petit déjeuner.

Chaque fois que j'ai eu l'occasion de parler avec un guide d'un voyage, je l'ai écouté avec intérêt me décrire les réactions de personnes inscrites pour un circuit touristique qui sont déroutées parce que les choses ne se passent pas au Maroc comme chez elles, au point qu'on réussit maintenant cet exploit de faire visiter un Maroc dans lequel les touristes ne mangent que des steaks frites. Si vous avez le malheur de réclamer de la nourriture marocaine, on vous regarde avec des yeux ronds. Ceci dit, en tant que membre de la « Société des explorateurs et grands voyageurs français », je ne nie pas qu'un certain nombre de Français savent au contraire voyager en Amazonie, au Népal ou en Afrique et, comme on dit, se laisser dépayser.

Le mental a tissé peu à peu un réseau d'habitudes vestimentaires, d'habitudes horaires, de manières de faire les gestes et de placer les objets. Si vous regardez bien, vous allez être saisis de voir combien cela vous serait douloureux si on bouleversait systématiquement la plupart de vos habitudes. Évidemment, si vous ne voulez plus vivre à Paris mais à la campagne et que cette transplantation vous évite la routine du métro tous les matins, vous serez d'accord pour perdre cette habitude. Mais je parle d'habitudes qui sont vos sauvegardes et vos protections contre cette mort permanente et que vous êtes seuls à pouvoir détecter par une nouvelle prise de conscience : « Pourquoi ai-je tant de difficultés à supporter que mon mode de vie soit contrecarré? Pourquoi ai-je moi-même une telle réticence à prendre des décisions qui bouleversent ma routine quotidienne? »

Souvenez-vous de vous-mêmes et de ceux que vous avez côtoyés dans votre travail, vous allez voir comme tout est fait d'habitudes. Les gens vont tous les jours au même café prendre la même consommation à la même heure, quand ce n'est pas à la même table. Ne regardez pas seulement les aspects de l'existence dont vous vous sentez libres, regardez aussi les domaines dans lesquels vous répétez les mêmes attitudes. Voyez les « petites habitudes » qui n'apparaîtraient pas si graves aux yeux d'un étranger mais dont le bouleversement serait douloureux. Par exemple si on vous obligeait à changer votre mode vestimentaire : « non, non, ça ne me va pas du tout. Je ne peux pas m'habiller comme ça, mais c'est impossible! ». Mais pourquoi? Comme si vous alliez devenir ridicule. Je ne vous dis pas de vous costumer en clown pour aller à votre travail mais simplement d'essayer de changer la manière dont vous vous habillez. « Moi, j'ai un certain style d'habillement ». Je vous assure qu'un autre style vous conviendrait. Demandez à des experts de la mode ou à des gens de bon sens qui vous diront « tu es aussi bien comme cela ».

Allez plus loin et plus profond et essayez de comprendre ce qu'est l'essence de l'habitude. Je vous le redis, il s'agit d'une protection contre la mort. Si vous l'entendez ainsi, ce thème prendra une force, une intensité, une ampleur qui va beaucoup plus loin que l'approche superficielle, jusqu'à ce que vous voyiez simultanément les deux, c'est-à-dire le changement, l'évanescence, et en même temps vos refus vous obligeant à vous organiser et à vous protéger de tous les côtés pour tenter de conserver des points fixes. Ces points fixes possèdent une réalité suffisante pour que vous puissiez continuer à vous aveugler.

Si vraiment notre vie devenait complètement cruelle, nous chercherions l'absolu et nous trouverions la béatitude du Soi ou la paix qui dure, la joie qui demeure. Mais les choses sont ainsi faites qu'il y a certaines fixités dans notre vie : « voilà trente ans que j'habite le même appartement ». Est-ce vraiment le même appartement? Non; une petite lézarde est apparue sur un mur. On a inévitablement dû repeindre une pièce, modifier des tuyauteries quand on a changé un appareil de chauffage. Cette apparence de continuité nous permet de continuer à dormir en croyant que les choses sont solides, stables, et que vous aussi demeurez solides et stables, à l'abri du courant de l'existence, amarrés à vos soi-disant repères. Renoncez à ces repères, alors seulement vous trouverez le repère central, le point fixe central. S'il n'y avait rien d'autre que le désespoir, je vous dirais dormons, dormons, nous souffrirons moins. C'est pourquoi j'ai commencé à vous parler en réaffirmant une fois de plus la promesse ultime qui sera la réponse à votre aspiration fondamentale.

Mais justement, nous sentons mal la réalité. Il y a suffisamment d'éléments pour nous permettre de continuer dans la même erreur et la même illusion. La vérité révèle qu'on ne peut compter sur rien, à commencer par soi-même, tant qu'on n'a pas encore trouvé son Centre immuable.

Vous n'êtes pas encore assez sensibles. Je ne parle pas de la sensiblerie qui consiste à passer d'une émotion à une autre : « un rien me bouleverse, un rien me tue » ou, au contraire « un rien me porte au comble du bonheur et de l'exaltation ». La sensibilité est la capacité à percevoir avec acuité et avec finesse. Elle s'apparente à la sensibilité de l'appareil scientifique qui enregistre immédiatement la moindre variation imperceptible à nos sens. Être sensible, c'est percevoir. Un appareil scientifique sera d'autant plus coûteux qu'il sera plus sensible. La différence entre sensibilité et sensiblerie doit être bien claire pour vous.

Pour voir la réalité telle qu'elle est, il faut d'abord nous éveiller du monde d'illusions créé par le mental. Et il faut que la vie nous donne des chocs suffisamment forts pour que nous sentions « il y a quelque chose qui ne va pas ». Nous réussissons ce paradoxe d'être d'une telle sensiblerie que « pour un oui et pour un non » une émotion se lève et, en même temps, de manquer de sensibilité, de ne pas être réceptif à l'enseignement donné par chaque événement. Si vous avez mal aux dents, vous allez chez le dentiste mais si vous ne souffrez pas alors qu'il y a pourtant une carie, vous n'allez pas vous faire soigner. Vous n'agissez, vous ne vous mettez en marche – l'expression que nous pouvons employer à juste titre puisque nous employons si souvent celle du Chemin – que si vous avez ressenti quelque chose de fort, soit dans le domaine de la répulsion : « Ah non, ça me fait trop mal, je ne peux plus supporter ça », soit dans le domaine de l'attirance, de l'attraction : « Ah! C'est tellement beau, c'est tellement merveilleux qu'il faut que j'y arrive ». Et cela motive votre démarche et votre recherche.

Soyez suffisamment sensibles pour percevoir l'enseignement que vous donne sans cesse l'existence. Un changement vient de se produire et vous êtes morts à un certain aspect de vous-mêmes. Mais il faut que votre bébé meure pour que vous sentiez la vanité de tous vos points d'appui relatifs. Plus vous êtes sensibles, plus vous réalisez la loi de l'impermanence à partir de petits indices visibles sur vous-mêmes. Et vous ne pouvez pas réaliser cette loi de la mort sur des petits indices sans réaliser en même temps le mécanisme du mental auquel la fluidité du monde fait peur et qui cherche désespérément à la solidifier. Sans cela, vous ne serez pas assez motivés pour progresser. Vous attendrez la prochaine grosse déception de l'existence pour mettre en pratique : « Maintenant j'ai vu et je ne l'oublie plus. J'ai cherché la stabilité, la non-mort et je ne peux la chercher que dans la direction intérieure par le lâcher prise, par le non-attachement, en inversant la direction. Je cherche le point d'appui en moi-même, le non-changement en moi-même. » La Conscience profonde est immuable, elle ne change pas, elle ne vieillit pas, elle n'est jamais affectée. Ni la naissance ni la mort ne la concernent. Dans les méditations profondes, vous pouvez faire des découvertes qui apparaissent comme des certitudes.

Mais, prenons déjà ce qui vous est tout de suite accessible. Ne cherchez plus la stabilité là où tous les autres hommes la cherchent : « J'ai ça, donc je suis ça, ça me rassure » ; ou : « je ne suis quand même pas mal physiquement ». Sur une face de la même pièce de monnaie, il y a « je suis » et sur l'autre il y a « j'ai ». Ce qui est interprété en terme d'avoir peut être interprété en terme d'être : « j'ai un objet, je suis le possesseur de cet objet, ou de ce titre ou de cette fonction ou de cette réalité relative. Je vais le garder et c'est là que je vais trouver le sens de ma vie : le bonheur. Je vais construire, je

vais bâtir, une carrière, une famille, une résidence secondaire qui sera la maison familiale... ». Vous vous trompez :
vous allez continuer à souffrir et vous allez passer à côté de
l'essentiel. Faites-le mais sans y croire.

* *
*

Vous n'arrêtez pas de mourir, vous n'arrêtez pas. A tous
points de vue, ce que vous avez été n'est plus, ce que vous
êtes n'est déjà plus, dans tous les domaines et à tous les
égards. Alors, où reste-t-il encore une exception? Existe-t-il
en vous « quelque chose » qui ne meurt pas dans le relatif,
dans le monde des formes? Le personnage gai que vous étiez
hier a disparu; vous voilà triste et mélancolique ce matin. Le
personnage aimé par un ami a disparu; cet ami, vous ne
savez pourquoi, commence à vous critiquer. Il vous revient
aux oreilles qu'il a dit du mal de vous en public, il est
brusquement devenu jaloux. Tout glisse entre vos doigts
comme de l'eau que vous chercheriez à retenir. Allez-vous
continuer à essayer de créer à travers vos habitudes une
espèce de monde faussement rassurant : « La preuve que je
ne change pas c'est que je fais toujours la même chose. Je
vais au même endroit, je me comporte de la même manière »?

J'ai pu observer, au moins dans une certaine mesure,
combien Mâ Anandamayî modifiait souvent les conditions
de ceux qui étaient vraiment proches d'elle pour bouleverser
leurs habitudes. Mais, quand on observe un ashram ou un
monastère, on peut aussi se tromper à cet égard parce qu'une
grande régularité rythme les journées de ceux qui y vivent et
ceci depuis bien des siècles. Jusqu'au dernier Concile, la
règle de saint Benoît avait peu changé. La vie dans un
monastère de Bénédictins ou de Cisterciens était, à très peu
près, la même qu'au VIᵉ ou au Xᵉ siècle. L'existence des
moines paraît se dérouler de façon très routinière : ils se
lèvent à la même heure, ils participent tous les jours aux
offices. Un monastère cistercien ou un monastère zen
donnent l'impression que les moines perpétuent un ensemble

d'habitudes invariables. Cette constatation ne remet pas en cause ce que j'affirme. Vous ne pouvez pas juger uniquement les monastères en visiteur qui est venu passer quelques jours dans une hôtellerie et oublie que la vocation des moines repose avant tout sur leur conscience intense de la fragilité des acquis : « Je ne peux vraiment compter sur rien ; je ne peux avoir complètement confiance en rien. » Quand vous avez vu que c'était désespérant, l'Espérance, la grande vertu, naît enfin en vous.

Par rapport à la manière dont vous fonctionnez aujourd'hui, la vie n'offre aucune sécurité. C'est pour l'avoir compris avec acuité que les moines sont entrés au monastère.

Même si vous rencontriez le partenaire idéal, l'épouse idéale, celle-ci peut mourir dans un accident ou ne plus être, en apparence, celle qu'elle a été : elle tombe malade et ne peut plus assumer tous les rôles que vous lui demandiez de jouer. Tout n'est pas « probable » mais tout est « possible ». Vous ne pouvez compter sur rien. Vous ne pouvez avoir absolument confiance en rien et en personne, en aucune circonstance, comme si vous progressiez à travers des sables mouvants avec l'impression que le sol peut, à tout instant, se dérober sous vos pas. Voilà la vérité.

Ceux qui l'ont vu en tirent les conclusions qui s'imposent : « S'il est vrai qu'il est une Réalité Ultime en laquelle tout est accompli, je ne peux plus rien chercher d'autre ; le relatif, je l'apprécierai en tant que relatif, et seule la découverte de cette Réalité absolue donnera son sens au relatif. Je pourrai admettre l'impermanence du relatif qui se révélera en tant qu'expression d'un Absolu Immuable ».

Je ne suis pas pessimiste en parlant comme je le fais, puisque je le fais au nom d'une espérance que personne n'a jamais osé proposer aux hommes en dehors du Christ, du Bouddha ou des maîtres spirituels. Appréciez le monde des formes, mais appréciez-le en tant que changeant. Vous êtes bien d'accord pour que les images d'un film changent. Vous allez au cinéma pour voir des images qui se succèdent — vingt-quatre images par seconde — pas pour regarder une photo fixe. Vivez positivement « le festival du changement ». Mais ce qui paraît plus difficile à admettre, c'est que ce festival du changement puisse comprendre l'expérience d'un séjour à l'hôpital ou, pire encore, la mort d'un enfant. Et on recommence à nier la vie, à nier le réel et à s'interdire le chemin qui conduit plus profond que les formes, qui conduit à ce que les Évangiles ont si justement appelé la Vie surabondante ou la Vie éternelle, Celle qui n'est plus menacée par quoi que ce soit, l'indestructible symbolisé par le vôjra chez les Tibétains et comparé par le Christ aux trésors que rien ne peut détruire ou dérober.

Je reviens maintenant aux monastères et ashrams qui peuvent donner l'impression que tout y est fondé sur l'habitude. Non. Les ashrams abritent des hommes qui ont cessé de s'illusionner en ce qui concerne le monde relatif et dont toute l'énergie est consacrée à la recherche ultime. La méthode de Mâ Anandamayî consistait à bouleverser tout le temps les habitudes de tous. D'abord parce qu'elle ne cessait pas de voyager. A peine ses disciples les plus proches étaient-ils établis quelque part que Mâ annonçait un départ imminent. Il fallait faire les bagages, abandonner ce qu'on avait commencé à installer, reprendre la route vers la gare et les trains. On arrive à un autre endroit où tout est sale; il faut nettoyer, on s'installe de nouveau, on déballe les ustensiles de cuisine. Et, dès que quelqu'un avait un peu repris ses habitudes, de nouveau un bouleversement extérieur venait les remettre en cause.

Un Swâmi proche de Mâ m'avait dit qu'il était venu à son ashram, poussé par un intense besoin de méditer selon la ligne védantique la plus stricte. Pour ceux qui connaissent l'ashram de Mâ Anandamayî, je précise qu'il s'agit du Swâmi Svarupananda que j'ai connu dès 1960 et avec qui j'ai eu plusieurs entretiens en 1974. Le Swâmi Svarupananda – homme brillant, doué, efficace dans la vie et qui aurait pu trouver sa place dans l'Inde moderne – abandonne le monde pour devenir Swâmi et s'efforcer de discriminer entre le réel et l'irrél. Après avoir séjourné quelques mois dans un ashram de l'Himalaya et obtenu de Mâ des

instructions pour méditer, il reçoit d'elle l'ordre de devenir
Swâmi in charge de l'ashram de Brindavan. Toute la région
de Brindavan au bord de la Jamuna est imprégnée d'un
mysticisme tout à fait dualiste : là a vécu Krishna, le divin
berger qui fascine les cœurs en jouant de la flûte, et l'enfant
Krishna, le petit Gopal. Le Swâmi Svarupananda se retrouve
plongé dans un univers de dévotion extrême qui semble aux
antipodes de la rigueur et du dépouillement du védanta. Il
est chargé d'accueillir les dévots de Krishna et d'organiser
tout au long de l'année des fêtes religieuses concernant
particulièrement Krishna. Et ce Swâmi qui souhaitait méditer dans un des ashrams de l'Himalaya, à peu près seul dans
le froid, se consacre au karma yoga sans une minute à lui
pour méditer, trouvant à peine le temps de dormir tant les
responsabilités de *Swâmi in charge* d'un grand ashram sont
accaparantes. Shri Mâ a bouleversé jusqu'à ses habitudes
subtiles, à savoir la manière dont il entendait mener sa
propre ascèse. Voilà un exemple de comportement de
gourou. Allez au-delà, au-delà, au-delà des formes, au-delà
des habitudes.

Même dans un ashram ou un monastère, on ne lutte pas
contre le changement et la mort à ce niveau-là. Dans la
mesure où vous n'avez pas la vocation de tout abandonner,
parce que tout vous a déçus, pour ne plus chercher que
l'essentiel, cet exemple ne vous concerne pas directement. Si
vous ne suivez pas la Voie-hors-de-la-forme, suivez la Voie-
dans-la-forme. Prenez à bras-le-corps ce qui apparaît, ce qui
change, ce qui compte encore pour vous, ce que vous ne
voulez pas perdre et soyez vrais. Et le plus vite possible
prenez conscience de votre vulnérabilité.

Aussi étonnant que cela puisse paraître, il y a une manière
de réaliser « c'est désespérant » qui se révèle totalement
positive. Il y a la manière négative de la personne malheureuse qui peut s'intoxiquer de drogues et de stupéfiants ou
aller jusqu'à se suicider pour ne plus souffrir, et la manière
positive, heureuse, qui vous oblige à trouver l'issue : « C'est
désespérant. La mort, la mort, la mort partout ; soit je me
cogne la tête contre les murs, soit je sors de l'impasse avec

l'énergie du désespoir. » Acceptez, lâchez, larguez les amarres, cessez de vous attacher. Ce qui est, est là pour un moment. Ce que vous êtes, vous l'êtes pour le moment; ce que vous avez été, vous ne l'êtes plus; ce que vous êtes, vous ne le serez plus; ce qui est ne sera plus là.

Acceptez complètement de jouer librement ce jeu de la nouveauté, ce jeu du changement. Vous n'êtes plus attachés. Vous avez le droit de participer à la danse de Shiva, de danser avec le courant de l'existence. Et dans cette liberté, seulement dans cette liberté, la mort permanente vous révélera la vie qui ne meurt pas. Le réel, que vous connaîtrez dans son flux impermanent, n'aura plus rien de triste ou de douloureux. Il vous apparaîtra toujours comme l'expression, le mouvement de ce qui demeure et vous pourrez enfin apprécier, enfin recevoir. La grande découverte consiste à sentir l'éternel au cœur même de cet éphémère. Gardez les mains ouvertes et ne les refermez sur rien.

* * *

Une autre manière de nier consiste à tenter de recréer ce qui a été. Non, ce sera forcément différent. « Mais ça s'est si bien passé hier... » Celui qui a vécu un moment très heureux dans un restaurant avec la femme qu'il aime et qui n'a plus qu'une idée, celle de retourner dans le même restaurant avec cette même femme, ne revivra jamais la même soirée. Comme disait le titre d'un film de ma jeunesse « Les miracles n'ont lieu qu'une fois ». Pourquoi vouloir recréer le passé? Essayez donc de vivre le présent. Au lieu de retourner dans le même restaurant pour revivre cette soirée bénie, si vous êtes libres, découvrez un tout autre restaurant et vivez une tout autre soirée également parfaite en elle-même. Si vous avez la nostalgie du retour en arrière, vous allez échouer dans votre tentative et vous priver d'une opportunité nouvelle.

Il y a quelques jours, je disais en tête à tête à l'un d'entre vous – écoutez bien, ne croyez pas que j'ironise – : « Vous avez en face de vous un homme intégralement désespéré. »

La personne me regarde tout à fait étonnée; et je continue :
« J'ai perdu tous mes espoirs, tous. La vie me les a tous
enlevés. Je ne crois plus vraiment à rien, je n'ai plus
absolument confiance en quoi que ce soit ni en qui que ce
soit. J'ai tout perdu. » Mais si je disais cela avec un sentiment
entièrement positif comme si j'avais dit quelque chose que
tout le monde s'accorderait à trouver merveilleux. La vérité
se trouve là. Quand le relatif est perçu uniquement comme
relatif, alors l'existence révèle son véritable secret. Alors
chaque minute devient pleine. Ce que vous avez, donc ce que
vous êtes, pour l'instant vous l'avez pleinement et vous l'êtes
pleinement. Vous avez cessé de vivre partiellement, le
mental et les émotions ne vous interdisent plus d'aller avec le
mouvement même de l'univers, vous ne vous limitez plus
vous-mêmes, vous ne vous emprisonnez plus vous-mêmes.

Quand vous avez fondamentalement tout perdu, tout vous
est redonné, avec ceci en plus que les expériences dites
cruelles deviennent elles aussi heureuses. Non seulement
vous allez pouvoir apprécier un repas avec des amis, une
minute de véritable amour avec votre partenaire, la lumière
sur un paysage, un moment de beauté, de fraternité, de
générosité, mais vous allez pouvoir apprécier – vraiment
apprécier – des moments qu'autrefois vous auriez considérés
comme désolants. Les sensations physiques douloureuses
seront mises à leur place en tant que sensations et ne vous
enlèveront plus inévitablement la sérénité intérieure, et des
conditions dites difficiles ne vous apparaîtront plus comme
des conditions difficiles mais comme des conditions neutres,
comme une expérience nouvelle de changement. Ce n'est
plus ce à quoi vous étiez habitués; en principe vous devriez
souffrir mais maintenant vous trouvez cette expérience
nourrissante et riche, passionnante même. Je peux aussi vous
promettre cette découverte.

Le Chemin réel, le Chemin de la liberté, de la fête, de la
joie, s'ouvrira vraiment devant vous et vous n'aurez plus
cette impression : « Voilà dix ans que je suis engagé sur un
chemin spirituel et je trouve que je n'ai pas tellement
changé; et ça fait dix ans que Paul ou Suzanne suivent le

même chemin sans avoir vraiment changé non plus. » Ils
n'ont pas changé parce qu'ils continuent à espérer la fixité là
où elle n'est pas en croyant que l'ashram va les aider dans
cette démarche vaine. Si vous conservez cette optique, vous
serez inévitablement déçus. Je ne peux pas vous aider à faire
triompher vos habitudes sur le mouvement destructeur de la
vie elle-même – personne n'est plus fort que Shiva. Si je
peux vous aider, c'est dans une autre direction. Sinon, vous
recevrez une aide, mais elle restera très limitée et ne vous
satisfera pas complètement. Si vous voulez une aide véritable, il faut aller jusqu'au bout : « J'ouvre les mains et je
lâche. Si Dieu ne reprend pas je garde, si Dieu reprend je
donne, et je suis libre. » Ne gardez plus rien en esclavage,
rien. Offrez tout. Un gardien d'esclaves est un esclave
lui-même, esclave justement de ce dont il se croît le maître
parce qu'il a peur de le perdre tout en sachant au plus
profond de lui-même qu'il le perdra. Alors, donnez la liberté
à tout, rendez au monde la liberté d'être le monde, permettez au changement d'être le changement, à la vie d'être la
vie, c'est-à-dire un jeu de naissances et de morts.

N'opposez plus la vie et la mort. La mentalité ordinaire
oppose « mort » et « vie », comme elle oppose « haut » et
« bas », « chaud » et « froid », « long » et « court ». Non. Le
contraire de la mort n'est pas la vie mais la naissance. La vie,
la Vie, c'est le jeu incessant – même pas une seconde d'arrêt
– de la naissance et de la mort. Il y a d'innombrables morts
et naissances, sans cesse, tout le temps. Mais la vie, elle, elle
EST. Elle s'exprime par le jeu des morts et des naissances
mais en vérité il n'y a ni mort ni naissance. La vie,
cherchez-la où elle est. Elle se trouve en vous. Si vous me
demandez mon aide pour la chercher là où elle n'est pas,
vous recevrez une aide décevante. Ne vous inquiétez pas, ne
prenez pas peur tout de suite. Il faut bien parler du véritable
Chemin, pas seulement de tel ou tel aspect que l'ego peut
reprendre facilement à son compte pour se maintenir encore
dans le porte-à-faux avec le réel, donc dans l'insatisfaction.
Et on n'en sort pas, et les années passent. Soyez enfin
heureux.

*
* *

Ne confondons pas les niveaux. Quand vous posez une question est-ce par rapport à la conscience de soi habituelle ou bien à la conscience de soi dite « éveillée » ? Même si vous êtes encore soumis aux mécanismes ordinaires de conscience, allez dans la direction de la conscience éveillée, ouvrez-vous aux idées, qu'elles soient d'origine zen, tibétaine, védantique ou chrétienne, qui peuvent élargir votre compréhension et vous faire au moins pressentir ce vers quoi vous allez. N'oubliez pas que vous ne préparez pas seulement une évolution mais une grande révolution intérieure. Ressentez-vous déjà la force que contiennent des mots comme « Éveil » et « Libération » ?

La conscience de soi ordinaire est une illusion fondée sur un manque de connaissance, une vision imprécise et superficielle dont on se contente à tort. L'essentiel à comprendre réside dans le changement incessant auquel nous acquiesçons en théorie mais que nous oublions dans la pratique. L'être humain consiste en un flux incessant, aussi bien du point de vue physique que du point de vue émotionnel ou intellectuel. Ce que vous connaissez de vous – sauf peut-être au cours de certaines méditations mais ces moments de méditation n'imprègnent pas toute votre existence – ne sont que des formes qui coulent comme un fleuve. Vous connaissez sans doute la parole d'Héraclite : « On ne se baigne jamais deux fois dans le même fleuve », même si ce fleuve se nomme toujours la Loire ou la Seine.

Mais cela ne vous empêche pas de dire « moi » et « je », comme si ce « moi » ou ce « je » existait d'une manière stable, en ne tenant pas compte de ce fait pourtant évident, si facile à vérifier, du changement. Physiquement, nous vieillissons tous d'instant en instant. Mais même si nous ne tenions pas compte de ce vieillissement qui ne nous saute pas aux yeux – à moins de regarder une photo de nous vieille de dix ans – nos postures, nos attitudes, les muscles qui se contractent et qui se relâchent ne cessent pas de se modifier. Et nous savons bien aussi que toutes sortes de fonctionnements physiologiques sont à l'œuvre en nous : métabolisme, catabolisme, anabolisme, digestion, assimilation, excrétion. A chaque seconde, quelque chose se transforme dans notre organisme. Éventuellement, vous pouvez avoir une difficulté à admettre que le micro que j'ai sous les yeux est en changement, sauf si vous êtes physicien et connaissez le mouvement des particules qui composent ce micro; mais voyez-le au moins en ce qui concerne vous-mêmes. Un des premiers accomplissements demandés dans certaines voies est de prendre conscience de ce changement jusqu'à ce que ce soit l'expérience qui domine nos existences.

Regardez aussi combien vos émotions varient, combien vos goûts – ce que vous aimez, ce que vous n'aimez plus – peuvent se modifier et combien vos pensées changent aussi sans même demander votre avis puisque si vous tentez de méditer, c'est-à-dire de concentrer votre attention, les pensées continuent à vous assaillir et à s'enchaîner les unes les autres. Finalement, que subsiste-t-il de stable dans ce que d'habitude vous appelez « je »? Vous voyez une photographie prise il y a six mois, celui qui figure sur la photographie est-il le même que celui qui regarde la photographie aujourd'hui? Sûrement pas! Alors, pourquoi dire « c'est moi »? Il serait plus juste de dire « c'est un autre » qui, ce jour-là, n'avait ni les mêmes préoccupations, ni le même état d'âme, ni la même forme physique que les miens aujourd'hui au moment où je me reconnais sur cette photo. Vous retrouvez de vieilles lettres écrites dans votre jeunesse : « Ah! Voilà une lettre que j'ai écrite quand j'avais vingt ans », comme si c'était le même « je » aujourd'hui et vingt ans plus tôt. « Que j'ai écrite. » Non. Vous qui parlez aujourd'hui n'êtes certainement plus celui qui a écrit cette lettre! Peut-être ces remarques vous semblent-elles simplistes mais, en fait, pour le védanta, le bouddhisme et tous les enseignements spirituels, elles sont au contraire fondamentales.

Et si vous dites : « Je suis né à Paris le 24 octobre 1935 », vous prononcez une absurdité encore plus grande. Comment pouvez-vous affirmer, si vous êtes aujourd'hui un homme mesurant 1 mètre 80 que c'est vous qui êtes né? Vous savez bien qu'en tant que bébé vous pesiez 3 kilos, alors que vous en pesez 75 à présent. Comment pouvez-vous dire : « Je suis né à Paris le 24 octobre 1935? » Ce thème est beaucoup plus important qu'il n'en a l'air, à condition que vous puissiez le ressentir de tout votre être. Dire « moi » ou « je » est une habitude de langage.

Je ne nie pas l'existence d'une réalité qui puisse être dénommée « je » mais la quasi-totalité des hommes meurent sans l'avoir connue consciemment et ont dénommé « je » – comme si ce « je » avait la moindre fixité – ce qui ne constitue qu'une foule amorphe et mouvante de pulsions divergentes ou contradictoires.

L'affirmation tout à fait importante, puisque toute votre vie en a découlé : « Je suis né tel jour, à telle heure, dans telle ville » est un non-sens. Non. Vous, tel que vous êtes dans l'instant, n'êtes certainement pas né tel jour à telle heure, en tel lieu. Vous naissez à la seconde même et celui que vous étiez une seconde plus tôt était déjà un autre. Physiquement, émotionnellement, mentalement, vous ne trouverez rien d'immuable. Vous pouvez bien sûr reconnaître certaines lignes directrices dans ce flux, celles que laisse deviner un thème astrologique par exemple, mais à l'intérieur de ces lignes directrices règne le changement. La Loire est toujours la Loire et la Seine est toujours la Seine mais on ne se baigne jamais deux fois dans le même fleuve. Vous n'êtes certainement pas né le jour de la date de naissance inscrite sur votre carte d'identité. Un autre que vous est né, qui n'avait bien entendu ni vos goûts, ni vos idées, ni vos désirs, ni vos peurs, ni votre manière de voir le monde, qui n'avait rien de commun avec vous, hormis la direction d'un courant, d'un flux composé de remous impermanents.

Si vous admettez ce changement incessant qui est la loi et la donnée essentielle sur laquelle se fondent les enseignements spirituels, si vous vous en imprégnez jusqu'à ce que ce ne soit plus uniquement une idée intellectuelle mais une certitude, vous allez prendre conscience de vous-mêmes et vous ressentir assez vite d'une façon tout à fait nouvelle.

Vous allez vous considérer non plus comme une entité stable
ou fixe que vous appelez « moi » mais comme un processus
de changement, et de changement réel. Quand vous reconnaissez : « Oui, j'ai beaucoup changé », vous sous-entendez :
« il s'agit toujours de moi mais j'ai changé », ce qui n'est pas
exact. En fait, c'est un autre et, l'instant d'après, un autre
encore, même si cet autre dépend de celui qui a précédé.
Comme dit le Bouddha : « Ceci étant, cela se produit. » Celui
ou celle que vous étiez il y a une minute a donné naissance à
celui ou celle que vous êtes maintenant; mais à chaque
changement vous pouvez considérer que ce qui était a
disparu et a été remplacé par une autre forme.

Donc, à chaque changement s'effectuent une mort et une
naissance. Mort ou disparition; naissance ou apparition;
venir et s'en aller, *to come and go*. Venir c'est naître, et s'en
aller c'est mourir. Ce jeu est incessant et les deux coexistent
toujours ensemble, quelle que soit la manière dont vous
étudiez le monde phénoménal, la réalité relative. Il n'y a
qu'au niveau de l'absolu, de l'atman, que nous pouvons
vraiment parler d'être et non pas seulement de devenir, que
nous pouvons parler d'identité, d'éternité, d'immuabilité.
Dès que nous considérons ce qu'on appelle en Inde « le
monde des formes », formes grossières ou formes subtiles, il
n'y a plus que changement. Rien n'est fixe, rien. Le
mouvement ne s'arrête pas, le changement est continu.

Nous avons l'impression que des réalités apparaissent,
subsistent un certain temps puis disparaissent, uniquement
par rapport à notre conscience habituelle. Cette vision reste
approximative et pratique pour les besoins de l'existence
courante. En vérité, si nous regardons de plus près, nous
voyons que rien ne demeure, en tout cas en ce qui nous
concerne. Je le répète, il s'agit vraiment d'une nouvelle
conscience de soi dans laquelle on se ressent de tout son être
et définitivement comme un processus de changement, une
succession d'apparitions et de disparitions, autrement dit
comme une irréalité. Ce qui est vraiment réel subsiste et
demeure. Le reste, c'est ce que l'on appelle le devenir,
samsara en sanscrit : glissement continuel, sans un point
d'arrêt.

Vous pouvez l'observer à bien des niveaux, d'abord grossiers et ensuite de plus en plus fins. Prenons d'abord un exemple très simple : vous êtes dans une chambre et vous passez dans le couloir; l'homme qui se trouvait dans la chambre est mort. Cherchez-le, il n'existe plus. Au même instant est né, par le passage de la porte, l'homme qui traverse le couloir. Bien sûr, cela concerne le déplacement du corps physique mais même un exemple aussi simple peut vous faire comprendre ce que je veux dire.

Toute apparition est l'autre face d'une disparition; toute naissance est l'autre face d'une mort, et venir est toujours l'autre face de s'en aller. Le changement ne s'arrête jamais même si, normalement, nous n'en tenons pas compte et, de même qu'un Parisien peut dire tous les jours : « J'ai franchi la Seine », nous disons « moi ». Seulement le Parisien qui passe de la rive gauche à la rive droite ne franchit jamais la même Seine. Et quand nous disons « je » ou « moi », c'est une manière de parler pratique mais inexacte qui nous maintient dans l'illusion d'une permanence non existante. Même si ce que j'affirme paraît d'abord surprenant à entendre, je voudrais que vous essayiez de le ressentir : « Comment puis-je dire « moi » ou « je » en parlant du passé ? » Nous voyons le monde d'une manière figée en essayant toujours de marquer des temps d'arrêt pour souffler un peu. Il n'y en a pas, ni physiquement, ni émotionnellement, ni intellectuellement. Si un petit muscle se trouve un peu plus relâché qu'il ne l'était une seconde auparavant, votre corps est déjà autre : disparition-apparition.

Si j'admets cette vision du changement, si j'accueille celui-ci, si je l'accompagne même, si je ne tente plus vainement de m'accrocher à la rive, quand suis-je né réellement? Je SUIS. Puisque aussitôt né je meurs, aussitôt mort je nais, alors je ne suis jamais né. « JE » ne suis jamais né et « JE » ne suis jamais mort. Il y a un mouvement, un jeu, comme un danseur qui ne s'arrête pas de danser.

Que connaissez-vous d'autre de vous que le corps, les pensées, les émotions, les états d'âme, les perceptions, les conceptions? Ce dont vous parlez comme ayant une continuité ou une fixité, en fait, n'en a aucune. Et c'est ce changement incessant que les hindous appellent « irréalité » puisqu'à l'instant même où nous prenons conscience d'un phénomène – extérieur ou intérieur à nous – celui-ci se trouve déjà remplacé par un autre. Il n'y a aucun point d'appui. Rien n'existe, il n'y a que le changement.

C'est très difficile à entendre pour le mental parce que cela contredit complètement les habitudes journalières et l'illusion de permanence créée par la mémoire. La vérité relative veut en effet qu'il y ait apparition, maintien pendant un certain temps puis disparition; mais il s'agit d'une vérité moins profonde, comme si nous nous contentions de la vérité des molécules sans nous préoccuper de la vérité de l'atome, ou de la vérité de l'atome sans tenir compte du noyau et des électrons.

Vous l'avez entendu dire : Brahma correspond au Créateur, Vishnou au Préservateur et Shiva au Destructeur. Or il semble qu'il y ait bien création d'un être humain au moment où il naît; maintien de cet être pour l'état civil et disparition de cette être au moment du décès. Mais ce n'est certainement pas la Vérité Ultime.

Quand nous prononçons le mot « créer », nous avons l'impression que « quelque chose » est créé et quand nous utilisons le mot détruire, nous avons l'impression que « quelque chose » est détruit. Mais « ce quelque chose », à l'instant même où il est créé est déjà détruit et recréé et redétruit. Donc rien n'est créé et rien n'est détruit, rien n'est réel, même pas « nous ». « Ce qui n'existait pas hier et n'existera pas demain n'existe pas non plus aujourd'hui », m'a dit un maître tibétain.

Il y a bien un élément de conscience qui, lui, n'est ni créé ni détruit. Mais normalement, vous n'en avez pas l'expérience, puisque vous vous identifiez à ce flux que vous essayez désespérément d'arrêter dans une tentative vaine qui crée toutes les souffrances. La non-libération, c'est la non-acceptation de l'impermanence. Et je ne parle même pas du changement autour de nous : il fait beau, il pleut; il y avait des feuilles aux arbres, elles ont disparu; la lumière varie; les nuages se forment et se déforment. Toutes les situations changent, le monde bouge. Lisez le journal chaque matin... Comme on dit : il y a sans cesse du nouveau.

Il y a du nouveau, tout le temps. Nous sommes nous-mêmes changement dans un monde qui n'est que changement et l'important est de chercher en nous à partir de quels éléments s'établit notre illusion de réalité. A partir de quoi ai-je l'impression que je suis aujourd'hui, que j'étais le même hier et je serai le même demain, en me considérant toujours comme « Arnaud »? Sur quoi se fonde cette illusion, ce manque de réalisme dans ma vision? La Conscience pure, la Conscience-témoin, l'écran sur lequel se projette le film des apparences se révèle immuable et correspond au Sans-Forme que les bouddhistes dénomment le Vide et le védanta la Plénitude. Cette pure conscience est hors du temps, jamais créée, jamais détruite, jamais née. Un corps physique naît avec des potentialités, animé d'une énergie qui ne se lasse jamais, qui ne cesse de se déployer, de s'exprimer dans le monde. Et le bébé naît porteur de toutes sortes de potentialités qui s'actualisent au cours de son existence comme les cercles concentriques formés par un caillou lancé dans l'eau et qui vont s'élargissant de plus en plus. Ouvrez une graine, vous n'y trouverez rien de spécial et pourtant un arbre entier y est contenu qui engendrera à son tour des milliers d'autres graines.

Il existe bien une Conscience qui ne naît pas, qui ne meurt pas, qui est, juste EST, que nous pouvons éventuellement tenter d'exprimer par les mots « JE SUIS », à condition de ne rien surajouter à ce « JE SUIS » et cette Conscience se manifeste aussi comme énergie (*shakti*). Cet enseignement ancien se trouve vérifié aujourd'hui de manière indiscutable par la connaissance de l'énergie contenue dans un seul atome. Les hindous et les bouddhistes ne possédaient bien entendu rien de l'appareillage moderne et pourtant, par d'autres méthodes – notamment par une connaissance de soi dont nous avons perdu le goût et l'habitude et à laquelle nous ne consacrerons plus vingt années de notre vie – ils avaient découvert les lois fondamentales de la réalité, à savoir les modalités de l'Énergie Infinie, toujours à l'œuvre dans un mouvement de multiplication et d'expansion dont l'être humain est une expression.

Nous arrivons donc à une conclusion étonnante mais qui peut devenir certaine si nous avançons pas à pas : ce que j'ai appelé « je » jusqu'à présent n'existe pas. En revanche, il existe une possibilité de réaliser ce que nous sommes, vraiment en essence, de prendre conscience de cette énergie fondamentale qui régit l'atome, qui anime le spermatozoïde et l'ovule, et qui s'exprime en nous sous la forme de nos pensées, de nos désirs, de nos émotions et de nos pulsions, toutes en changements incessants.

Donc, chaque fois que nous disons « je » dans le langage courant, nous parlons d'une manière approximative et inexacte de point de vue de la Vérité Ultime. Vous ne pouvez pas avoir d'autre conscience réelle de vous-mêmes que celle de l'instant présent et l'instant est infiniment petit. Celui dont vous prenez conscience dans l'instant n'est pas celui qui est sorti du ventre de sa mère. Quant à la Conscience profonde, échappant au changement, au jeu des formes, vous sentez bien qu'elle non plus n'est pas née à l'heure de votre naissance, au moment où l'on a tranché le cordon ombilical et où la première inspiration a commencé.

Pendant mes séjours à l'ashram de Swâmiji, la vie même de l'ashram, avec son hygiène, sa régularité, son recueillement et l'absence provisoire des soucis ordinaires, affinait ma perception, ma *buddhi,* bien au-delà de son fonctionnement habituel. Des paroles comme celles-là produisaient un grand retentissement en moi et je sentais que j'étais au bord d'une découverte stupéfiante qui allait remettre en cause tout ce sur quoi je m'étais appuyé jusqu'à présent. Les mots dansaient dans ma tête ; je croyais comprendre, cinq minutes plus tard cela m'échappait parce que le mental ordinaire avait repris ses droits et plus tard encore cette vérité me paraissait de nouveau évidente.

Il n'y a rien à saisir, il n'y a même rien dont on puisse prendre conscience, puisqu'au moment même où l'on en prend conscience, l' « objet » est déjà remplacé par autre chose. « Je », « Je », « JE SUIS ». « Qui suis-je? » proposait le Maharshi. Posez-vous la question : « Qui suis-je? ». JE SUIS. Je ne suis rien. Je suis une danse, un mouvement. Celui que je crois saisir, qu'il me semble toucher du doigt, quand est-il né? Déjà, il est remplacé par un autre, différent. Vous ne pouvez même pas considérer que la mort est suivie d'une naissance et la naissance suivie d'une mort. La mort et la naissance sont deux phénomènes permanents et simultanés.

A l'échelle de plusieurs heures dans certains domaines, de plusieurs années dans d'autres domaines, nous percevons bien ce mouvement de mort et de naissance, d'apparition et de disparition : « il est venu il est parti ». C'est vrai de tout. Si vous voulez en avoir une conscience durable, permanente, en ce qui concerne la réalité ultime, à savoir réaliser qu'il n'y a rien d'autre que le changement, il faut d'abord vous familiariser le plus possible avec les changements que vous pouvez facilement percevoir. Et peu à peu votre vision aura plus d'acuité, plus de finesse et vous verrez que ce phénomène ne cesse pas.

Ensuite, si vous arrivez à dépasser au moins momentanément l'inertie des habitudes mentales, vous allez vous poser très sérieusement la question de votre naissance, non plus comme un jeu de l'esprit, mais comme une réalité à laquelle vous n'aviez peut-être jamais pensé et qui vous concerne : « Je m'éprouve en ce moment comment existant. Je suis conscient, cela je ne peux pas le nier. Mais ce « JE SUIS » que je ressens en tournant mon attention vers moi-même, puis-je me contenter de dire qu'il est né le 8 juin 1945 à 8 h 30? » Avec un peu d'acuité de vision, au moins cette affirmation coutumière s'efface et disparaît. « Quand suis-je né? » Cherchez!

Ce que je vous dis aujourd'hui peut vous aider à vous poser la célèbre question : « Qui suis-je? » d'une tout autre manière et avec un point d'appui. En vérité, vous n'êtes

jamais né parce que vous n'existez pas. Voilà la réponse
ultime : *en vérité, vous n'êtes jamais né parce que vous
n'existez pas.* Vous n'existez pas, il n'y a rien que l'on puisse
saisir en dehors d'un flux. *Samsara* ou *jagat,* qu'on traduit
par « le monde », étymologiquement signifient aussi « mouvement ». Vous n'êtes jamais né. Pour pouvoir naître il
faudrait exister. On pourrait se poser la question pour la
naissance d'une réalité qui existe mais vous, tel que vous
vous concevez ordinairement, vous n'existez pas. Où que
vous cherchiez la réponse, elle vous échappera toujours.
Vous constaterez simplement que vous n'êtes plus celui que
vous étiez une seconde plus tôt. Et vous comprendrez que
dans la totaltié de votre être, physiquement, émotionnellement et intellectuellement, vous ne pouvez rien saisir ; vous
pouvez juste observer la continuité du jeu de l'énergie.

Et quand vous mourrez, que va-t-il se passer ? Je mourrai.
Non ! Celui qui mourra n'est certainement pas celui qui parle
en ce moment. Si je suis rigoureux dans ma vision et mon
langage, aucun de vous ne décédera puisque vous aurez tous
changé, puisque vous serez tous un autre au moment de
votre mort. Même si votre mort a lieu demain, celui qui
mourra ne sera pas celui qui m'écoute en ce moment. Vous
êtes tout le temps en train de mourir par ce flux continu du
changement et, si nous revenons au langage ordinaire,
« moi » ou « je », vous qui m'écoutez en ce moment n'êtes pas
celui qui mourra.

Alors ? « On n'a jamais vu un enseignement aussi invrai-
semblable, qui remet en cause ma réalité en proclamant que
je n'existe pas, ma naissance en affirmant que je ne suis
jamais né, ma mort en soutenant que je ne mourrai pas... » Il
s'agit pourtant de l'enseignement spirituel, mystique ou
ésotérique par excellence et qui n'est certes – et heureusement – personnel ni à moi ni à mon gourou.

Si vous avez peur de mourir, soyez tranquilles : ce n'est
pas vous qui mourrez, ce sera un autre, celui que vous serez
devenu. Pourquoi vous inquiétez-vous aujourd'hui de la mort
d'un autre ? « J'ai peur de la mort » ; en ce cas, ayez vraiment
peur de la mort et soyez terrifiés à l'idée que la vie consiste à

mourir, à vieillir, à changer, et que celui qui était là au début
de la réunion a déjà fait place à un autre déjà modifié du fait
d'avoir écouté mes étranges paroles. Soyez conséquents.
Ayez peur en sentant que vous ne cessez pas de mourir et
que celui ou celle qui m'écoute en ce moment sera mort, bel
et bien mort, quand nous prendrons le thé ensemble dans
trois quarts d'heure. Ou alors, n'ayez aucunement peur à
l'idée qu'un autre que vous mourra dans deux heures ou dans
trente ans.

Maintenant encore un point : Considérons cette forme
particulière de la mort que nous appelons le décès. En aucun
cas, dans aucun ordre de réalité, vous n'avez vu une mort
sans une naissance, jamais! L'étude de la nature grossière ou
subtile – le monde psychique – nous montre que cette loi n'a
pas d'exception. Chaque fois qu'il y a une mort il y a une
naissance. Alors, quand surviendra la mort, quelle naissance
se produira-t-il? Et serait-il plausible qu'une exception se
produise en ce domaine dans un univers qui, à part cela, n'en
comporte aucune? Comme l'affirme cette formule qui confirme ce que les maîtres enseignaient à leurs disciples il y a
deux ou trois mille ans : « Rien ne se crée, rien ne se perd
dans la nature, tout se transforme. »

Si rien d'autre n'existe en dehors de ce double mouvement
de mort et de naissance, quelque chose est mort quand vous
êtes né ou alors la nature se contredit elle-même. Il se
produit une naissance. De quelle mort résulte-t-elle? Il est
d'ailleurs plus normal de faire remonter votre « naissance »
au début de la fécondation puisque tout a commencé au
moment de la fusion de l'ovule et du spermatozoïde. Qu'est-
ce qui est mort pour que cet être nouveau que je déclare à
l'état civil puisse apparaître dans notre monde phénoménal?
Nous envisageons la naissance comme n'ayant pas eu
d'antécédent mais cela ne s'est jamais observé. Et si vous
admettez qu'il s'agit de la naissance d'un être conscient,
l'antécédent était nécessairement conscient; de même que si
vous admettez le décès d'un être conscient, ce qui suivra sera
également conscient.

Quand un grain de riz meurt, c'est pour donner naissance

à une pousse de riz. Ce qui meurt donne naissance à une
réalité qui en est la continuité. Par conséquent, si une
conscience humaine meurt au moment du décès, cette
conscience humaine, nous dit la Loi universelle, doit donner
naissance à une autre conscience humaine et, si une conscience humaine apparaît sur cette terre, née tel jour à telle
heure dans telle clinique, c'est qu'il y a eu une mort ou
disparition d'une autre conscience humaine. A partir de
cette vision de la Loi universelle et de l'expérience vécue de
cette loi, les yogis et les sages, en poussant de plus en plus
loin leur recherche sur eux-mêmes, ont acquis jadis la
certitude de la continuité du samsara. Une existence
humaine a été précédée d'une autre forme avant la naissance
et sera continuée d'une manière ou d'une autre après la
mort. Sinon, c'est la Loi universelle qui se contredit elle-
même.

Ne vous considérez plus comme une entité fixe et vous
découvrirez la véritable entité fixe, non illusoire qui est en
vous, que vous êtes : la Conscience suprême. Dans ce jeu de
morts et de naissances, qu'est-ce qui établit le lien, qu'est-ce
qui fait la continuité de ces formes sans cesse nées, que ce
soit des formes physiques ou des formes plus subtiles –
pensées ou émotions? Qu'est-ce qui fait qu'une forme donne
naissance à une autre forme? Regardez! Utilisons la
méthode ancienne – qui n'utilisait pas d'appareillage scientifique – pour examiner ce que nous pouvons voir le plus
facilement et poursuivre ensuite notre investigation d'une
manière de plus en plus fine. La science moderne a procédé
avec la même méthode puisqu'elle n'a pas commencé avec la
connaissance des protons, des électrons et des neutrons, mais
avec l'étude de la matière telle que nos cinq sens nous la font
d'abord découvrir. Après s'être préoccupée des molécules
puis des atomes, elle a envisagé la composition même de
l'atome grâce à une vision de plus en plus pénétrante.

Prenons n'importe quel exemple en nous appuyant sur ce

principe que confirme l'expérience de tous ceux qui se sont engagés sur ce genre de voie : les grandes lois se révèlent partout les mêmes et ce qui est vrai à un niveau est vrai à un autre niveau ; une réalité matérielle peut être l'image d'une réalité spirituelle, d'où l'utilisation de symboles, les signes visibles de réalités d'un ordre supérieur, dans la plupart des traditions. En vertu de cette loi de corrélation, il devient compréhensible que, pour comprendre la psychologie humaine, les anciens se soient servis des quatre éléments de la nature : le feu, la terre, l'air et l'eau, qui ont tant de choses à nous dire sur nous-mêmes. Il y a transposition aux différents niveaux de réalité des principes essentiels. Cherchons ce qui fait la continuité de cet incessant changement à travers un exemple simple : un homme se trouve dans la chambre. L'homme qui est dans la chambre disparaît pour faire place à celui qui est dans le couloir. Qu'est-ce qui a sous-tendu cette métamorphose, ce départ et cette arrivée ? Ou encore : je suis dans un certain état physique et soudain je change ; quelques muscles se contractent, je suis dans un certain état mental, voici qu'une pensée se lève et je ne suis plus le même mentalement, je suis dans un certain état émotionnel et voici qu'émotionnellement je suis un autre : l'homme calme que j'étais il y a quelques instants est remplacé par un homme agité.

Qu'y a-t-il derrière ce changement ? Tout ce que vous observez peut s'exprimer par un seul mot : le mot « désir ». Le désir, au singulier, qui se manifeste sous la forme de tous les désirs au pluriel. S'il n'y avait pas de désir, il n'y aurait pas de changement. Cette continuité des morts et des naissances, des disparitions et des apparitions est l'expression du désir.

Si vous avez suivi ce que j'ai dit jusqu'à présent, nous pouvons franchir une étape de plus. Pourquoi l'homme a-t-il quitté la chambre pour se rendre dans le couloir ? Parce qu'il a été mû par un désir. Nous ne savons pas quel désir, mais c'est un désir qui l'a fait se mouvoir : celui d'aller se promener, celui de se rendre à son bureau, celui de descendre acheter le journal ou celui de voir son enfant qui est

malade dans la pièce à côté pour vérifier si tout va bien...
Partout et toujours, vous trouverez le désir. Certaines formes
de désir vous seront tout de suite très compréhensibles parce
que votre demande sera manifeste ; d'autres vous sembleront
moins évidentes au premier abord, à cause de leur complexi-
té. Et pourtant, il n'y a rien d'autre que le désir pour
mouvoir cet univers. Entendez-le métaphysiquement, ontolo-
giquement ou psychologiquement, considérez qu'il s'agit
d'une réalité tout à fait concrète ou simplement d'un
principe philosophique. Les Upanishads disent : « Le Un
éprouva le désir de devenir multiple. »

Premièrement : désir. Deuxièmement . changement. Il y a
un désir dans l'infiniment petit comme dans l'infiniment
grand : un désir biologique au niveau des cellules, un désir
physiologique. Il y a aussi un désir planétaire du moment
qu'il y a manifestation dans le monde des formes grossières
ou subtiles. S'il n'y avait pas désir, le flux incessant du
samsara cesserait. Vous pouvez considérer le monde comme
l'expression du désir de Dieu. Le désir crée la Manifestation,
c'est lui qui perpétue ce mouvement de changement incessant, lui qui vous a fait naître, lui aussi qui se poursuivra
après votre mort.

Si vous admettez que l'idée selon laquelle rien ne se
poursuit après la mort a quelque chose d'absurde car elle
contredit toute la loi universelle et qu'une autre conscience
apparaîtra au moment où disparaîtra celle que vous êtes
d'après l'état civil, c'est le désir qui perpétuera ce courant
des formes évanescentes. Il meut la roue du monde. Si le
désir cessait, la manifestation dans la forme s'arrêterait.
Seule subsisterait la Conscience, absolue, infinie, éternelle,
celle à laquelle on accède dans les méditations les plus
profondes ou dans les états appelés techniquement
samadhi.

Votre incarnation est due à votre désir de naître. Si vous
avez la moindre expérience des « samskaras de vies antérieures », vous connaissez le désir que vous avez apporté en
naissant et qui a conduit votre existence dans des directions
plus ou moins harmonieuses ou chaotiques, heureuses ou

douloureuses. Et tant que le désir durera, le désir aura besoin de formes pour s'exprimer. Ce n'est qu'en parvenant à l'accomplissement complet synthétisé par la parole de Swâmiji : « J'ai fait ce que j'avais à faire, j'ai reçu ce que j'avais à recevoir, j'ai donné ce que j'avais à donner » que le désir en lui-même cesse et qu'il n'y a plus de nécessité d'une forme humaine pour l'accomplir.

Bien sûr, si vous vous contentez de m'entendre, une bonne part de ce que je dis aujourd'hui peut paraître des affirmations intéressantes mais, finalement, assez gratuites. Il vous incombe de les tester, de vérifier en toute certitude ce qu'il en est par l'étude des formes autour de vous et surtout par l'étude de vous-mêmes qui êtes un résumé de l'univers. Que savez-vous du corps subtil d'un arbre? Pas grand-chose! Mais du vôtre, oui. Pouvez-vous avoir vraiment conscience du jeu des électrons dans ce radiateur? Non! Mais du jeu de la conscience et des formes prises par la conscience en vous, oui. Et dès que vous commencerez à chercher en vous-mêmes pour vous connaître, vous trouverez le désir.

Peu à peu, derrière les désirs au pluriel, essayez de découvrir le désir au singulier, le DÉSIR, dans le relatif. Je ne parle pas de l'atman, du « non-né, non-fait, non-devenu, non-composé ». Je parle du monde phénoménal, du monde manifesté dont l'apparente continuité est sous-tendue par le désir. Les désirs ne cessent pas de changer, mais le désir, lui, demeure. Et si vous voulez comprendre quelque chose à cette énergie infinie enclose dans la graine qui va produire un arbre lequel produira à son tour des milliers de graines qui pourraient engendrer des milliers d'arbres si les conditions le permettaient, si vous voulez comprendre cette énergie infinie, comprenez-la sous forme de désir.

Beaucoup d'enseignements spirituels omettent de vous dire où poser le pied pour faire le premier pas : le Chemin commence toujours deux cents mètres plus loin que nous ne sommes. Là vous avez un lien pour faire ce premier pas. Désir est le mot clef de toute la sagesse, puisque c'est à partir de lui que le non-manifesté, l'absolu, se manifeste et que ce même mot « désir » possède un sens si concret pour vous. Les deux thèmes d'aujourd'hui sont étroitement liés. Si nous ne tenons pas compte pour l'instant du métabolisme ou du vieillissement, vous voici immobiles et silencieux en méditation, bien situés en vous-mêmes. Qu'est-ce qui met fin à votre état de méditation, de relâchement musculaire, de silence des pensées, de paix du cœur? C'est l'apparition d'un désir quelconque, fût-ce le désir d'aller dans la pièce à côté.

Le désir est d'abord lié au corps. Les désirs commencent avec le corps sous forme de besoins. « L'homme qui était dans la chambre est mort, celui qui est dans le couloir vient de naître », parce qu'il a éprouvé un besoin physiologique, le besoin d'uriner ou de boire un verre d'eau ou d'aller prendre l'air si la pièce est enfumée. Ces nécessités physiologiques correspondent à un désir du corps physique. S'il n'y avait pas un corps il n'y aurait ni besoin d'air pur ni besoin de faire pipi.

Certaines méditations permettent d'entrevoir une conscience de plus en plus libre du corps. Pouvons-nous envisager une conscience qui serait entièrement indépendante du corps? Quand nous mourons, notre corps ne disparaît pas brusquement. Il se transforme, fût-ce en la substance de vers qui grouillent dans un cercueil; les vers qui se nourrissent d'un cadavre métamorphosent ce cadavre en vers. Mais que devient la conscience d'être? Nous avons vu qu'il serait vraiment étonnant qu'elle disparaisse, sans que rien lui succède, puisque la loi universelle montre que toute disparition engendre une apparition et inversement. Pouvons-nous imaginer ou supposer une conscience sans corps? Oui. Les enseignements traditionnels l'affirment unanimement.

Mais il faut aussi considérer le corps subtil composé de l'ensemble des désirs. Il subsiste après la mort et prend notamment la forme des dernières pensées ou de la dernière pensée qui vient à l'esprit du mourant sous forme d'un désir qui aura besoin de perpétuer ce jeu mort-naissance pour s'accomplir, soit qu'il y ait manifestement du désir sous une forme subtile – dans un enfer, un purgatoire, un paradis ou un état intermédiaire –, soit qu'il y ait une nouvelle naissance.

Autrement dit, vous ne découvrirez que deux réalités dans ce monde où tout est sans cesse changeant et évanescent, donc irréel. L'une, c'est la Conscience pure, la Vie éternelle, l'Atman, la Nature-de-Bouddha, qui ne connaît ni naissance ni mort, qui n'a ni besoin de naître ni besoin de mourir. Qui EST. L'autre, c'est le Désir qui sous-tend toutes les formes passagères et oriente leur succession. Ce que nous appelons la causalité se résume au désir. La succession des formes, qu'elles soient physiques ou subtiles, n'est que l'expression du désir, d'un désir particulier.

*
* *

Cette loi joue également pour vous : vous êtes parfaitement relâchés, immobiles, sans pensées, sans émotions. Naît une pensée. Cette pensée est toujours l'expression d'un désir ou, si vous préférez, du désir fondamental qui vous pousse à agir, à vous exprimer, à vous manifester. Plus concrètement, prenons l'exemple d'Arnaud à la fin de notre rencontre d'aujourd'hui ; la causerie est terminée, le moment de silence en commun s'achève. Je suis assis sur cette plate-forme et je suis immobile, silencieux, détendu et une certaine tension prend naissance en moi sous forme d'impulsion motrice. Un influx nerveux anime les muscles, à l'origine duquel se trouve le désir de me rendre soit dans ma chambre, soit dans le couloir vers la salle à manger. Donc, une certaine forme physique qui était relâchée a disparu, remplacée par une autre forme physique quelque peu contractée puisque je commence à me lever.

Nous pouvons même pousser un peu plus loin notre investigation pour comprendre l'importance que les enseignements anciens ont donnée aux désirs qu'un être a accomplis ou n'a pas accomplis dans cette vie et qui — toujours selon les enseignements anciens — auront inévitablement leur prolongement. Rien ne s'arrête abruptement – rien ne se perd, rien ne se crée, tout se « transforme », prend une autre forme. Si vous mourez envahi d'une rancune très forte, le désir subsiste de réparer l'injustice que vous avez subie et éventuellement de vous venger. Ce désir va prendre une forme. Le monde des formes, expression bien connue en Inde, c'est le monde du désir. De quelle forme s'agit-il? Les formes de l'Énergie Universelle sont celles du désir. S'il n'y avait pas de désir il n'y aurait pas de formes. Le jour où vous serez totalement sans désir, vous ne vous réincarnerez plus, vous n'aurez plus besoin de formes physiques ni de formes subtiles pour subsister en tant qu'individualité.

Peut-être avez-vous accompli tous vos désirs. Vous n'avez de comptes à régler à personne, votre honneur n'exige aucune vengeance, vous ne rêvez plus de la réussite professionnelle, du grand amour ou de la gloire. Vous n'avez plus de désirs personnels. Il s'agit déjà d'un niveau très élevé dans la voie de la sagesse mais peut-être reste-t-il en vous le désir d'aider ceux qui souffrent, auquel cas, comme le disent les Tibétains, ce désir vous amènera à prendre une nouvelle forme humaine que l'on appelle Bodhisattva dans le bouddhisme mahayana – celui qui n'a plus de désirs personnels mais conserve celui d'aider les autres. Un Bodhisattva fait le vœu de se réincarner indéfiniment tant qu'il y aura des êtres qui souffrent et qu'il peut aider. Ce désir conscient le conduit à prendre une forme nouvelle. Mais chez la plupart des gens qui meurent, il ne subsiste pas uniquement le désir exclusif d'aider les autres; ce sont les désirs personnels égocentriques qui auront besoin d'une forme.

Je me souviens d'un entretien avec Swâmiji où – évidemment je ne pourrai pas vous faire partager ce que j'ai ressenti – je lui ai avoué : « Mais moi, j'ai un désir très fort – commun à la plupart des êtres humains – et qui se réalise parfois en rêve, c'est celui de pouvoir voler. » Il m'a répondu : « Si ce désir est réellement puissant, s'il est votre désir majeur, vous vous réincarnerez sous la forme d'un oiseau. »

Je n'ai pas ri, parce qu'en face de Swâmiji j'étais toujours empreint d'un sentiment de gravité; je suis au contraire resté tout à fait dérouté ayant jusqu'alors considéré comme une sottise que l'on puisse se réincarner en animal, bien que ce soit admis dans « Les Lois de Manou », aussi absurde que cela nous paraisse. Il y a bien sûr quelque chose que vous ne pouvez pas admettre dans cette théorie si vous imaginez que c'est vous en tant que secrétaire général des Aciéries de Longwy ou professeur de mathématiques au lycée Louis le Grand qui allez vous réincarner sous forme d'oiseau. Mais vous pouvez simplement vous demander : « Quelle forme ce désir si fort va-t-il prendre pour pouvoir se réaliser puisque tout désir a besoin d'une forme qui lui serve de véhicule? » Quand une forme nommée Paul Dubois ou John Smith va disparaître, quelle forme va lui succéder et qu'est-ce qui fera le lien entre ces deux formes? Le désir.

Je le redis, l'enchaînement inexorable des causes et des effets ne se perpétue que par le désir. L'être humain dont le dernier désir est tombé n'a plus besoin de forme et réalise ce que l'on appelle *shunyata* chez les bouddhistes tibétains : le sans-forme, l'éternel, l'absolu, l'infini, l'illimité. Il s'agit d'une Libération inconcevable pour l'être humain ordinaire qui est composé de désirs, fût-ce même le désir mystique de contempler Dieu face à face ou d'avoir un corps d'ange pour chanter au Ciel les louanges du Seigneur. L'homme désire toujours quelque chose et ses élans mystiques, divins, n'échappent pas à la règle.

Celui qui n'a pas été assez loin dans sa propre transformation intérieure ne peut pas comprendre la différence radicale qui existe entre le monde du désir, ou monde de la forme, et le monde sans désir. L'essence des enseignements spirituels repose sur l'effacement non seulement des désirs, mais du désir en soi. Du point de vue hindou, cela montre l'inutilité du suicide. Le suicide entraîne la destruction d'une forme, mais si un désir subsiste, une autre forme lui succédera. Les désirs étant nombreux, une forme permettra de tenter d'accomplir un désir mais d'autres désirs subsisteront dans la profondeur à l'état latent qui chercheront à s'accomplir dans une autre existence ou sous une autre forme. Le Désir s'exprime sous la forme de désirs différents qui se renforcent les uns les autres, se contredisent, s'annulent, et grâce auxquels le courant de la Manifestation se poursuit indéfiniment.

Vous avez entendu dire que les hindous distinguent trois corps : le corps causal, le corps subtil et le corps physique. Qu'est-ce que le corps causal : le Désir, au singulier. Qu'est-ce que le corps subtil? L'ensemble des désirs, au pluriel. Et qu'est-ce que le corps physique? Le véhicule permettant aux désirs de tenter de s'accomplir, l'instrument indispensable de leur actualisation dans l'existence. Si le désir de voler se révèle très puissant, il aura besoin d'un corps d'oiseau. Voilà la réponse inécoutable que Swâmiji m'a faite un jour.

En vous suicidant, vous ne résolvez rien; vous détruisez simplement une forme physique à laquelle une autre forme succédera immédiatement, comme en témoigne partout la loi universelle. Bien sûr, pour nous qui ne sommes que désirs, ce langage de la sagesse devient presque insupportable. Vous pouvez être des admirateurs convaincus de Ramana Maharshi ou de Mâ Anandamayî ou de tels des plus grands sages hindous et, de tout votre cœur, proclamer : « Je veux la libération. » Êtes-vous vraiment sincères? « Oui. Moi, je ne viens pas à l'ashram pour régler mes problèmes d'éjaculation précoce ou de frigidité, je viens parce que je cherche la Libération. » Mais êtes-vous prêts à dire : je cherche la disparition du désir et la disparition de la nécessité des formes? Car c'est cela la Libération. Si vous êtes honnêtes vous reconnaîtrez que cela ne correspond pas à ce que vous cherchez tant le désir est puissant et tant les désirs, au pluriel, sont contraignants. Voilà l'origine du malentendu que j'ai si souvent signalé, à savoir cette confusion entre deux plans qui n'ont rien à voir : les demandes égocentriques raffinées ou « spirituelles » et l'état-sans-ego.

Il faut certainement tenir le plus grand compte des désirs, mais le but réside dans la disparition du Désir, la non-identification aux formes et l'établissement dans la Conscience pure. Tant qu'il y aura forme, il y aura multiplicité des formes, donc contradiction entre ces formes, attraction et répulsion, entraînant bonheur et souffrance et inévitabilité de faire souffrir les autres. Ce dernier point fait partie d'une conviction hindoue à laquelle nous pouvons réfléchir : « toute forme fait inévitablement souffrir les autres formes ». Il ne suffit pas de dire « moi je suis végétarien » pour échapper à cette loi. Même si vous mangez des carottes ou du riz, que vous le vouliez ou non, vous tuez une forme de vie. Vous ne pouvez pas faire un pas sans écraser une fourmi ou une petite bestiole même si vous balayez le sol devant vous avec un plumeau comme le font les jaïns. Vous ne pouvez pas animer une forme sans vous heurter à d'autres formes.

La manifestation dans le monde des formes apparaît très cruelle : manger et être mangé, tuer et être tué. A l'intérieur d'une pièce d'eau comme dans une jungle, toutes sortes d'animaux s'entre-dévorent et, en ce qui nous concerne, nous pourrions trouver mille exemples montrant que nous sommes soumis à la même loi. Tant qu'il y a forme nous faisons souffrir les autres. Mais oui! Tout en faisant du bien, nous faisons souffrir. Inévitablement, moi Arnaud, je fais souffrir ceux qui à longueur de semaine m'écrivent et qui reçoivent une réponse photocopiée disant que je ne peux les accueillir. Inévitablement, même le plus grand sage, du moment qu'il anime une forme parmi d'autres formes, fait souffrir. Cette prise de conscience a beaucoup touché certains hindous qui se sont demandé ce qu'ils pouvaient faire afin de cesser d'être une cause de souffrance pour d'autres créatures vivantes. Il y a deux réponses à cette question : soit ne plus se manifester dans le monde des formes, soit au contraire y revenir en admettant que je ferai souffrir des êtres, que je détruirai de la vie pour maintenir ma propre forme, mais que je pourrai aussi aider. C'est le cas du bouddhiste mahayaniste dont le vœu est de s'incarner aussi longtemps que des êtres seront encore dans l'erreur.

J'ai dit beaucoup de choses aujourd'hui, mais elles sont toutes liées, depuis une allusion au suicide ou au fait de ne plus jamais se réincarner, jusqu'à l'histoire d'un homme qui disparaît d'une pièce pour apparaître dans une autre. Ce qui vient s'en va, et ce qui vient provient de quelque part et ce qui s'en va arrive quelque part. Ce qui naît vient de mourir et ce qui meurt va naître. Nous disons de quelqu'un qui vient de mourir : « Il s'en est allé. » S'il est parti d'un endroit il est forcément arrivé dans un autre. On n'a jamais vu quelqu'un disparaître en route, à part dans les films de science-fiction. On n'a jamais vu qu'un homme quittant la grande salle se volatilise en franchissant la porte. C'est la loi universelle.

Changement, changement, changement, évanescence où rien ne subsiste, même un instant; voilà le monde des formes. Et, sous-tendant ce monde des formes ou s'exprimant à travers ces formes, se déploie l'Unique Énergie Infinie. Le premier accès que nous pouvons avoir à cette Unique Énergie Infinie se fait à travers le mot Désir. Au-delà se situe le Témoin, immuable, sans naissance, sans mort, sans commencement, sans fin, sans forme.

De temps en temps, il faut bien parler d'autre chose que des brouilles conjugales ou de l'éducation des enfants.

11

LA NOUVELLE NAISSANCE

En Inde, on désigne comme deux fois nés les jeunes enfants des trois premières castes lorsqu'ils reçoivent l'initiation vers l'âge de sept ans et qu'un prêtre leur donne le cordon sacré composé de trois fils. Et, nous-mêmes, en dehors de toute tradition hindoue, nous avons à vivre un certain nombre de naissances, pas seulement celle qui correspond à l'accouchement pour la mère. Vous en avez vécu quelques-unes et pensez à celles qui vous attendent, que vous allez avoir à vivre, que je vous souhaite de vivre.

Une existence est faite de morts et de naissances. Le bébé meurt, disparaît, pour faire place au petit enfant, le petit enfant a disparu pour faire place à l'adolescent qui lui-même a disparu dans l'homme ou la femme de vingt-cinq ans. Et il en est ainsi d'année en année, d'âge en âge, d'époque en époque – et de seconde en seconde. Si l'on approfondit cette idée, celui ou celle qui tout à l'heure parlait dans la cour est mort pour faire place à celui ou celle qui maintenant participe à notre réunion et celui ou celle qui écoute la réunion va disparaître pour faire place à celui ou celle qui va partager le repas avec nous tout à l'heure. Sans cesse nous naissons à autre chose. Mais, si ces naissances-là concernent tous les êtres humains, certaines concernent uniquement ceux qui ont découvert dans cette existence la possibilité de se transformer très profondément et, par là même, de transformer leur vision du monde.

Je pense que vous serez d'accord avec ce que je vais dire maintenant et que vous allez vous reconnaître : n'avez-vous pas le sentiment que vous êtes nés, vraiment, le jour où vous avez eu la conviction qu'il existait une possibilité de transformation, que la spiritualité n'était pas une superstition ou un phénomène culturel mais une réalité? Je ne sais pas comment cela s'est produit pour vous, en lisant un livre, en entendant parler un disciple, en rencontrant un sage, devant une œuvre d'art sacrée... en tout cas je peux me souvenir de ce que cela a été pour moi : la découverte d'enseignements où il n'était pas seulement demandé de croire, ce qui avait été, avec une certaine morale, l'essentiel de mon éducation chrétienne, et qui promettaient une expérience possible, une transformation, une « réalisation ». De ce jour-là, je n'ai plus été le même. Je vais vous dire comment cela s'est passé : c'est en lisant un livre très célèbre, « Le Pèlerinage aux Sources » de Lanza del Vasto, qui avait été un best-seller sous l'Occupation où très peu de livres paraissaient, et que j'ai lu en fait en 1948, à 23 ans. C'est la première fois que j'ai vu, lu et connu le mot « yogi »; vous voyez que les temps ont changé. Mais je me souviendrai toujours de ce que ce livre a été pour moi : « Il existe des maîtres vivants aujourd'hui qui ont des disciples... »

Et puis j'ai vraiment eu l'impression, ou plutôt je peux affirmer maintenant que cela a aussi été la « naissance » d'un nouvel Arnaud, quand j'ai pu mettre, comme on dit, « le pied à l'étrier ». Je ne savais même pas de quel enseignement il s'agissait; j'avais pris contact avec ce qu'on appelle communément les Groupes Gurdjieff dont je n'avais jamais entendu prononcer le nom. C'est seulement quelques mois plus tard, séjournant, encore très jeune, au Sanatorium des Étudiants qu'en lisant « Fragments d'un Enseignement inconnu », paru en 1949, j'ai compris que j'étais en contact avec des élèves de ce Gurdjieff qui venait de mourir. C'est inoubliable aussi. Je peux vraiment dire que pour moi cela a été aussi une « naissance ». Un nouvel Arnaud est né, avec une aspiration intérieure, une confiance, une espérance qui manquaient jusqu'à présent : « Ça y est, je suis engagé quelque part. » Je ne m'étais pas tellement trompé parce que, pendant les quatorze années que j'ai consacrées à cet enseignement Gurdjieff, j'ai compris beaucoup de vérités précieuses et je n'ai pas du tout l'impression d'avoir perdu mon temps.

Et puis, il y a eu encore une autre naissance : ma première rencontre avec Mâ Anandamayî. Je me souviens d'avoir écrit dans le premier ouvrage paru sous mon nom « Ashrams » : « jusqu'à aujourd'hui j'étais mort et enfin je vis vraiment ».

Cela fait déjà plusieurs naissances mais elles ne se seraient pas produites si je n'avais jamais été sensible aux signes qui sont partout et, de plus en plus nombreux, témoignant qu'une réelle transformation est possible dans cette existence et pas seulement après la mort comme le croient encore beaucoup de chrétiens. La rencontre avec Mâ Anandamayî représentait la preuve vivante que les enseignements spirituels disent vrai. C'est une grande bénédiction de rencontrer un Sage de ce « calibre », comme disent les hindous en anglais, tant son rayonnement est une preuve de la réalité métaphysique. « Heureux ceux qui n'ont pas vu et qui ont cru », mais heureux aussi ceux qui ont vu et qui ont bien été obligés, plus que de croire, d'être certains. Heureusement, il n'y a pas que Mâ Anandamayî dont la simple présence soit un tel témoignage, bien que les sages de ce niveau-là soient rares : s'il y a certainement des milliers de gourous authentiques en Inde, libérés de leur ego, de leurs pulsions, des fantaisies de leur mental, il n'y a pas des milliers de Mâ Anandamayî ou de Ramana Maharshi.

Et puis j'ai eu encore l'impression d'une naissance – encore un nouvel Arnaud qui vient de naître – dans la rencontre avec Swâmi Prajnanpad, dès la fin du premier entretien : « Ça y est, j'ai trouvé » ; trouvé non pas seulement un sage, mais un gourou, un maître qui parle une langue que je comprends, l'anglais, avec qui je peux échanger et qui a le temps d'entrer avec moi dans les détails de ma « sadhana ». J'arrivais à peine à y croire. Je me souviens avoir dit à un disciple indien de Swâmiji : « J'ai cherché Swâmiji pendant seize ans » et il m'a répondu spontanément : « Seize ans !

16 000 existences. » Je ne parle pas seulement d'un sage dont la présence est une telle évidence qu'il fait naître en nous une certitude mais de celui qui pourra nous guider pas à pas, année après année.

C'est encore une naissance : un être nouveau se lève en nous, que nous n'avions pas connu, avec une nouvelle foi, une nouvelle espérance, car finalement c'est ce qui nous manque le plus : cette conviction non seulement qu'il existe un chemin mais que les promesses des sages de toutes les traditions pourraient se réaliser *pour nous*, à condition de ne pas rêver d'être une nouvelle Mâ Anandamayî ou un nouveau Ramana Maharshi mais de rêver d'être soi, débarrassé de ce qui nous restreint, nous contraint et nous interdit un épanouissement dont nous savons, du fait même que nous en rêvons, qu'il est possible.

C'est vraiment une naissance, celle de l'homme, de la femme, qui a cette foi, cette certitude : maintenant j'ai trouvé le Chemin, mon Chemin. Le reste dépend de moi et non plus d'un monde extérieur sur lequel je n'ai guère du pouvoir. Il dépend de moi d'écouter, d'essayer de comprendre, de mettre en pratique, de devenir au moins un apprenti-disciple. Et l'apprenti-disciple a encore bien besoin du gourou en chair et en os parce qu'il est encore susceptible d'être le jouet de son propre mental et de s'égarer complètement sans s'en rendre compte.

Et puis vient un jour où, à force de mettre en pratique – fût-ce maladroitement et avec des échecs apparents – l'enseignement du maître, nos efforts ont éveillé cet aspect bien particulier de nous : le disciple, ou ce que les hindous appellent *the inner guru*, « le gourou intérieur ». Et c'est encore une naissance, la naissance de celui qui n'a plus la même nécessité du maître extérieur, qui sait maintenant comment mettre en pratique l'enseignement qu'il a reçu de manière à être plus vigilant que son propre mental, qui ne peut plus se laisser emporter, qui voit tout de suite les petits voyants lumineux s'allumer au tableau de bord : « attention il y a émotion », « attention il y a jeu du mental », qui ne peut plus être dupe.

Mais on pourrait aussi réserver ce terme de naissance pour ce qui est plus important que tout et qui est réellement une naissance, aussi essentielle, dans notre existence que l'apparition d'un petit corps de trois ou quatre kilos sortant de la matrice. On emploie en français un certain nombre de termes qui ont peut-être tous l'inconvénient d'être trop connus, trop célèbres, trop grandioses : Éveil, Libération, Illumination. Et, depuis un certain temps déjà, un mot me vient de plus en plus souvent à l'esprit, c'est ce mot « naissance ». Oui, naissance spirituelle, passage d'un monde à un autre.

***

Je pense que vous serez tous d'accord avec moi : ce que nous appelons communément la naissance, c'est sortir d'un milieu, l'utérus, et découvrir un autre milieu, passer du monde de l'obscurité, des sons assourdis, du liquide et, dans les dernières semaines, d'une certaine pression, au monde de la lumière, du bruit, du chaud, du froid, de l'espace. Et la naissance pour laquelle je témoigne est la sortie d'un monde et la pénétration dans un monde nouveau qui s'ouvre à nous. C'est un changement de notre être même, mais aussi et surtout, l'accès à une autre réalité.

Il est d'autant plus étonnant de s'exprimer ainsi que ce monde nouveau est, en fait, exactement le monde dans lequel nous avions vécu jusque-là : un monde où il y aura toujours des personnes qu'on peut considérer comme des amis et d'autres comme des ennemis, des gens qui disent du mal de nous ou même qui nous veulent du mal, un monde où il y a encore la santé, la maladie, les bonnes nouvelles, les mauvaises nouvelles, les contrôles fiscaux et les difficultés financières. Et pourtant c'est un monde radicalement différent de l'ancien. Il n'est plus essentiellement peuplé de gens brillants et de gens ternes, de gens sympathiques et de gens antipathiques. Chaque être humain est accepté aisément et a le droit d'être lui-même. Les événements et les situations ne sont plus appréciés en fonction de nous ou, parlons chacun pour soi, en fonction de « moi », ce mot terrible puisque c'est la traduction la plus simple du mot « ego », la source de toutes les souffrances.

C'est en cela avant tout qu'il s'agit d'un monde nouveau, puisque ce n'est plus un monde égocentrique : c'est un monde qui est là en lui-même et, après que nous avons tant lutté pour l'accepter, détail après détail, instant après instant, c'est un monde dont l'acceptation, fondamentalement, se fait d'elle-même dans la liberté et la paix. Oui, c'est un monde aussi nouveau par rapport au monde d'avant que le monde du dehors est nouveau pour le bébé qui vient d'émerger du sein maternel. Un monde radicalement nouveau parce qu'il n'est plus jamais menaçant, même si ce qu'on aurait considéré comme hostile demeure. Rien ne peut plus être vu ni ressenti de la même manière. Et, en fait, si on savait à l'avance en quoi va consister cette naissance, on n'aurait pas deux fois mais dix fois plus d'ardeur pour progresser.

Les hindous et les bouddhistes disent que, comme nous avons tous vécu un nombre imposant d'existences, le fœtus, dans les profondeurs de lui-même, sait déjà un peu ce qu'est ce monde dans lequel il va entrer puisqu'il a déjà connu des naissances préalables. Mais la naissance à ce monde nouveau, elle, est une expérience qui n'a été faite dans aucune existence précédente. Et ce qui permet d'affirmer cela, c'est la conviction totale et inébranlable, que ce qui a été découvert ne pourra plus être oublié, que, même s'il y a d'autres naissances à venir, cela ne pourra plus jamais être comme autrefois. La naissance de cet être nouveau est définitive. Il m'est parfois venu à l'esprit la parole célèbre dite par le Christ à saint Pierre et aux apôtres : « Ce que vous délierez sur la terre sera délié dans les Cieux. » En dehors d'un pouvoir particulier donné aux apôtres, j'ai la certitude que lorsque certains nœuds sont dénoués, c'est pour toujours, quel que puisse être le futur en mode grossier, en mode subtil, sur un plan d'être ou un autre, dans un monde « astral », un paradis, un purgatoire. Une telle profondeur de l'être est touchée que la libération se révèle irréversible.

C'est la véritable naissance que vous attendez depuis bien des existences et, en tout cas, que nous attendons depuis que nous sommes nés dans cette existence-ci.

On l'a dit si souvent : le sens d'une existence de chenille c'est de devenir papillon; le sens d'une existence de gland c'est de devenir un chêne et le sens de toute existence humaine c'est cette deuxième naissance. Vous pouvez l'appeler comme dans les Évangiles : « Renaître d'esprit et d'eau. » Ce que je dis là n'est pas original. Tous les enseignements spirituels ont fait allusion à cette nouvelle naissance dans cette existence-ci

Ce sur quoi je veux insister aujourd'hui parce que cela apparaît peut-être moins clairement dans vos lectures, c'est que cette nouvelle naissance n'est pas seulement « la mort du vieil homme et la naissance de l'homme nouveau » mais aussi l'accès à un monde nouveau. Et c'est pourquoi le mot « naissance » me paraît si juste et si approprié. C'est un changement de niveau d'être et, à cet égard, les termes : Libération, Éveil ou Illumination, sont justes. Mais ils paraissent concerner avant tout la transformation de notre être tandis que le mot « naissance », lui, nous le savons bien mais j'y insiste, c'est non seulement la transformation de notre être mais c'est aussi le passage d'un millieu dans un autre, d'une réalité dans une autre. Ce monde dans lequel vous vivez, qui jusqu'à présent a été un monde d'imperfections, de douleurs, de menaces, sera lui aussi transformé parce que votre vision sera transformée. Et dans ce monde illuminé, l'élément essentiel de notre existence, à savoir les autres êtres humains, se révèle à nous comme nous ne les avions jamais vus, et cela sans effort.

Il y a peut-être de grands efforts qui sont demandés au bébé pour naître et le célèbre traumatisme de la naissance peut être considéré comme le prix à payer pour passer du monde de l'utérus au monde du dehors : ensuite nous avons l'impression que la vie est faite d'efforts, que la parole de la Genèse s'applique à nous : « Tu gagneras ton pain à la sueur de ton front. » Je me souviens très bien – et je suppose que presque tous ou toutes vous vous en souvenez – de l'impression pénible que j'ai ressentie quand j'ai compris qu'il fallait travailler, aller en classe, apprendre, et que cela continuerait année après année. L'effort pour naître est fini, ça y est nous sommes sur l'autre rive, sur le plateau de la balance où la sage-femme nous pèse mais nous allons mener une vie dominée par l'effort, la lutte, le fardeau qui pèse sur nos épaules. Alors que cette seconde naissance nous introduit à un monde qui n'est plus dominé par l'effort mais par l'aisance et la spontanéité, même si nous nous trouvons dans des situations dites « difficiles ».

Plus que tout, c'est un monde d'où la peur a disparu. Cela dit, il y a tout de même, si on conduit sur du verglas – je ne parle plus là métaphoriquement –, une crainte qui est un aspect de la sagesse : « Je ne peux pas conduire inattentivement et trop vite. » Mais à cette nécessité de vigilance je ne donnerai en aucun cas le vieux nom de peur.

Le Bouddha, vous le savez, a employé l'expression « atteindre l'autre rive ». Voilà : une traversée est achevée, une traversée avec par moments de grosses vagues ou même des tempêtes qui demandent d'être un habile navigateur. Après tout, le rôle d'un gourou c'est de vous enseigner la navigation jusqu'à ce que vous ayez atteint l'autre rive. C'est une bonne image parce que, dans la navigation à voile, celle que l'humanité a connue jusqu'au premier tiers du XIXe siècle, nous n'avons de maîtrise ni sur les vents, ni sur les vagues, ni sur les courants de surfaces, ni sur les marées à l'approche des côtes, et pourtant les marins ont toujours réussi à quitter un port pour rejoindre un autre port.

Et puis l'autre rive est atteinte, la traversée est finie, le bateau est à quai et je suis descendu, j'ai les pieds sur le sol ferme. Imaginons – pourquoi pas ! – l'île aux merveilles qui a fait rêver les Occidentaux depuis tant de siècles. L'île a été atteinte, la navigation est achevée. Oui, mais il reste à prospecter cette île, à s'y habituer, à s'y installer, à en connaître les paysages divers, les vallées, la zone aride, la forêt tropicale, les torrents, les plages, les rochers, les montagnes du centre, ... La certitude que la navigation est terminée n'implique pas que « tout est fini ». Maintenant, il y a à découvrir cette île.

Je suis passé d'un monde dans un autre, c'est irrévocable, c'est définitif, mais ce monde je peux le découvrir de mieux en mieux, le comprendre de mieux en mieux, l'approfondir de plus en plus. Il va me révéler peu à peu ses secrets, des secrets encore inconnus pendant la traversée, et surtout m'offrir ses trésors. Le premier de ces trésors est la disparition de la peur, non seulement l'impression qu'on n'a plus de fardeau à porter, mais qu'on est porté, qu'on peut se laisser consciemment porter, y compris par les situations inquiétantes depuis un contrôle fiscal sévère avec la menace de devoir payer beaucoup d'argent que nous n'avons même pas à notre disposition, jusqu'à la « folie » de notre fils ou de notre fille tombant amoureux de quelqu'un qui ne nous paraît en rien capable de faire son bonheur.

Un monde dans lequel non seulement il n'y a plus de peur, plus d'inquiétudes, dans lequel les situations difficiles deviennent faciles, mais aussi un monde qui a une couleur, un goût d'absolu et non plus seulement de relatif. Vous pouvez trouver ces mots bien philosophiques, c'est vrai, mais je n'en vois pas d'autres. Et vous devinez bien l'importance de la différence que cela doit représenter. Avant cette naissance tout est relatif et uniquement relatif, c'est-à-dire en relation. Tout est causé, produit, peut être détruit par des causes adverses, tout est dépendant. Ce qui domine nos existences c'est cette fatalité, puisque beaucoup de ces dépendances échappent à notre pouvoir : « Qu'est-ce qui va encore m'arriver ? » Et moi je parle d'un monde dans lequel le caractère relatif a fait place à un caractère absolu, à la révélation d'une réalité indestructible, inaltérable, invulnérable, qui se découvre en nous comme l'essence de notre conscience d'être, mais qui se projette en dehors.

Nous avons tous entendu parler de Diogène qui vivait dans un tonneau ; quand l'empereur lui a offert : « Ce que tu me demanderas je te le donnerai », il a répondu « Pousse-toi un peu et enlève-toi de mon soleil ». Nous savons aussi que Diogène se promenait avec une lanterne allumée en plein jour : « Que fais-tu avec cette lanterne ? » – « Je cherche, je cherche et hélas je ne trouve pas ! » – « Que cherches-tu ? » –

« Un homme. » Certains ont fait de Diogène le premier maître zen. On raconte également sur Diogène une très jolie histoire et qui s'insère bien dans ce que je veux dire aujourd'hui.

Diogène se trouvait en promenade à quelques kilomètres d'Athènes quand s'approche un habitant d'une autre ville grecque. Et cet étranger lui demande : « Vous êtes Athénien ? » — « Oui, répond Diogène. » — « Je ne connais pas Athènes et je voudrais que vous me disiez quel genre d'habitants il y a dans cette cité. » — « Je vous promets de répondre à votre question mais à condition que vous répondiez d'abord à la mienne : quel genre d'habitants y a-t-il dans votre ville à vous ? » — Oh, répond l'autre, des gens pénibles, désagréables, méchants, et c'est pour cela que je suis parti et que je veux changer de ville » — « Ah, dit Diogène, je suis désolé de vous dire qu'à Athènes vous trouverez des gens pénibles, méchants et désagréables. » Quelque temps après, Diogène rencontre un autre voyageur venant de la même ville et qui lui demande : « Vous êtes Athénien ? » — « Oui, je suis Athénien depuis ma naissance » — « Écoutez, moi, je vais à Athènes que je ne connais pas, ça m'intéresserait de savoir un peu comment sont les habitants de cette cité ? » — « Ah bien, réplique Diogène, mais comment sont vos concitoyens à vous. Je vous répondrai si vous me répondez d'abord » — « Oh ! dit l'autre, des gens sympathiques, vraiment bienveillants, agréables à vivre » : « Eh bien, dit Diogène, je suis heureux de vous dire qu'Athènes est peuplé de gens agréables, bienveillants, sympathiques et faciles à vivre. »

Le sens de cette histoire est évident : le monde dans lequel nous vivons dépend de notre monde intérieur et, si notre monde intérieur est radicalement changé, le monde dans lequel nous vivons est radicalement changé. Les deux sont intimement liés. Alors la question est : « Dans quel monde voulez-vous vivre ? Est-ce que vous voulez demeurer dans un monde d'insécurité, de souffrance, de tristesse, de trahison ?

Ou voulez-vous vivre dans un monde de clarté, de stabilité, d'aisance, d'absence de peur? Et la question est posée à tous. Si vous entendez cette question, qui répondra : « Je veux continuer à vivre dans un monde lourd à porter, dans lequel le bonheur est sans cesse remis en cause, dans lequel les situations heureuses ne durent pas, dans lequel je souffre »? Et qui ne répondrait pas tout de suite : « Oui, bien sûr, je n'ai qu'une idée, c'est de quitter ce monde pour vivre dans votre autre monde »? Mais cela ne veut pas dire quitter l'Europe pour émigrer aux États-Unis. Cela signifie rester en France s'il le faut, même plus besoin d'aller dans un ashram en Inde. Naître, c'est passer d'un monde dans un autre. Et c'est non seulement la deuxième naissance mais je dirai, c'est le mot qui me viendrait beaucoup plus à l'esprit : « la première naissance », la vraie naissance, la naissance tant attendue.

Un embryon, un fœtus est créé pour naître au grand jour et, vous, vous êtes tous créés pour cette naissance-là. Nous sommes vraiment, êtres humains, dans la situation du futur bébé, sauf que le bébé à naître, dans la mesure où la mère n'est pas gravement perturbée, vit dans un milieu euphorique et qu'il va découvrir un monde de dualités, d'opposés, de contraires. Et maintenant c'est la démarche inverse puisque nous sommes appelés à quitter ce monde des opposés, de l'agréable et du désagréable, du menaçant et du rassurant, du passé et du futur, de ce qui n'est plus, de ce qui bientôt ne sera plus et, pour finir, de la vieillesse, la diminution de nos facultés, la mort. Nous avons à quitter ce monde dans lequel le bébé est entré et à naître à cet autre monde lumineux dans lequel tout est devenu clair et certain.

Cette naissance s'accompagne d'un abandon total des fausses certitudes, des opinions, des idées, des préjugés, des ignorances, que nous prenons pour des connaissances et qui tiennent un si grand rôle dans nos existences. Alors, d'un point de vue, on comprend très bien qu'on ait pu affirmer : « Celui qui connaît vraiment, c'est celui qui sait qu'il ne sait rien. » C'est l'acceptation totale de nos ignorances (au pluriel), mais c'est aussi la fin de la nécessité de connaître. Non pas qu'on ne puisse plus continuer à étudier tel ou tel secteur de l'activité humaine ou tel ou tel aspect de la réalité relative. Mais, même si nous sommes très savants et avec des connaissances vastes, le monde que nous quittons est un monde d'incertitude. On a des tas de certitudes dont beaucoup ne représentent que des opinions non objectives. Mais la Certitude (au singulier), on l'a bien peu. Et nous naissons à un monde de certitude, de certitude qui ne correspond à aucun orgueil puisqu'on a en même temps et si volontiers renoncé à toutes ses opinions, ses préjugés et ses croyances. On se retrouve dénudé, ayant perdu un fatras qui faisait peut-être notre gloire à nos propres yeux et auquel nous étions identifiés. Mais, ayant perdu tant de certitudes, on a gagné d'être « porté » par la Certitude, « nourri » par la Certitude. Cette Certitude n'est plus une pensée, bien qu'elle puisse s'exprimer sous forme d'idées : c'est un état de conscience.

Et puis c'est aussi quitter un monde dans lequel on est bien obligé de se dire : « Je comprends certains points de détail d'un domaine ou d'une technique, mais ce qui me paraît essentiel à comprendre, je ne l'ai pas vraiment compris. » Il y a encore un besoin : « expliquez-moi, montrez-moi, dites-moi, indiquez-moi... » Dans le monde nouveau domine – et là je vais employer une expression osée mais c'est à dessein – l'impression d'avoir « tout compris », même s'il y a tant de choses précises qu'on ne comprend pas, bien sûr.

Cette évidence : « j'ai compris » est encore plus étonnante si on a été brûlé par le besoin de comprendre, si on a consacré sa vie à chercher des maîtres, des sages, capables de nous enseigner, nous expliquer. Peut-être ce besoin de comprendre vient-il de ce que le père n'a pas joué suffisamment son rôle dans notre enfance pour nous introduire au monde des grandes personnes. Cette sécurité de la compréhension est un sentiment et un mode immuable de notre conscience d'être. Même s'il y a des milliers de choses que j'ignore et que j'aurais du mal à comprendre si un spécialiste voulait me les expliquer, je n'ai plus de questions à poser, je n'ai plus besoin de gourou, je n'ai plus besoin de chercher, je n'ai plus besoin de lire. Je sais.

Et ce monde nouveau auquel nous sommes nés va être pour nous une source d'émerveillement inlassable, même dans ses aspects qu'autrefois nous aurions considérés comme douloureux. Tout devient intéressant, toujours. Il n'y a plus cette différence fondamentale que nous avons tous connue ou que nous connaissons tous entre ce qui est intéressant et ce qui est ennuyeux. Tout est intéressant en profondeur. Bien entendu, en surface, les différences existent toujours; on est toujours capable de voir si quelqu'un est âgé ou qu'un autre est jeune; de voir que l'un est très instruit ou que l'autre l'est peu. Mais ceci s'avère la surface, l'apparence. Dans ce monde nouveau l'essence se révèle à chaque instant au cœur de l'apparence. Et l'apparence est toujours intéressante, toujours. C'est pourquoi je dis : ce monde va être une source d'émerveillement, de découverte, et, selon l'expression de Swâmiji : « *a festival of newness*, « une fête de la nouveauté ».

Le monde nouveau auquel vous pouvez naître est un monde dans lequel le passé a perdu son pouvoir. On a une plus ou moins bonne mémoire, une mémoire qui diminue peut-être avec l'âge, mais le passé a perdu son pouvoir et du même coup le futur a perdu son pouvoir. Voilà aussi une différence qu'on ne peut pas se représenter à l'avance même si on essaie de s'en faire une idée. Bien entendu on demeure capable de prévoir. Quand on commence à construire une maison on a bien une idée de ce que sera la maison terminée. On est capable de prévoir le futur, mais le futur a perdu son pouvoir de nous agiter aujourd'hui, de nous enthousiasmer aujourd'hui ou de nous effrayer aujourd'hui. C'est le monde de l'éternel présent, un festival de beauté.

C'est un monde qui d'instant en instant est fait d'émerveillement, non seulement si nous découvrons quelque chose qui, par rapport à notre existence dans cette vie-ci est tout à fait nouveau, mais même en face de ce qu'on aurait osé appeler autrefois la « banalité quotidienne », un monde dans lequel le mot « ennuyeux » a disparu.

Bien sûr, le corps peut sentir une fatigue à son niveau. Je parle de ce qui est profond, psychologique et même plus profond que le psychologique : ce qui est spirituel. Tout ce que je viens d'évoquer aujourd'hui comme un témoignage est l'expression de la découverte dont tout dépend et qui est la découverte spirituelle. Cette découverte elle se fait en nous comme une révélation de notre être réel, libre de la peur – non pas sans désir, mais libre du désir. Si un désir apparaît il est immédiatement offert, offert à Dieu ou offert au mouvement général de l'univers. S'il peut être accompli, qu'il soit accompli ; s'il ne peut pas être accompli, qu'il ne soit pas accompli. Si ce que je possède m'est conservé, que cela me soit conservé. Si ce que j'ai m'est enlevé, que cela me soit enlevé.

Spirituel, c'est ce qui n'est pas matériel, donc ce qui n'est pas mesurable. Quand nous disons, en Occident, « matériel », nous pensons à du bois, du fer ou de l'uranium. Mais les hindous reconnaissent une matérialité subtile à laquelle nous pouvons avoir accès par une recherche intérieure, portée sur nous-mêmes; en anglais on dit *subtle*, subtil ou aussi, *gross and fine*, grossier, au sens de la matérialité ordinaire et fine, matérialité fine. Et ce mot « matière », on l'a souvent fait remarquer, a la même origine en sanscrit et dans les langues indo-européennes que le mot « mesure ». *Matra* en sanscrit signifie mesure, mais ce mot *matra* se retrouve dans *meter* en anglais qui veut dire « mètre », et se retrouve aussi dans *materia*, la matière.

Cette révélation se situe avant tout dans le cœur comme un sentiment qui transcende la mesure. Et c'est pourquoi les enseignements spirituels, qui ont tant dit sur la pauvreté, emploient si souvent le mot « richesse » ou le mot « trésor », aussi bien dans les textes hindous que les Évangiles, le sentiment d'être milliardaire même si les circonstances de la vie nous proposent la pauvreté. Mais même un « milliardaire » en dollars peut sentir une limite à sa fortune. Nous avons quitté le monde dominé par la mesure et où tout est chichement limité. La mesure ne concerne plus que l'apparence, la surface, le relatif, mais pour nous, la souffrance de la limitation s'est effacée, remplacée par ce sentiment d'infinie richesse, non dépendant de nos avoirs matériels ni même de nos avoirs subtils. Quand bien même les possessions, les propriétés, les biens matériels nous seraient enlevés, quand bien même l'avoir subtil, l'amitié, l'amour, le respect, l'admiration, tout ce à quoi nous pouvons être attachés aussi nous serait enlevé et même, en apparence, remplacé par l'attaque, la critique, le mépris, demeure ce sentiment d'accomplissement, de plénitude, de perfection.

D'un point de vue, cette naissance est une fin et une fin définitive, pour l'éternité, qui concerne même les existences futures ou des états à d'autres niveaux de l'être, des états subtils, post mortem. Comme le mot *nirvana*, le mot « fana » chez les soufis, qu'on traduit communément par « extinction », signifie fin, achèvement, comme un feu qui s'est éteint. Une illusion, c'est le mot le plus connu et c'est probablement le meilleur, a pris fin. Plus qu'un éveil, c'est un réveil. Mais ce n'est pas seulement une fin, c'est aussi une naissance. C'est pourquoi tout le vocabulaire qui parle de la mort du vieil homme, « mourir à soi-même », la phrase soufie célèbre « Heureux celui qui sera déjà mort à lui-même lorsque la mort le surprendra », toutes les paroles, toujours imparfaites qui, pour décrire ce passage d'un monde dans un autre s'expriment en termes de mort, sont justes. Et puisque nous avions cru à ce monde, puisque nous nous étions illusionnés, un être que nous avons connu jusqu'à quarante ans, cinquante ans, est mort.

Je ne sais pas quel pourrait être le sentiment d'un papillon qui regarderait la chrysalide éventrée dont il s'est échappé, mais le sentiment que celui qu'on a été est mort est évident. Et ce n'est pas seulement une mort, c'est une naissance, avec tout ce que cela représente pour l'avenir.

Ouvrez-vous, ouvrez-vous avec joie, ouvrez-vous avec espérance à ce que vous pouvez entendre concernant cette mort à soi-même, ce qui peut nous arriver de plus beau, de plus libérateur : que le vieil homme meure ou que l'égocentrisme meure. Mais c'est plus que cela, c'est vraiment « je suis mort » et même au-delà de « je suis mort ». On comprend que tant de sages aient parlé d'eux à la troisième personne, parce qu'il devient absurde de parler à la première personne.

Si vous êtes mort, pourquoi dites-vous, « *je* suis mort »?
« Celui que j'ai bien connu, avec ses joies et ses souffrances,
ses sottises, ses naïvetés et ses bons côtés aussi, que j'ai bien
connu pendant tant d'années, est mort ».

C'est une merveilleuse mort à laquelle nous pouvons tous
aspirer de tout notre être.

C'est une mort et c'est une naissance.

Et c'est la vraie naissance.

A votre avis, la vraie naissance, c'est celle de la chenille ou
celle du papillon? La vraie naissance, c'est celle du gland qui
se forme sur une branche et tombe à terre ou celle du chêne?
La chenille est une naissance préparatoire, le gland est une
naissance préparatoire. La naissance du corps physique et du
corps subtil, de cet extraordinaire instrument de folie et de
sagesse qu'est l'être humain, n'est pas la vraie naissance. La
vraie naissance, c'est l'autre. Parce que cette première
naissance du corps physique, elle, aura une fin. Je ne sais
plus qui a dit : « Aussitôt qu'un bébé est né il est déjà assez
vieux pour mourir ». Et la naissance que j'ose appeler la
vraie naissance est une naissance dont on sait qu'elle n'aura
pas de fin. Vous êtes libres de toute crainte ou appréhension
de la mort, quelle que soit la forme que cette mort doive
prendre. C'est la vraie naissance parce que c'est la naissance
qui n'aura pas de fin. C'est dans cette existence qu'une
chenille devient papillon ou qu'un gland devient chêne. Et
c'est dans cette existence que nous pouvons mourir et naître.
Les deux sont simultanés. Cette naissance est un achèvement
et c'est un commencement, le commencement d'une vie
nouvelle.

Généralement cette naissance, qui a été peut-être longuement préparée, se fait brusquement ou en un court laps de
temps. Une naissance physique s'accomplit parfois en quelques heures : la perte des eaux, les premières contractions,
l'élargissement de l'orifice, la poussée, l'émergence de la tête
et, avec l'aide éventuelle d'une sage-femme ou d'un accou-

cheur, l'apparition du bébé, la respiration autonome et la section du cordon ombilical.

La vraie naissance, elle, se prépare plus longuement que neuf mois et elle se fait par une intensification, comme une crise. Tous les témoignages concordent, il y a un moment de bascule. Et dans beaucoup d'ashrams, en Inde, l'anniversaire le plus important n'est pas la naissance physique du gourou mais le moment où le gourou est supposé avoir atteint l'éveil, c'est-à-dire cette naissance en question.

La préparation peut être longue, mais il y a un moment de rupture de niveau. La traversée de l'Océan peut être longue mais il y a bien un moment où celui qui avait les deux pieds sur le bateau a maintenant les deux pieds sur le sol, à un mètre du bateau peut-être, mais les deux pieds sur le quai. Il y a un moment qui correspond à cette naissance et on se trouve un nouveau-né sorti d'un monde et entré dans un autre, dans un monde nouveau. Je ne parle pas là des génies, de Ramana Maharshi ou de Mâ Anandamayî; je parle de vous et de moi, de vous si vous le voulez, si vous étouffez dans votre monde comme un bébé au-delà de neuf mois étoufferait dans le sein maternel. Celui qui vient de naître donc qui vient de mourir se trouve à la fois un nouveau-né et un nouveau-mort, dépaysé, dont toutes les références sont tombées. Mais quelles sont nos références? Nos peurs dont vous voulons éviter la concrétisation et nos désirs dont nous voulons activer la réalisation. Car les références d'une existence c'est tout ce que je veux et tout ce que je ne veux pas. Et, si ce monde de « je veux et je ne veux pas » a perdu son pouvoir, jusqu'à la source, jusqu'à la racine, c'est déroutant. Je dis on est un nouveau-mort et un nouveau-né. C'est ce qui explique certaines paroles que pendant long-temps je n'ai pas comprises. Comment se fait-il que dans la tradition du zen par exemple, le maître zen authentifie qu'un de ses moines a eu le satori et lui recommande : « maintenant il va falloir redoubler de vigilance »? Cette naissance est non seulement une mort mais c'est la naissance d'un nouveau-né fragile et ce serait quand même dommage, après avoir navigué dans l'Océan, les vagues, les tempêtes, une fois sur

la terre ferme, de faire un faux pas, de tomber et de se
fracasser le crâne. Maintenant il va falloir redoubler de
vigilance, maintenant c'est le grand commencement.

Oui, c'est le commencement d'une nouvelle vie dans
laquelle on grandit, bien que la mort ait eu lieu, la naissance
ait eu lieu. Le monde de l'incertitude a fait place au monde
de la certitude, le monde de l'effort a fait place au monde de
la facilité, le monde de la peur a fait place au monde de la
non peur. Ceci est accompli. Mais il y a à grandir, à vivre, à
connaître ce monde nouveau auquel vous êtes nés.

Il y a un point encore, celui pour lequel on a le plus de
pudeur. C'est un monde dans lequel on aime, dans lequel on
ne peut plus ne pas aimer, dans lequel l'inimitié, la haine, la
rancune n'ont plus de place. C'est un monde dans lequel on
se sent inexplicablement aimé. Vous savez tous ce que c'est
de se sentir aimé, encore que nous nous sommes toujours
sentis aimés avec une crainte à l'arrière-plan parce que nous
savons qu'on peut être trahi et qu'on ne peut vraiment
compter sur rien dans le relatif. Mais nous savons au moins
ce que c'est que de se sentir aimé ; peut-être l'avons-nous su
vraiment si notre mère a été pleinement une mère pour le
petit bébé. On vous a beaucoup dit : « c'est un monde dans
lequel on aime, on est amour ». C'est un monde dans lequel
on ne peut être amour que parce qu'on est aimé. Dans
l'ancien monde, on ne se sentait pas vraiment aimé : un peu,
beaucoup, passionnément, et puis qu'est-ce qu'il en reste ?
C'était un monde dans lequel, fondamentalement, on conti-
nuait à chercher l'amour et à avoir peur de le perdre, peur de
n'être plus aimé. Vous êtes passés d'un monde dans lequel on
mendie l'amour à un monde dans lequel on se sent aimé.

Aimé par qui ? Les explications ne sont pas unanimes.
Ceux qui s'expriment en langage dualiste diront que la
création est un acte d'amour : « Vous avez uniquement à
découvrir que Dieu vous a aimé le premier, à ne plus être
sourd à l'amour de Dieu. » Mais ceux qui s'expriment en
langage non dualiste, selon le bouddhisme des origines ou le
védanta des Upanishads, ne se réfèrent à aucun Dieu
personnel. Les explications ne sont pas unanimes mais le

témoignage, lui, est unanime. La plénitude, la plus parfaite, est celle qu'on ressent lorsqu'on est aimé.

Le Sage est amour. L'amour se lit dans ses yeux. Vous serez amour quand vous vous saurez aimés. Cette plénitude immense, incroyable, s'accompagne aussi d'une indicible gratitude. Si la femme qui m'aime me tourne le dos demain, rien ne peut faire que je ne sois plus aimé. Si mon fils, ma fille me deviennent hostiles, m'attaquent, rien ne peut faire que je ne sois plus établi dans la toute-puissance de ce sentiment parfait, absolu.

Alors, c'est vrai, vous êtes nés un jour : cette naissance physique n'a peut-être pas été heureuse, vous avez un passé peut-être douloureux mais on ne peut retourner à ce passé que pour en dénouer les nœuds, pour lever l'ancre. Si vous ramez et que le bateau n'avance pas, levez l'ancre! Et la traversée, elle nous dirige vers l'avenir. Alan Watts a écrit il y a bien des années : « Ne conduisez pas votre voiture en regardant toujours dans le rétroviseur. » Ne conduisez pas en regardant dans le rétroviseur. Allez vite vers cette mort et cette naissance pour naître à ce monde nouveau qui vous attend.

Encore un point. Vous croyez que cette nouvelle naissance représente un accomplissement lointain : « Oui, un jour, Swâmiji a dit à Arnaud : *To be is to be free from having, Arnaud, nothing else* et ce jour-là Arnaud a soudain basculé dans un autre monde parce que d'intenses efforts menés sur des années l'y avaient préparé. C'est vrai. Mais avant cette ultime naissance ou cette mort de l'égo, il existe une autre naissance que vous pouvez tout de suite sentir comme beaucoup plus proche, beaucoup plus familière : celle où vous quitterez un monde de petitesse, d'étroitesse, de mesquinerie, de médiocrité, un monde où vous étouffez, où vous tournez en rond, pour pénétrer brusquement dans un monde vaste, riche, dense, qui balaiera d'un coup vos anciens mécanismes, un monde qui vous émerveillera : « C'est donc de cela que parlait Arnaud et c'est encore tellement plus beau que je ne l'imaginais! » Et ce qui vous émerveillera par-dessus tout, ce sera l'impression que ce que vous découvrez est sans commune mesure avec les efforts que vous avez pu faire. Vous vous souviendrez : « J'ai fait ceci, j'ai eu tel moment de sincérité, tel moment de courage mais ce que je reçois en échange est d'un tout autre niveau. J'ai donné dix et je reçois cent. » C'est ce que j'ai souvent appelé la cristallisation. Un beau jour, tous les efforts accumulés cristallisent et vous passez brusquement sur un autre plan.

Vous ne savez pas à quelle distance vous êtes encore de cet instant de cristallisation, mais sachez que chaque effort vous en rapproche inexorablement. Portez au cœur cette espérance : cette nouvelle naissance m'attend déjà, elle est pour moi tel que je suis, avec toutes mes faiblesses, mes imperfections, mon impuissance. Elle est déjà là. Ouvrez-vous à cette espérance.

TABLE

Introduction 7

1. PLAIDOYER POUR LE CŒUR 9
2. SARVAM KALVIDAM BRAHMAN 34
3. LA JUSTICE DE L'AMOUR 58
4. TOUT EST MOI 81
5. L'AMOUR EST HABILE 107
6. LE CŒUR EN PAIX 128
7. LE RETOUR DE L'ENFANT PRODIGUE 157
8. A NOUS DEUX, SOUFFRANCE 181
9. L'INALTÉRABLE 222
10. LA VIE CONSISTE À MOURIR 245
11. LA NOUVELLE NAISSANCE 291

*Cet ouvrage a été reproduit
par procédé photomécanique
et imprimé sur les presses de l'Imprimerie Bussière
à Saint-Amand-Montrond (Cher)
en mai 1991*

Imprimé en France
Dépôt légal : juin 1991
N° d'édition : 2605 — N° d'impression : 1530